基于全纳教育视角的特殊教育师资培养研究

李秀娟 著

华南理工大学出版社

·广州·

图书在版编目（CIP）数据

基于全纳教育视角的特殊教育师资培养研究/李秀娟著. —广州：华南理工大学出版社，2023.10
ISBN 978-7-5623-7409-1

Ⅰ.①基… Ⅱ.①李… Ⅲ.①特殊教育-师资培养-研究-中国 Ⅳ.①G76

中国国家版本馆 CIP 数据核字（2023）第 148211 号

Jiyu Quanna Jiaoyu Shijiao De Teshu Jiaoyu Shizi Peiyang Yanjiu
基于全纳教育视角的特殊教育师资培养研究
李秀娟 著

出 版 人：柯　宁
出版发行：华南理工大学出版社
（广州五山华南理工大学17号楼，邮编510640）
http://hg.cb.scut.edu.cn　E-mail：scutc13@scut.edu.cn
营销部电话：020-87113487　87111048（传真）
策划编辑：李秋云
责任编辑：李秋云
责任校对：王洪静
印 刷 者：广州市新怡印务股份有限公司
开　　本：787mm×960mm　1/16　印张：13　字数：251千
版　　次：2023年10月第1版　印次：2023年10月第1次印刷
定　　价：68.00元

版权所有　盗版必究　　印装差错　负责调换

目录

第一章 导论 … 1
第一节 研究背景与意义 … 1
一、研究的现实背景与意义 … 1
二、研究的理论背景与意义 … 3
第二节 文献综述 … 6
一、全纳教育研究 … 6
二、师资培养研究 … 11
三、广东、香港、台湾三地特殊教育师资培养研究 … 19
第三节 概念界定与阐析 … 30
一、全纳教育 … 30
二、特殊教育 … 32
三、特殊教育教师 … 33
四、师资培养 … 34

第二章 构建特殊教育师资培养的理想典型 … 35
第一节 作为理论工具的"理想典型" … 35
一、"理想典型"的内涵 … 35
二、"理想典型"在比较教育研究中的应用 … 38
三、构建理想典型的意义和方法 … 43
第二节 特殊教育师资培养的理想典型 … 46
一、全纳的特教师资培养目标 … 47
二、全纳的特教师资培养课程 … 53
三、全纳的特教师资培养机构 … 58
四、全纳的特教师资培养政策 … 60

第三章　特殊教育师资培养目标分析 ················ 65

第一节　台湾的特殊教育师资培养目标 ················ 65
一、台湾特教师资培养目标的构成 ················ 65
二、台湾特教师资培养目标的特点 ················ 70

第二节　香港的特殊教育师资培养目标 ················ 73
一、香港特教师资培养目标的构成 ················ 73
二、香港特教师资培养目标的特点 ················ 76

第三节　广东的特殊教育师资培养目标 ················ 77
一、广东特教师资培养目标的构成 ················ 81
二、广东特教师资培养目标的特点 ················ 84

第四节　三地特殊教育师资培养目标比较 ················ 89
一、全纳教育理念的培养比较 ················ 90
二、全纳教育知识和能力的培养比较 ················ 91

第四章　特殊教育师资培养课程分析 ················ 94

第一节　台湾的特殊教育师资培养课程 ················ 94
一、台湾特教师资培养课程的演变 ················ 94
二、台湾特教师资培养课程的特点 ················ 101

第二节　香港的特殊教育师资培养课程 ················ 104
一、香港特教师资培养课程的演变 ················ 104
二、香港特教师资培养课程的特点 ················ 108

第三节　广东的特殊教育师资培养课程 ················ 110
一、广东特教师资培养课程的设置 ················ 110
二、广东特教师资培养课程的特点 ················ 116
三、广东特教师资课程中存在的问题 ················ 117

第四节　三地特殊教育师资培养课程比较 ················ 118
一、课程融合性比较 ················ 119
二、课程综合性比较 ················ 120
三、课程针对性比较 ················ 121
四、课程教学比较 ················ 123

第五章 特殊教育师资培养机构分析 ………………………… 125
第一节 台湾的特殊教育师资培养机构 ……………………… 125
一、台湾特教师资培养机构的演变 ……………………… 125
二、台湾特教师资培养机构的特点 ……………………… 127
第二节 香港的特殊教育师资培养机构 ……………………… 130
一、香港特教师资培养机构的类型 ……………………… 130
二、香港特教师资培养机构的特点 ……………………… 133
第三节 广东的特殊教育师资培养机构 ……………………… 135
一、我国特教师资培养机构的演变 ……………………… 135
二、广东的特教师资培养机构 …………………………… 138
三、广东特教师资培养机构的特点 ……………………… 140
第四节 三地特殊教育师资培养机构比较 …………………… 141
一、机构多元化比较 ……………………………………… 141
二、机构一体化比较 ……………………………………… 142
三、机构系统化比较 ……………………………………… 143

第六章 特殊教育师资培养政策分析 ………………………… 147
第一节 台湾的特殊教育师资培养政策 ……………………… 147
一、台湾特教师资培养政策的演进 ……………………… 147
二、台湾特教师资培养政策的特点 ……………………… 152
第二节 香港的特殊教育师资培养政策 ……………………… 153
一、香港特教师资培养政策的演进 ……………………… 153
二、香港特教师资培养政策的特点 ……………………… 156
第三节 广东的特殊教育师资培养政策 ……………………… 157
一、广东特教师资培养政策的演进 ……………………… 157
二、广东特教师资培养政策的特点 ……………………… 163
第四节 三地特殊教育师资培养政策比较 …………………… 164
一、政策完备性比较 ……………………………………… 164
二、政策明确性比较 ……………………………………… 165
三、政策可操作性比较 …………………………………… 166
四、政策渐进式比较 ……………………………………… 167

第七章　比较与反思 … 169
第一节　三地特殊教育师资培养与理想典型的比较 … 169
一、三地特殊教育师资培养与理想典型的差距 … 169
二、三地特殊教育师资培养与理想典型差距的缘由 … 176
三、三地特殊教育师资培养的发展建议 … 183
第二节　对特殊教育师资培养理想典型的反思 … 186
一、特殊教育师资培养理想典型在本研究中的意义 … 187
二、特殊教育师资培养理想典型的局限性 … 189

参考文献 … 191
一、专著 … 191
二、期刊论文 … 192
三、学位论文 … 196
四、英文文献 … 197

第一章 导 论

第一节 研究背景与意义

一、研究的现实背景与意义

特殊教育（下文中简称"特教"）师资培养是我国师资培养中一个不可或缺的组成部分，是促进特殊教育事业发展的基础和动力。2009年，教育部等部门发出《关于进一步加快特殊教育事业发展的意见》（国办发〔2009〕41号），其中专门提到"加强特殊教育师资队伍建设，提高教师专业化水平"。2010年，《国家中长期教育改革和发展规划纲要（2010—2020年）》（中发〔2010〕12号）中强调："加强特殊教育师资队伍建设"，"对特殊教育教师进行专业培训，提高教育教学水平"。2012年，教育部等六部委印发了《关于加强特殊教育教师队伍建设的意见》（教师〔2012〕12号），从规划、培养、培训、管理、待遇、营造氛围等方面，第一次对特殊教育教师队伍建设做出全面部署。该意见提出，计划到2015年，基本形成布局合理、专业水平较高的特殊教育教师培养培训体系，教师数量基本满足特殊教育办学需要；到2020年，形成一支数量充足、结构合理、素质优良、富有爱心的特殊教育教师队伍。2014年，国务院转发教育部等七部门颁发的《特殊教育提升计划（2014—2016年）》（国办发〔2014〕1号），将"扩大特殊教育教师培养规模，加大特殊教育教师培训力度，提高特殊教育教师的专业化水平"作为重点任务，同时还提出了具体措施。这些目标和任务的提出为我国特教师资培养的发展指明了方向。

在国家宏观政策的引导下，我国各省纷纷加大力度，开展了一系列特殊教育师资队伍的培养和建设工作。总体来看，不同地区特殊教育师资发展的现状不尽相同，且主要与当地的经济发展情况息息相关。相对而言，东部沿海省市经济更加发达，普遍更加重视教育，在教育领域投入的资金相对内地省市更多，分配到特殊教育师资培养上的经费更加充足。中、西部等内地省

市也越来越重视特殊教育的发展情况,政府制定了一系列相关政策,予以支持的力量正在逐渐加强。广东作为我国改革开放的前沿阵地,经济发展较快,又享毗邻我国港、澳的地利之便,各种前沿的学术理念在此交流碰撞,因而在社会风气发展、文化发展变迁、教育理念嬗变等领域走在全国前列。本书选取广东作为内地特殊教育师资培养情况的研究载体,结合分析我国香港、台湾两地特教师资的发展特色,力求以小见大,以窥我国特教师资的发展概况,推动我国特教事业向前发展。

广东作为我国南方重要大省,其经济发展较快,但特殊教育的发展却滞后于经济的发展。广东特殊教育的发展大体经历了 20 世纪 60 年代发展、20 世纪 70 年代夭折、20 世纪 90 年代恢复发展的历程,因此发展还不甚成熟。近年来,随着国家对特殊教育事业发展的大力推进,广东也不断加大力度,积极推动特殊教育的发展。广东省人民政府在 2005 年颁布的《广东省教育现代化建设纲要实施意见(2004—2010 年)》(粤府〔2005〕67 号)中曾明确提出:"至 2007 年,全省适龄残疾儿童少年入学率达到 95% 以上;2010 年,适龄残疾儿童少年入学率达到 97% 以上。"而据统计,2013 年全省义务教育阶段残疾儿童少年入学率仅为 83%[①]。2014 年,《广东省特殊教育提升计划(2014—2016 年)》(粤府办〔2014〕36 号)中又提出:"到 2016 年,全省基本普及残疾儿童少年义务教育,视力、听力、智力残疾儿童少年义务教育入学率达到 90% 以上,其中珠三角地区各县(市、区)入学率力争达到当地普通适龄儿童少年水平,其他地区各县(市、区)达 90% 以上;重度肢体、孤独症、脑瘫残疾人受教育机会明显增加。"

广东大力发展特殊教育,必须有一支高质量、高水平的特殊教育师资队伍,这是不言而喻的。但是目前,广东省特殊教育的发展缺乏大量师资,现有师资力量远不能满足需要。另外,现有教师的专业化水平也相对较低,如本科以上学历的教师仅占 65%,大专和中专学历的教师占 35%;教师的职称偏低,以中、初级职称的教师为主,占 76%,高级职称仅占 6.43%,17.56% 的教师没有职称[②]。这些必然会影响到特殊教育的质量和效果。因此,在当前促进特殊教育快速发展的改革中,如何通过师资培养目标、培养课程、培养机构及培养政策等的变革,来建立一支数量充足、高水平、高质

[①] 柯沫夫. 广东省特殊教育发展现状及思考[C]// 首届两岸特殊教育高端论坛. 特殊教育协同创新论文集,2014.

[②] 广东省四所高校调研组. 关于了解我省特殊教育师资队伍现状及培训需求的调研报告,2014.

量的特教师资队伍，是广东面临的一大难题。在立足自身、总结特教师资培养经验教训的同时，更应拓宽眼界，参照他人之所长，争取长足发展。一方面，我国香港和台湾在特殊教育的发展和变革上均起步较早，并取得了明显的进步，对处于改革开放前沿的广东具有某种典型意义和参考价值；加上地理上临近，广东与港、台的交流合作较为频密，为广东在特教师资培养方面开展学习和借鉴提供了便利。

二、研究的理论背景与意义

（一）全纳教育理念的兴起为特教师资培养研究提供了新的理论视角

"全纳教育"（inclusive education）作为一种全新的教育理念，是 1994 年联合国教科文组织在西班牙萨拉曼卡召开"世界特殊教育大会"时正式提出的。在此次大会签署的《特殊需要教育行动纲领》中声明："每一个儿童都有受教育的基本权利，必须给予他实现和保持可接受水平的学习之机会；教育体系的设计和教育方案的实施应该充分考虑到每个儿童的独特个性、兴趣、能力和学习需要等的广泛差异；有特殊教育需要的学生必须有机会入读普通学校，这些学校应该使他们参与到能满足其需要、以儿童为中心的教育活动中。"该行动纲领所确定的建立全纳学校与社会、发展全纳教育的原则为世界各国所遵从，为各国确立全纳的教育目标、制定相关政策提供了依据与动力。此后，世界许多国家都将全纳教育的基本思想付诸实践。

为了更进一步倡导全纳教育的新理念，推动全纳教育在世界范围内的实施，联合国教科文组织将于 2008 年 11 月在瑞士日内瓦召开的第 48 届国际教育大会的主题确定为"全纳教育：未来之路"。"如果说 20 世纪国际教育界的主要目标是为更多的人提供受教育的机会，那么在 21 世纪的今天，国际教育界的理想则是要实现全纳教育，让所有的人都能够平等地接受适合其独特需要的高质量教育。这不仅是国际教育界的理想，也是全社会每一个关心、热爱教育的人的理想。"[①]

全纳教育基于人权和民主的观念，倡导在普通学校内为所有儿童提供平等、高质量的教育服务，以满足所有学生的多样化需求。这正是人类文明发

---

① 黄志成，胡毅超. 全纳教育：未来之路——对 UNESCO 第 48 届（2008 年）国际教育大会主题的思考 [J]. 全球教育展望，2008（7）：46 – 49，45.

展到今天所形成的特殊教育与社会观念的共同潮流,是全人类特殊教育发展的共性。作为一种新的教育理念和思潮,其理论构建和实践发展不过二十年的时间,所以尽管许多国家都将全纳作为特殊教育发展的理想以及相关政策制定的理论依据,但实际上对于全纳教育是什么仍然众说纷纭。不同的专家、学者从不同的角度出发,对于全纳教育进行了不同的解说。学术研究界到目前为止还没有就全纳教育的概念达成共识,对于全纳教育的阐释可谓"横看成岭侧成峰"。就全纳教育实践而言,从全球范围来看,也仍然处于摸索、发展阶段,并没有一个一成不变的模式。在不同的国家、社会背景下,人们对于全纳教育的定义、目标、途径及结果都存在着不同的看法①。尽管很多国家都致力于发展全纳教育,但没有一个国家真正实现了高质量的、有效的全纳教育。即使在首先倡导全纳教育的美国,其效果仍然是值得怀疑的,并不能提供令人满意的证明②。没有一个国家的做法能够为其他国家发展全纳教育提供一个标准的蓝本或范例,各个国家需要根据本国的国情探索适合自己的全纳教育模式。在这样的国际化背景下,广东、香港和台湾都通过各种政策、举措,大力推进全纳教育的发展。特殊教育教师作为实施、推动全纳教育的生力军,应该具备全纳教育理念,不断提高专业化水平,拥有开展全纳教育实践所需的知识和技能。这就对特教师资培养提出了新的挑战。在全纳教育理念下,广东、香港和台湾的特教师资培养发生了哪些变革、有何异同,对于广东省大力发展特殊教育师资培养有何启示,可否作为样板在全国范围内推广,这些问题都值得深入探索。本书拟通过建立全纳教育视角下特教师资培养的理想典型,以此作为分析框架,来比较研究广东、香港和台湾特殊教育师资培养的异同,并探讨其异同产生的成因,同时对特教师资培养的发展提出建议。这是在具体实践层面上探讨理想典型在比较教育研究中所发挥的认识和评判功能,具有一定的理论意义。

(二)拓宽特教师资培养区域研究的范围,进一步丰富特教事业区域比较研究的主题

从研究的地理或地域这一维度进行分析,可以发现目前对于特殊教育师资培养的研究主要包含以下几个层面。

---

① FUCHS D, FUCHS L S. Inclusive schools movement and the radicalization of special education reform [J]. Exceptional children, 1994, 60 (4): 294 – 309.

② COOK B, SEMMEL M, GERBER M. Attitudes of principals and special education teachers toward the inclusion of students with mild disabilities [J]. Remedial and special education, 1999, 20 (4): 199 – 207.

第一，世界区域或洲的层面。在此层面上，主要是对世界或某个洲的特殊教育师资培养进行研究。如《国内外特殊师范教育的现状与趋势》（刘春玲，1996）就对国内外特殊教育师资培养的经验和教训进行了总结；《亚洲国家特教师资培养的特点》（吴春玉，2001）对亚洲国家特教师资培养的特点和趋势进行了分析；另有学者（丁勇，2003）总结出近年来国内外特殊教育师资培养呈现出的发展趋势。

第二，国家层面。此层面主要是对某一个国家或几个国家的特教师资培养进行研究。如单国别的研究，包括了对美国（丁姝雯，2011；李明虎，2010；昝飞，2008；顾定倩，1999）、日本（朱宁波，2004）、瑞士（马庆发，2000）等国的研究，当然，重点集中在对我国特教师资培养的研究（吴玛丽，2011；杨袖苏，2011；顾定倩，2009；刘杨，2005；曹红卫，2004；王雁，2004；谢明，2004；等等）。而多国别的比较研究则主要聚焦于美国、澳大利亚、日本、英国、俄罗斯等国之间或是与我国的比较研究（刘增雷，2010；赵宵道，2008；丁勇，2005；马庆发，2002；赵斌，2000）。

第三，省和地区层面。在省和地区的层面上，主要是对于某个省或市的特教师资现状的调查与分析，涉及特教教师的职后培训等内容，如四川省（章永，2012）、湖北省（张艳，2012）、陕西省（冯建新，2011）、上海市（孙亚男，2011）、广东省（李凤英等，2010）、福建省（甘昭良，2004）等。这些研究聚焦于省级层面特教师资的培养，主要是对特教师资培养的现状进行调查分析，然后提出对策建议，且侧重讨论在职培训。通过分析可以发现，目前关于特教师资培养的研究主要侧重于国别研究层面，对于区域比较研究较少，同时涉及广东、香港、台湾三地的更是鲜有触及。

本书从区域比较研究的层面，了解广东、香港、台湾三地特殊教育师资培养的状况、形态、趋向和问题，比较其异同，解析其原因，阐述其意义，解释其中的原理或规律，从而以小见大反映我国特教师资培养的发展现状，力求推动我国特教事业向前发展。

第二节 文献综述

一、全纳教育研究

(一) 全纳教育的历史渊源

1. 全纳教育的提出

全纳教育作为一种教育思潮,兴起于20世纪90年代。全纳教育是在国际教育民主化的潮流中,尤其是在国际组织的大力推动下兴起和发展的,其中有两次国际性的教育大会发挥了直接作用。

1990年,联合国教科文组织等在泰国召开了"世界全民教育大会",大会通过了《世界全民教育宣言》。这次大会提出的"全民教育"强调:教育是人的基本权利;教育对于个人发展和社会进步极为重要;必须普及基础教育和促进教育平等。全民教育的目标是满足所有人基本的学习需要。

1994年6月,在西班牙萨拉曼卡召开的"世界特殊需要教育大会",有来自92个国家、25个国际组织和机构,近400人参加。该会通过了《萨拉曼卡宣言——关于特殊需要教育的原则、方针和实践》。这次大会再次强调,每个人都有受教育的基本权利,提出每个人都有其独特的个性、兴趣、能力和学习需要,学校要接纳全体儿童,并满足他们的特殊教育需要。《萨拉曼卡宣言》首次正式提出"全纳教育"概念,并号召世界各国广泛开展全纳教育。自此,全纳教育思想不断深入人心,许多国家纷纷落实到行动中,全纳教育进入实验研究阶段。

2. 全纳教育的历史发展

"虽然'全纳教育'这一概念是在20世纪90年代提出的,但它具有深厚的历史渊源和实践根基。因此,要探究全纳教育思想之精髓,展望全纳教育思想之远景,必须回溯过去,把握全纳教育思想形成的历史脉络。"[①] 许多学者从不同角度、基于不同的情境,对全纳和全纳教育的发展进行了梳理。

---

① 黄志成. 全纳教育——关注所有学生的学习与参与 [M]. 上海:上海教育出版社,2004:11.

（1）全纳教育的发展阶段

有学者从国际历史文献以及各个国家的实践进程进行分析，把全纳教育从初步萌生到全面发展分成了三个阶段。①"理据生成"阶段（20世纪60年代前）。全纳教育的出发点是：受教育是基本人权，也是维系社会正义的基础。这一基本观点的产生受《联合国宪章》《世界人权宣言》《儿童权利宣言》等的影响。这一系列国际性文件为全纳教育理念的形成提供了理论依据，同时直接推动了全纳教育的兴起和发展。②"初期探索"阶段（20世纪60年代—20世纪90年代）。这一阶段主要是北欧一些国家受国际有关人权议题的一系列公约、宪章等的影响，开始发展新型的教育。如美国的"回归主流"教育、英国和澳大利亚的"一体化"教育运动等，集中体现了他们打破特殊教育的隔离式状态的努力，促成了残疾儿童或被称之为有特殊教育需要的儿童进入普通学校接受教育的全纳教育雏形的形成。③"达成共识"阶段（20世纪90年代后）。1990年《世界全民教育宣言》的发布，为确保儿童受教育的权利和世界各国达成开展全纳教育的共识奠定了基础。1994年萨拉曼卡会议的召开，则标志着世界性全纳教育实践的开始。在全纳教育演进的过程中，"全纳教育从隔离的特殊教育走向'回归主流'和'一体化'教育的部分融合、部分隔离教育状态，再到走向全部融合的状态；从关注人的基本权利到提供适合每个人发展的教育，再到为每个人提供满足其需要的、有质量的、适合终身发展的教育"①。

（2）全纳教育的思想发展

英国学者克拉夫（Peter Clough）曾经把全纳教育思想的演变过程看成是五种思想互动的过程。学者黄志成按照克拉夫的分析框架，对全纳教育思想的发展做了一个历史性阐释，即从医学—心理学模式、社会学批判模式、课程开发模式、学校改进模式和残疾人研究批判模式五种视角来分析。但他也指出，"这五种视角并不是采取线性的分期方式，而是截取了某个时间段。实际上，不论是在理论层面还是在实践层面，都可能会看到这五种模式的并存，只不过每种模式产生较大影响的时期不同。另外，这五种模式的理论发展期和实践发展期并不是完全一致的"②。有学者认为，全纳教育在思维范式

---

① 钱丽霞. 全纳教育——历史演进与实施政策［J］. 中国特殊教育，2009（1）：20-24.

② 黄志成. 全纳教育——关注所有学生的学习与参与［M］. 上海：上海教育出版社，2004：13.

和实践方式上实现了从医疗模式向社会模式的转变①。医疗模式认为残疾人的缺陷是障碍的根源,而全纳教育认为社会环境的限制是障碍的根源。因此,全纳教育把改善社会环境、提高残疾人生存和发展质量作为政策制定和实施的重点,强调从社会方面(如立法、预算、环境设施、管理、家庭、社区、教师、课程等)建立全纳教育支持体系的必要性,认为没有支持就没有全纳。

(3) 全纳教育的中西方发展

雷江华探讨了融合教育在西方和在我国的发展历史②。融合教育的发展源自西方的人权运动,经历了正常化运动、回归主流与一体化教育等的发展阶段。中国特殊教育的发展受到西方特殊教育发展思潮的影响,我国目前主要以随班就读的形式实施融合教育。随班就读经历了民间自发的萌芽阶段、行政支持的探索阶段、法律保障的发展阶段和质量保障的深化阶段。我国香港、澳门和台湾融合教育的发展各异,各有所长。如香港地区推行"全校参与"模式的融合教育,澳门的融合教育实施逐步从公立机构拓展至私立机构,台湾地区则非常重视通过立法来促进融合教育的发展等。

(二) 全纳教育的定义之争

对于全纳教育,目前并没有一个统一的定义,不同的国家和教育学家从研究问题的不同角度出发给出了不同的定义。

英国著名的全纳教育专家布思提出,"全纳教育就是要加强学生参与的过程,主张促进学生参与就近地区的文化、课程、社区活动,并减少学生被排斥的过程"③。布思主要是从社会学的角度来定义全纳教育,并且提出"全纳教育要探讨的不是'一体化'和隔离的问题,而是全纳和排斥的问题"④。布思对全纳教育的理解已冲破了狭隘的特殊教育的范围,涉及整个普通教育,甚至是整个社会的合作与参与。布思的这一定义在国际上较为流行并被许多国家广泛接受。

英国牛津大学学者汤姆林森作为一名教育社会学家,运用了社会学理论构建全纳教育领域,并且取得了引人注目的成果。汤姆林森曾受托组织一个

---

① 冼权锋,杜秀慧. 融合教育:从认识到实践 [M]. 香港:香港教育学院,2001:19-21.

② 雷江华. 融合教育导论 [M]. 北京:北京大学出版社,2012:29-56.

③④ 黄志成. 全纳教育——21 世纪全球教育研究新课题 [J]. 全球教育展望,2001(1):51-54.

委员会，就学习困难者和有残障的人的继续教育起草了一份报告。在报告中，她从政策角度定义了全纳教育和全纳学习："全纳教育意味着教育体系是全纳的，但学生不一定非要在一个一体化的环境内，委员会的全纳学习概念不完全与学生被完全纳入到主流中相一致。"她解释道："完全的纳入意味着一个资源充足的教育体系，如果像口号宣传的那样，为了所有学生的公正，所有学生在同样的环境下接受教育就需要部署相对数量的教师和专家，以及需要足够的技术帮助，如此一来，开支将比现在资源集中情况下的昂贵。"汤姆林森对全纳教育的理解虽然是从特殊教育的角度出发的，但同时也考虑了国家的具体情况，提出学生享有公正的观点，这也是她观点的核心——如何在有限资源环境中让学生公正地享受到教育的权利。

澳大利亚学者贝利（Bailey）认为，全纳教育指的是残疾学生和其他学生一起在普通学校中，在同样时间和同样的班级内学习同样的课程，使所有学生融合在一起，让他们感觉自己与其他学生没有差异[①]。贝利对全纳教育的定义，主要是从社会融合的角度出发的，主要包括：将残疾学生安置在普通学校中，与其他的学生做同样的事；另外，让学生感受到自己被社会接纳，拥有归属感。贝利的观点虽然是从反对隔离和二元制的教育体系出发的，认为应让学生享受公正公平，但是忽略了如果不能真正地改变现有的教育体系结构，就只能让学生在时间、空间和学习内容上与其他学生全无二致，这只是实现了身体来到学校接受教育的表象。如果普通学校的组织结构、课程结构、教学方式等不做根本改革，那么残疾儿童仍旧无法在学校乃至主流社会中感觉被接纳。

我国学者黄志成认为，全纳教育是这样一种持续的教育过程，即接纳所有学生，反对歧视和排斥，促进积极参与，注重集体合作，满足学生不同的需要[②]。这一定义是本着全纳教育最本质的问题逐步提炼概括的，抓住了"接纳"和"反对排斥"的关键词。全纳教育是接纳所有的学生，关注他们的参与和合作，同时根据学生的差异性，满足他们不同的需要。更重要的是，全纳教育是一种持续的教育过程，不是一种短期的效益行为，它是为所有的儿童提供高质量的教育，目的是建立全纳型社会。

学者们从不同的角度对全纳教育做出的定义可谓仁者见仁、智者见智。

---

① DANNIELS H. Special education reformed: beyond rhetoric? [M]. London: Farlmer Press, 2000.

② 黄志成. 全纳教育展望——对全纳教育发展近10年的若干思考 [J]. 全球教育展望, 2003（5）: 29-33.

（三）全纳教育理论研究进展

其一，全纳教育是从特殊教育领域发展起来的一种新理论、新思潮。如有学者分析道，"特殊教育理论是建立在特定社会的政治、经济、文化基础之上的，当某一社会对'残疾''平等'等观念发生变化时，特殊教育的基本理论与教育形式也会随之变化（Berdine & Black-hurt, 1985）。20 世纪 60 年代以来，特殊教育领域出现了一系列重要的新思想或概念，如'正常化'教育原则、回归主流或一体化教育，以及全纳教育（inclusive education）等。"[①] 丁勇认为，现代意义上的特殊教育大致经历了隔离教育、一体化教育和全纳教育三个发展阶段。尽管这三个阶段在不同国家和不同时期呈现着交叉、渗透，甚至是多样并存的局面，但总体上看，特殊教育从隔离教育走向全纳教育是特殊教育理论和实践运动的内在逻辑和必然规律[②]。邓猛和朱志勇指出，今日全球特殊教育发展的共性恰巧就是融合教育。萨拉曼卡会议所确定的建立融合学校与社会、发展融合教育的原则被世界各国包括中国所遵从，为各国确立融合的教育目标、制定相关政策提供了依据与动力，这正是人类文明发展到今天所形成的特殊教育与社会观念的共同潮流，是全人类特殊教育发展的共性[③]。

然而在现实中，一提到全纳教育，似乎就是有关特殊教育或是残障人士教育的问题，甚至有许多学者也坚持认为应只在残障人士教育的范畴内谈论全纳教育。黄志成认为之所以出现这种情况，原因有三：一是全纳教育这一概念确实是在特殊教育领域提出的；二是全纳教育这一概念与 20 世纪 80 年代的"一体化教育"和"回归主流"概念是一脉相承的，而这些概念主要是特殊教育范畴的概念，况且当前的全纳教育研究也主要是在特殊教育的范畴和平台上进行的，特殊教育专家基于专业的视野，难以摆脱其局限性；三是国际组织都是在国际性和区域性的特殊教育会议上明确提出和强调实施全纳教育的，强化了人们关于全纳教育就是特殊教育的看法。

其二，当前许多运用社会学视野的学者都坚守这样一种信念：全纳教育并不就是特殊教育，而是对教育系统的再构，使之能对所有学生的多样化需

---

① 邓猛，潘剑芳. 关于全纳教育思想的几点理论回顾及其对我们的启示 [J]. 中国特殊教育，2003（4）：2-8.

② 丁勇. 全纳教育——当代教育发展的方向、内涵和启示 [J]. 外国教育研究，2007（8）：22-26.

③ 邓猛，朱志勇. 随班就读与融合教育——中西方特殊教育模式的比较 [J]. 华中师范大学学报（人文社会科学版），2007（7）：125-129.

求做出应对。例如,英国全纳教育专家托尼·布思(Tony Booth)认为,全纳教育不能局限于特殊教育的范畴,全纳教育就是创建一个公平、民主的社区教育体系。布思把"全纳"界定为一个促进学生参与到综合学校的教育和社会生活中的过程,这个界定超出了特殊教育需求的范围,其所指的不仅是当前被认为有特殊教育需求的学生,还包括所有的学生。爱因斯卡则认为重新界定特殊教育所需要的不只是变化词汇,不能只用"全纳教育"代替"特殊教育";全纳教育不能只是从特定的特殊教育历史的角度来关注全纳和排斥,不能只是关注有缺陷学生的诊断和治疗;它要求我们把残障学生和在学习上遭遇困难的学生看作学生群体多样性的一部分,是类型更加多样的排斥和全纳压力的一部分(Peter Clough & Jenny Corbett, 2000)。"从二元制的、隔离的特殊教育和普通教育向单一制的全纳教育的转变,不仅要求教育体制的变革(即变双轨制为单轨制),而且要求普通学校教育观念的变革和课程教学的变革。从体制到课程、从观念到具体的日常教学等,都必须进行'范式'的转换"①,黄志成等也指出,全纳教育思想远远超出特殊教育的狭窄范围,涉及对普通教育的挑战和对普通教育体制进行改革的问题。首先,要求普通学校接纳所有的学生(包括现行教育中划分出来的各种特殊类型的学生),让残障学生走出隔离式的教育围墙,进入到普通学校之中;其次,要求普通学校对不同需求的学生提供相适应的课程和教学,使所有学生都能积极地参与到学校的学习和生活之中,形成一种重视集体合作、人人受欢迎的氛围②。全纳教育试图通过整个教育制度,包括教育目标、课程内容、评价方式、学校观念、教育原理、教师作用等各方面的改变产生深刻、渐进的变化,达到增加学生参与、减少教育排斥的目的。

概而述之,全纳教育是从特殊教育领域发展起来的,因此特殊教育应成为全纳教育的问题背景;但因其已远远超越了特殊教育,所以不应仅从特殊教育、普通教育的角度,而应从整个教育的变革方面来探讨全纳教育。

二、师资培养研究

任何教育目标、教育理想的实现,都离不开合格且优秀的教师。第48届

---

① 黄志成. 全纳教育——关注所有学生的学习与参与[M]. 上海:上海教育出版社,2004:74.
② 黄志成,胡毅超. 全纳教育:未来之路——对UNESCO第48届(2008年)国际教育大会主题的思考[J]. 全球教育展望,2008(7):46-49,45.

国际教育大会指出:"高素质的教师是推进全纳教育的关键。"全纳教育作为一种新的教育思潮和教育理念,必将对师资培养带来新的挑战和变革。

(一) 全纳教育理念下师资培养面临的挑战

1. 师资培养目标面临的挑战

首先,全纳教育给普通教育教师带来了巨大的挑战。因为全纳教育倡导普通学校接纳有各种特殊教育需求的学生,学校亦应为这些学生都能受到自身所需要的教育提供条件。而"最重要的配套支援是有适当专业知识和教学经验的教师(Craw-ford,2002)及已受训的辅助员工(Farrell,2000)。任教于主流学校的教师,究竟有没有足够的专业知识和教学意识来教导有特殊教育需要的学生,这是所有关心融合教育实践的人都必须诚恳回答的问题。既然融合教育是一种规范性的观念转移,那么所有的教师亦要能认识特殊教育需要的理论和方法"[1]。据2002年一项由优质教育基金资助、香港教育学院推行的融合学校实例研究发现,"融合学校"的教师对教育有特殊教育需要的学童的知识和能力仍显不足。能真正通过培训为教师提供有效能的"融合教育",现行的基础教师教育仍任重道远[2]。

其次,全纳教育的推进对特殊教育教师也提出了更高的要求。①教育对象的变化。随着全纳教育的不断深入发展,进入特殊学校的往往是有严重障碍以及多重障碍的儿童。所以,对将来在特殊学校工作的教师的培训越来越强调进行综合化的特殊教育训练,即不再是对单一障碍儿童的教师进行培训,教师的知识与技能要适应多重障碍、严重障碍儿童的教学需要。吴佳臻等也认为,随着台湾融合教育的深入开展,一般学校的特教教师在实际教学上面对的大多是不同障碍类别、不同学习特质的障碍学生,单一障碍类别的特教教师的职前师资养成已无法应付特殊教育的趋势,特教教师应积极提升不同障碍类别的相关专业知能,增进自身的教学效能,才能满足有特殊需求的学生之需要[3]。②教育场所的变化。"随着融合教育的不断推进,对教师教育的要求也越来越高,以后一般特殊教育专业毕业的学生不再是或者不主要是到

---

[1] 卢乃桂. 融合教育在香港的持续发展——兼论特殊学校的角色转变[J]. 中国特殊教育,2004(11):84-93.

[2] 雷江华,连明刚. 香港"全校参与"的融合教育模式[J]. 现代特殊教育,2006(12):37-38.

[3] 吴佳臻,张滕成."国民"中学特殊教育教师在职进修需求之研究[J]. 东台湾特殊教育学报,2008(10):151-165.

封闭式、隔离式的特殊学校从事特教工作，而是更多地到普通学校从事正常儿童与有特殊教育需要儿童的教育教学工作。"①杨蕾也指出，在实施全纳教育的过程中，特殊教育工作者需要花更多的时间到普通学校中去工作，并帮助和培训那些学校的教师更好地理解具有特殊教育需求的学生。特殊教育工作者必须设法开发咨询服务、课程、全纳教室实践等方面的新技术②。

全纳教育的开展，对教师的素质和能力提出了新的要求，而这正是师资培养目标调整的方向。很多学者对于全纳教育理念下教师应该具备什么样的知识和能力进行了探讨。王美萍、胡平凡指出，教师要具备全新的教育理念，包括：①民主平等的教育价值观；②民主开放的合作教学观；③民主发展的学生评价观。同时，教师还要具备进行普通教育和特殊教育的知识及能力③。宋玉连等指出，全纳教育对教师的素质提出了新的要求：①教师要具备崇高的职业道德和全纳的态度；②教师要树立民主的教育观；③教师要形成正确的教育价值观和学生评价观；④教师要同时具备普通教育和特殊教育的知识和能力④。郝振君等也认为，实施全纳教育应着重做好三个方面的工作：①要求教师形成全纳教育的态度、价值和期望；②要求教师树立民主的教育观；③在现阶段教师首先应具备教育特殊儿童的知识、技能和情感基础⑤。

Verity Donnelly等通过研究欧盟国家关于教师的能力或标准方面的规定，归纳了教师为促进全纳教育发展所需具备的核心能力：①与其他人（专家、父母）合作进行评价和制订计划以满足学习者多样化的需求，并增加平等和人权的议题；②使用多样化的全纳教学方法，分组教学和独立工作，以适应学习目标、学习者的年龄和他们的发展阶段，并评价他们的学习和方法使用的有效性；③规划课程和内容，能促进所有学习者的参与，促进形成一种积极的精神和友好的关系；④促进学习者的健康和幸福⑥。

---

① 顾定倩，王雁. 对高校特教学科人才培养方向的思考［J］. 中国特殊教育，2005（1）：3－9.
② 杨蕾. 全纳教育中的教师专业发展［J］. 全球教育展望，2005（2）：61－66.
③ 王美萍，胡平凡. 全纳教育理念下的教师素质及其培养［J］. 当代教育论坛，2008（9）：88－90.
④ 宋玉连，周景芝. 基于全纳教育理念的教师专业发展［J］. 课程教育研究，2012（16）：12.
⑤ 郝振君，兰继军. 论全纳教育与教师素质［J］. 中国特殊教育，2004（7）：2－5.
⑥ DONNELLY V, WATKINS A. Teacher education for inclusion in Europe［J］. Prospects，2011（41）：341－353.

2. 师资培养课程面临的挑战

王娟等指出了全纳教育理念下，我国师资培养课程面临的主要问题①。①职前教师教育课程中普遍缺少全纳教育的相关内容。不论是特殊教育教师还是普通教育教师，都应当明确地了解全纳教育的相关内容。但在现有的职前课程中，普遍缺少全纳教育的内容：一方面，没有专门的全纳教育课程；另一方面，全纳教育在相关课程中没有被明确地提出，只是在讲解到教育公平、全民教育等内容时，会涉及全纳教育的部分理念，而这些也只是分散地、随机地出现在教师个人的课堂教学中。②普通师资培养课程中没有特殊教育或有关特殊教育需要的基本知识与技能。

国外的研究亦展示出相同的情况。Muna Amr 的研究指出，在阿拉伯世界，教师缺乏教育所有儿童的能力，部分原因就在于师资培养课程中缺乏全纳教育的内容，教师缺乏在主流课室中教育有特殊教育需求的儿童的技能②。Denise Vaillant 的研究也表明，在今天的拉丁美洲，教师的专业培训并没有使其掌握教育有特殊需求的儿童的技能③。有学者通过分析挪威教师的教育课程发现，"尽管师资培养课程中涉及全纳思想，但并不能保证书本中的这些知识和价值实际上教给了学生。一方面是因为课程中暗含的这些思想并不足够清晰和明确，师资培养课程中的知识仅限于特殊教育需求，却很少与全纳的议题相关；另一方面的原因是就算没有涉及全纳的议题，也不会导致什么后果"④。尽管理论上教师教育课程中应包括"特殊教育需要"的内容，但实际上分配的时间却非常有限。在特教师资培养课程中关于全纳的内容非常模糊，而且主要是缺陷模式的教育教学占主导⑤。师资培养课程中面临的这些问题给培养教师的全纳教育理念和能力造成了很大的阻碍。

---

① 王娟，王嘉毅. 我国职前教师教育中全纳教育的现状及对策研究 [J]. 中国特殊教育，2009（12）：3-6，56.

② AMR M. Teacher education for inclusive education in the Arab world：the case of Jordan [J]. Prospects，2011（41）：399-413.

③ VAILLANT D. Preparing teachers for inclusive education in Latin America [J]. Prospects，2011（41）：385-398.

④ BOOTH T，NES K，STROMSTAND M. Developing inclusive teacher education [M]. London：Routledge Falmer，2003：170-171.

⑤ BOOTH T，NES K，STROMSTAND M. Developing inclusive teacher education [M]. London：Routledge Falmer，2003：172.

(二) 全纳教育理念下师资培养的变革

1. 普教与特教师资培养的融合

许多学者都倡导普教与特教师资培养的双向融合。

李拉认为,无论是普通师范院校还是特殊师范院校在人才培养方面都各具优势,未来全纳型教师的职前培养需要打破传统的二元制度,在教师职前培养机制上统筹安排特殊师范教育与普通师范教育,充分发挥二者在人才培养方面的特色,形成互补和合力,共同培养全纳教育所需要的师资。并且随着未来全纳教育的持续发展,普通师范教育与特殊师范教育必然在培养机制和培养机构上由这种互通最终走向融合,从而实现人才培养目标、层次、类型的更合理搭配,共同在全纳型教师的人才养成上发挥作用[①]。

孟万金也认为,打通传统的普教与特教之间的分隔,突破传统的普教与特教教师专业素质"线性排序"或"面上并列"的局限,创建中国特色的全纳教育理念下教师专业素质结构及教师专业化标准,是未来全面推进教育公平、深化全纳教育的重要任务之一[②]。

美国提高教师质量中心出版了《普通教师教育和特殊教师教育合作项目》报告,其中提出了三种全纳教师教育模式。一是分离模式,即在普通教师教育项目中增设特殊教育课程,邀请特殊教育专家加入教师培训活动。这种模式的变化在于普通课程和特殊课程的融合及教师教育者的合作,是最早的全纳教师培养模式。二是整合模式,这种模式较之分离模式的变化在于增加了普通教师教育项目与特殊教师教育项目的合作。三是融合模式,与前两种模式相比,这种模式既涉及结构性的改革又涉及概念性的改革,教师教育过程中所有的学员学习统一的课程,参加同样的实践活动。参加融合模式的学员在学习结束后,可以申请双证,即特殊教师资格证书和普通教师资格证书。2000 年,融合模式教师教育在美国的科罗拉多州以法案的形式强制实施[③]。

2. 师资培养目标的变革

在全纳教育理念下,许多学者提出了构建"全纳型教师教育",师资培

---

① 李拉. 全纳背景下的教师教育改革 [J]. 继续教育,2011(1):23 – 25.
② 孟万金. 全纳教育理念下教师专业素质及专业化标准研究 [J]. 中国特殊教育,2008(5):13 – 17.
③ BLANTON L P, PUGACH M C. Collaborative programs in general and special teacher education [C]. Washington, D. C.: Council of Chief State School Officers, 2007.

养的目标即培养"全纳型教师"。所谓全纳型教师,"指的是在全纳教育的基本理念指导下,面对教育对象的多样化,在教育教学活动中具有丰富的和组织化的关于普通教育和特殊教育的专门化知识,能高效率地应对教育教学中的各种问题,并富有职业的敏锐洞察力和创造力的教师"①。理想的全纳型教师知识素质模型应当包括以下内容:①基础层面,包含特定的专业知识;②教师资格层面,包含教育理论(含教育学、教育心理、教育管理、现代教育技术);③特殊需要教育层面,包含全纳教育理论(含全纳教育、心理健康教育理论);④方法和技术手段层面(涉及盲文、手语、行为矫正等)②。

有学者指出,全纳型教师是一个群体性的概念,应该是一个由一系列不同类型、不同职能的教师所构成的完善的全纳教师体系。全纳型教师应该由负责课堂教学的教师、教学辅助教师、指导儿童康复与训练的资源教师,以及具备更高专业水准、能够满足不同类型的特殊需要的巡回指导教师等多层次、多功能的一系列人员构成③。

兰继军等认为,要实施全纳教育,应构建以培养全纳型教师为宗旨的教师教育体系,并系统地探讨了全纳型教师的培养目标、课程体系和资格认定制度。"全纳型教师的培养目标可以用'通识加专长'来概括。全纳型教师的通识特征是指所有教师都应该接受全纳型教育课程的培训,使全纳教育知识和技能成为教师的基本素质要求之一。专长则是根据不同岗位、不同水平的全纳型教师而采取的差异化策略。"全纳型教师可以分为三个层次,即初级层次、专业层次和专家层次。针对不同层次,其培养课程设置和资格认定亦应有所区分④。

孟万金系统地探讨了全纳教育理念下教师专业素质结构及专业化标准的构建原则和基本内涵,指出它们的构建原则分别为:①普教与特教的统一;②理论性与实践性的统一;③历史性与时代性的统一;④确定性与生成性的统一;⑤个体性与群体性的统一;⑥指导性与自主性的统一;⑦世界性与民族性的统一;而基本内涵可概括为四大子系统,即专业理念、专业智能、专业情怀、专业规范⑤。

---

① 董建伟,季茂岳. 全纳教育理念下教师的新发展 [J]. 吉林省教育学院学报,2009(5):41-42.
②④ 兰继军,于翔. 加强教师教育改革 培养全纳型的教师 [J]. 中国特殊教育,2006(1):14-18.
③ 李拉. 全纳背景下的教师教育改革 [J]. 继续教育,2011(1):23-25.
⑤ 孟万金. 全纳教育理念下教师专业素质及专业化标准研究 [J]. 中国特殊教育,2008(5):13-17.

既然全纳型教师是未来教师教育职前人才培养的目标和规格,那么现有的教师职前培养模式必须进行调整或变革。普通师范教育要加大对特殊教育课程的开设力度,使未来的教师具备应对班级里有特殊教育需要的儿童的基本能力,培养能够胜任全纳课堂教学需要的教师。特殊师范教育也要同时调整人才培养目标,培养全纳课堂上的教学辅助教师、资源教师、巡回指导教师,以及能够面对各类特殊儿童教育需要的相应专业人员①。

3. 师资培养课程的变革

师资培养课程的变革都会受一定的教育观念的影响。教育观念是按照一定社会政治和经济发展的需要而建立起来的思想体系,必然制约着学校的课程。因此,全纳教育的实施必然要求课程设置与之相适应。

(1) 课程结构的变革。有学者指出,为适应特殊教育学校对学科性人才的需求,高等特殊教育院校在课程设置上应逐步实现特殊教育专业和普通师范专业的双向融合。换言之,在普通师范专业的课程设置上应融入部分特殊教育课程,即"学科专业课程+特殊教育专业课程",或采用世界发达国家通用的"学历证书+教师证书+特殊教育专业资格证书"模式;或在特殊教育专业的课程设计中融入部分学科专业课程,即"师范类课程+学科课程+特殊教育专业课程"②。

(2) 课程内容的变革。国外在实行全纳教育的过程中,最普遍的做法是对普通学校的教师进行特殊教育方面的训练,帮助他们了解有特殊需要的儿童的心理,掌握相应的教育方法和技能,形成对待有特殊需要的儿童的正确态度,有效地帮助他们融入全纳教育环境中,进而将教育有特殊需要的儿童的理念和方法应用于普通儿童的教育之中,以满足不同学习者的需要,促进全纳教育的顺利实施③。在英国、美国、丹麦、奥地利、德国、芬兰、葡萄牙、瑞典、比利时、法国和西班牙等国,一定学时的特殊教育课程以必修或选修的形式纳入到普通中小学教师的职前培养之中④。在中国,陕西师范大学等 169 所师范院校也普遍开设了特殊教育课程,培养师范生具有指导残障

---

① 李拉. 全纳背景下的教师教育改革 [J]. 继续教育, 2011 (1): 23 – 25.
② 戴光英. 西部特殊教育师资培训探究 [J]. 中国特殊教育, 2004 (11): 68 – 71.
③ 董建伟, 季茂岳. 全纳教育理念下教师的新发展 [J]. 吉林省教育学院学报, 2009 (5): 41 – 42.
④ 冯雅静. 国外融合教育师资培训的部分经验和启示 [J]. 中国特殊教育, 2012 (12): 3 – 7.

学生在普通学校随班就读的能力[1]。

在全纳教育理念下,"国际上发达国家在师资培养上,特殊教育教师与普通教育教师培养相结合,在培养小学教师的课程改革上更加注重教师培养目标的全面性,已经超越了学科知识、教育理论和教学能力的范围,扩展到作为教师的所有方面,因此在课程改革上越来越重视'全纳性'教育的需求"[2]。如随着全纳教育的不断深入,芬兰加快了全纳型教师教育改革的进程。在该国2003—2008年和2007—2012年的教育和研究发展计划中都要求以教师为将来职业的学生要学习更多关于特殊需求的教育、文化交融的教育、发展性的教育学的知识以及关于工作环境与领导才能的知识。此外,还着重强调人际关系与人际交流以及引导和建议方面的技巧。教师教育学院应致力于教授学生一些合作性组织的模范,并鼓励他们积极参与学校团体的发展和与周边社会的合作[3]。在欧洲,大部分教师培育机构的课程中都包含特殊需求儿童的教学,不仅将其作为一门专业科目,而且逐渐将其作为整体训练课程的一部分。他们认为教师需要通过培训来理解多样性,必须掌握相关的技能,以能够与课室中来自不同社会、不同文化背景的学生进行合作[4]。

有学者认为,未来不管在普通教育或特殊教育的师资培育或在职训练中,均应纳入"合作技巧""沟通协调"等相关技能训练,让团队合作更为顺利。有实务特教工作者甚至认为未来特殊教育学系学生的教育实习也需要在普通班级之中密集开展,以作为未来与普通班教师进行合作的准备[5]。教师的职业意识和实践能力是在"学"与"做"中逐步形成的,所以,在师范院校中实施全纳教育师资培养,应提倡和鼓励教师用全纳教育的思想方法和教学模式进行各门课程的教学,同时增设特殊教育课程,并加强与基础教育学校尤其是现实中的特殊教育学校的合作,以培养适应未来全纳教育需要的全纳型

---

[1] 张东. 纲要实施三年来我国特殊教育事业取得长足进展 [N]. 中国教育报, 2013-7-12 (1).

[2] 曾雅茹, 叶增编. 高师小学教育专业"一体化教师"培养的探索 [J]. 教师教育研究, 2004 (6): 45-49.

[3] HAUG P. Qualifying teachers for the school for all [C] // BOOTH T, NES K, STROMSTAND M. Developing inclusive teacher, 2003.

[4] ARNESEN A, ALLAN J, SIMONSEN E. Policies and practices for teaching sociocultural diversity: concepts, principles and challenges in teacher education [R]. Strasbourg: Council of Europe, 2009.

[5] 柯懿真, 卢台华. 资源教师与普通班教师实施合作教学之行动研究——以一个小学二年级班级为例 [J]. 台湾特殊教育研究学刊, 2005 (29): 95-112.

教师①。

　　Peters 归纳总结出有效促进全纳教育教师培养的实践方式。①特殊教育教师培养和普通教育教师培养一体化或者互相补充。②教师学习以儿童为中心的教学策略以教育具备不同能力的儿童，促进学生积极学习，满足学生的个别化需求。③教师学习的课程应能发展教师的以下能力：达成广泛的共同目标；促进形成灵活的课程结构；根据个体进步情况提供多样化的评价。同时课程也要强调文化、宗教、语言上的多样性，知识和技能应与学习者的生活相关。④教师培养过程中应提供实践的机会，以发展教师的批判性思维，同时在课室中能获得持续的反馈和支持②。

　　从目前全纳教育视角下的师资培养研究来看，学者们从不同的角度出发，就师资培养的各方面进行了有益的探讨。从这些讨论中可以发现：①学者们都认为作为一种新的教育理念，全纳教育必将给师资培养带来巨大的挑战，师资培养面临着全方位的变革；同时也只有通过高质量的师资培养，全纳教育理念才能得到更广泛的推广，全纳教育实践才能更深入地开展。②学者们的探讨基于个人对全纳教育的定义、目标及途径的不同理解，因此在探讨师资培养时呈现的观点难免会有所偏颇。③学者们的探讨更多的是从宏观理论层面对师资培养面临的变革与挑战进行较为泛化的分析，而从具体微观层面系统探讨特教师资培养该如何变革与发展的文献仍然比较少。

三、广东、香港、台湾三地特殊教育师资培养研究

　　目前，专门研究广东、香港、台湾三地特殊教育师资培养的文献非常少。鉴于特殊教育的发展情况是分析及比较特教师资培养的主要背景，所以在进行文献梳理时，笔者对关于三地特殊教育的研究也进行了分析。

（一）台湾特殊教育师资培养研究

1. 台湾特殊教育研究

（1）台湾特殊教育的特点

兰岚等在《台湾地区特殊教育及对大陆特殊教育发展的启示》一文中介

---

　① 田瑞云. 全纳教育思想及其在教师教育中的意义 [J]. 岱宗学刊, 2007 (3): 95-97.

　② PETERS S. Inclusive education: an EFA strategy for all children [R]. Washington, D. C.: World Bank, 2004.

绍了台湾特殊教育的发展概况,归纳了台湾地区特殊教育的特点,如特教对象种类齐全,分类体现出了人文精神;特教法律法规体系健全,立法理念先进;大力推进融合教育;特殊教育教师培育体系健全,资格鉴定程序明晰;特殊教育的课程具有个别化、人性化、生活化的特色;"资优教育"得到重视等①。

王梅采用问卷调查及访谈的方式,对台湾地区现阶段特殊教育的发展特点和相关情况做了分析。她认为:①回归教育已成为台湾地区特殊教育的主流模式;②台湾地区特殊教育保障体系具体且细致;③台湾地区特殊教育辅助资源充裕且人道;④台湾地区特殊教育安置策略灵活且多样②。

张嘉文研究认为,台湾特教体系与研究发展仅以医疗心理模式为发展基模,他以"麦当劳化"理论的四大原则,即效率、可计算性、可预测性和受非人性科技的控制等来分析台湾的特殊教育,发现台湾特殊教育的许多特性皆可满足"麦当劳化"的原则。故他主张台湾特教的做法与研究应融入更多面向,辅以社会学观点,让台湾特殊教育发展更加多元,视野更广③。

(2) 台湾特殊教育法律政策研究

台湾地区十分重视特殊教育法规的建设,在依法治教方面积累了很多可资借鉴的经验。赵德成研究认为,经过多年的发展,台湾地区已形成以"特殊教育法"为核心的特殊教育法律体系,呈现出如下主要特点:①明确规定并不断扩大服务对象;②重视教育权利的公平性与适宜性;③明确和强化政府的主导责任;④大力推进融合教育和个别化教育;⑤注重保障家长的权益④。

张继发和李贤智通过分析台湾"特殊教育法"制定的背景和三次修订的过程,从中认识到:①要让残疾人充分适应社会的发展,必须提高对残疾人的认识,增进残疾人的社会生活能力;②加强特殊教育经费投入,促进残疾人的康复;③完善特殊教育立法,推进残疾人事业的发展⑤。

---

① 兰岚,兰继军,吴永怡. 台湾地区特殊教育及对大陆特殊教育发展的启示 [J]. 中国特殊教育,2008 (12):18-22,27.

② 王梅. 台湾地区基于特殊学生的回归教育现状调查分析及启示 [J]. 卫生职业教育,2010 (12):16-18.

③ 张嘉文. 台湾特殊教育的麦当劳化 [J]. 台湾特殊教育季刊,2011 (120):23-27.

④ 赵德成. 台湾地区特殊教育法律的特点及启示 [J]. 中国特殊教育,2013 (2):10-14.

⑤ 张继发,李贤智. 台湾"特殊教育法""立法"及其启示 [J]. 华中师范大学研究生学报,2006 (2):56-59.

(3) 台湾全纳教育的发展

台湾大力推进全纳教育的发展,主要举措包括以下两个方面:

①通过立法保障全纳教育的发展。兰岚等研究指出,台湾地区的"特殊教育法"(1997)和施行细则有8条内容符合融合教育的"零拒绝""最少限制环境"以及"个别化教育方案"三大理念[1]。赵德成研究表明,台湾在1997年修订的"特殊教育法"中开始提出融合教育的观念,并在1998年修订的"特殊教育法施行细则"第7条中又进一步强调以"学前教育阶段之身心残障儿童应与普通儿童一起就学为原则"。到2009年,新修订的"特殊教育法"明确提出融合教育理念,指出"特殊教育与相关服务措施之提供及设施之设置,应符合适性化、个别化、社区化、无障碍及融合之精神"[2]。

②重视资源教室建设。台湾全纳教育模式的一个最大特色在于台湾特别重视资源教室(或称为资源班、资源教室方案、资源方案)的建设。资源教室的功能主要包括补充性的评量与教学、教师的在职研习与咨询服务、对身心残障儿童权益的维护、发展或宣传新的教学策略、搜集教材资料与进行调查研究等[3]。雷江华的研究显示,近年来,台湾在小学阶段设立的自足式特殊班在逐年减少,取而代之的是具有融合精神的资源班。从2002年的统计数据中可见,资源班的数量首次超过了特殊班,特殊学校的班级数也在减少。根据2008年的统计数据,目前初等教育阶段的融合教育模式中,资源班模式已成为最主要的特殊教育形态[4]。

但是,当前台湾地区的全纳教育也面临诸多困境。林珮如从特殊教育的"特殊性"的角度探讨了迈向全面融合的阻碍因素。首先是教育对象的特殊性。目前台湾仍采用障碍类别分类方式提供特殊教育服务,接受特殊教育服务的学生大都是经由县市鉴辅会鉴定的,从一开始分类时就予以标记,将学生截然划分为"特殊"和"普通"两种,这会让教育对象的特殊性仍然存在。其次是教育内容和方法的特殊性。普通班教师和外在环境是造成这种特殊性的主要因素。普通班教师意愿不足、专业能力不足;外在环境方面,班级人数过多、升学主义挂帅、普通教育与特殊教育的合作机制尚未建立、行

---

[1] 兰岚,兰继军,吴永怡. 台湾地区特殊教育及对大陆特殊教育发展的启示[J]. 中国特殊教育,2008(12):18-22,27.

[2] 赵德成. 台湾地区特殊教育法律的特点及启示[J]. 中国特殊教育,2013(2):10-14.

[3] 雷江华. 融合教育导论[M]. 北京:北京大学出版社,2012:78.

[4] 雷江华. 融合教育导论[M]. 北京:北京大学出版社,2012:77.

政支援缺乏以及相关专业人员介入成效有限等，都对融合教育的开展形成了阻碍①。

2. 台湾特殊教育师资培养研究

（1）特殊教育师资培养历程

台湾特殊教育师资培养主要经历了以下几个阶段：①20世纪60年代以前，台湾的师范培育制度中尚没有正式的特殊教育师资培育制度。②20世纪60—70年代，采用调训现职教师接受短期特殊教育专业训练的方式培育特教师资，当时以训练视障巡回辅导教师和小学启智班教师为主。③20世纪70—90年代，各师范院校分别成立特教系所，即以特教师资专责培育机构加上原有短期专业训练的方式，全面培育特教师资。④20世纪90年代之后，台湾的学前、小学及中学特殊教育师资培育全面进入由大学教育培育的阶段，且师资培育由一元化、计划性、分发制转变为多元化、储备制、甄选制，由公费培育修正为以自费为主、公费为辅。

（2）特殊教育师资培养机构

依据台湾"师资培育法实施细则"相关规定，台湾地区师资培育的机构主要是师资培育大学。师资培育大学由师范院校以及设有师资培育相关学系或师资培育中心的大学组成。目前，台湾地区特殊教育教师培训机构总计包含9所师范院校的特殊教育学系、4所综合大学所设的特殊教育学系，以及3所综合大学所设的特殊教育学程。顾定倩指出，"台湾特教师资采取分级培养方式，9所师范学院负责培养初等教育阶段与学前阶段的特殊教育师资，4所师范大学负责培养中学阶段的特殊教育师资"②。

（3）特殊教育师资培养课程研究

①师资培养课程的演变。台湾地区关于特殊教育师资职前课程的相关规定分别在1975年、1990年、1995年和2003年经历了四次调整。在调整演变过程中，师资培育课程已从分组别修习转变为不分组别培育身心障碍类师资，课程类别大多集中在特殊教育专业、普通教育学分、心理学、社会学及医学等领域。

②师资培养课程的统一规划。目前，台湾特殊教育师资职前培育课程包

---

① 林珮如. 特殊教育并不特殊：从特殊教育的特殊性谈融合教育的现况与未来［J］. 台湾特殊教育季刊，2011（9）：11 – 18，52.

② 顾定倩. 特殊教育教师资格制度的比较研究［J］. 比较教育研究，2005（9）：53 – 58.

括普通课程、专门课程、教育专业课程、教育实习课程四部分①。各特殊教育师资培育大学所开设的课程是依据各自院校的自身办学特色以及师资培育的需要而规划开设的,因此各个院校开设的职前课程并不相同,但是在特殊教育专业课程方面,台湾教育部门做出了统一规定。台湾教育部门于2003年公布"特殊教育教师师资职前教育课程教育专业课程科目及学分",文中提出一般教育专业课程至少有10学分、特殊教育专业至少有30学分的特殊教育职前培训课程体系,以供特殊教育师资培育单位做课程规划参考。"各大学院校在特殊教育教师培育中,通常采取特殊教育类的课程必修加分组选修的方式,使所培养的师范生在具备特殊教育基本理论和技能的基础上,对特定领域的特殊儿童教育有所专长。非特殊教育专业的其他科系学生可以通过特殊教育专业学分班以及辅修等方式学习特殊教育课程。"②

③师资培养课程面临的问题。台湾的特教师资培育课程类别大多集中于特殊教育专业、普通教育学分、心理学、社会学及医学等领域,难免让人提出质疑:特殊教育教师是否有教导专门学科(如语文、数学)等的能力?特别是在小学及学前师资培育的课程部分是值得探究的,尤其是教育部门公布的新的特殊教育课程纲要中有许多普通教育的专门课程,在现行特殊教育师资培育课程架构下,特教老师尤其是特殊班及特殊学校的教师是否能胜任九年一贯课程中各领域的教学?

张英鹏等在访谈了15位特教系教授后,提出了调整师资培育课程内容与安排的建议。"在特殊教育师资培育课程、教材教法及实习方式上应稍作调整,重视各种类别的教师养成、强调专业精神的培育、开设各类相关课程,让学生能多方了解、配合充足的实习课程,以实现理论与实务的联结。"③

(4) 特殊教育师资培养政策

吴佳臻等研究指出,在全纳教育理念影响下,台湾特殊教育师资培养政策发生了变革。在台湾1994年公布施行的"师资培育法"中,"教师培育政策从一元化、计划性、分发制改为多元化、储备性、甄选制。特教教师培育由单一障碍类转变成不分障碍类。在以往,取得特教教师资格仅需修毕单一障碍类的职前教育专业课程,经一年的教育实习后,即可取得单类特教教师

---

① 马占刚. 台湾特殊教育教师资格认定制度的特点及启示 [J]. 南京特教学院学报, 2012 (1): 73-76.

② 兰岚, 兰继军, 吴永怡. 台湾地区特殊教育及对大陆特殊教育发展的启示 [J]. 中国特殊教育, 2008 (12): 18-22, 27.

③ 张英鹏, 蔡明芳, 刘玟儒, 等. 访谈15位特教系教授:论多元冲击下台湾特殊教育师资培育之问题与对策 [J]. 台湾特殊教育学会年刊, 2006: 47-74.

资格;而新制的师资培育制度中,特教教师需修习各种障碍类的普通课程、专门课程、教育专业课程及教育实习课程,经由教师资格认证中心检定合格后才能取得特教教师资格,为不分类身心障碍特教教师。"①

吴武典等分析了台湾特教师资培育与录用政策的取向及难题,认为目前台湾特教师资政策的侧重点如下:①师资培育管道多元化;②师资录用采取区分性登记;③鼓励一般教师转任特教工作,并留任在职特教教师;④录用相关服务专业人员;⑤采用一元化的特殊学校校长任用制度。他们还通过问卷调查公共意见,获得了师资培育方面的相关调查结果:①特教师资的最理想来源为特教系所的毕业者;②障碍与资优两类师资的培育宜分开并各自分类办学,至于对障碍类教师分教育阶段进行培育,亦具共识,而主要争议点在于应把学前和小学合为一组,或把中学和小学合为一组(学前则单独成组);③在特教体系内有必要设置各类相关服务专业人员,可聘为专任或兼任职员,唯仍宜补修特教学分②。

(二) 香港特殊教育师资培养研究

1. 香港特殊教育研究

(1) 政府大力倡导全纳教育

栾昕畅根据一些学者的研究,对香港全纳教育的发展历程作了梳理,具体如表1-1所示。

表1-1　香港融合教育发展历程时间表③

年份	事件
1969	香港教育署为帮助有聆听困难的学生融入普通学校,尝试在普通学校开设聆听班
1977	融合政策初次提出;《让残障人士融入社会保障》白皮书中指出:应与英国尽可能让在特殊学校接受教育的弱能学生融入普通学校的政策持相统一的态度
1982	香港教育署开始为有学习、行为及情绪困难的学生提供辅导性的教育服务

---

① 吴佳臻,张滕成. 台湾中学特殊教育教师在职进修需求之研究 [J]. 东台湾特殊教育学报,2008 (10):151-164.

② 吴武典,等. 台湾特殊教育师资培育与进用政策之分析与调查研究 [J]. 台湾特殊教育研究学刊,1998.

③ 栾昕畅. 从"平等"的概念分析香港融合教育发展中的利与弊 [J]. 中国特殊教育,2010 (3):18-22.

续上表

年份	事件
1984	开始实行"密集辅导教学服务",即协助有学习困难的学生在普通学校就读
1986	香港教育署推出为期两年的"融合教育主导计划",协助有特殊需要的儿童融入普通幼儿园;"教育委员会第2号报告书"(Education Commission Report No. 2)建议有特殊教育需要的学生应尽可能安排入读普通学校,使他们有接受全面教育的机会,在正常环境下也能获得全面发展的好处
1996	进行了一次有关特殊教育的研讨会
1997	推行一项为期两年的融合教育先导计划,有7所小学及2所中学参加,录取了49名有特殊教育需要的学生
2000	发布了"全校融合教育"(whole-school approach in providing integrated education)的方案,有40间学校参加;发布了"优质教育政策"(Policy Address on Quality Education),目标为给普通学校制造资源及推广融合教育,并且将拨款由2001—2002年的1100万增至2004—2005年的5000万,以加强对学校的支持及对教师的培训
2001	发布了《残疾歧视条例》教育实务守则
2007	发布了《香港康复计划方案》
2008	发布了《联合国残疾人权利公约》

"从表中我们可以看到,在20世纪六七十年代,香港政府对于融合教育相关政策的推行是非常缓慢的,投入也是很少的;从20世纪80年代至今,香港政府对于融合教育的支持变得越来越多,投入也逐年增加。这些都间接代表了政府对于融合教育的肯定。"[①] 明兰的研究也指出,香港"全校参与"融合教育模式的发展历程,充分体现了政府的直接干预、教育立法和经费拨款成为推动特殊教育发展的核心支持[②]。

(2)"全校参与"的全纳教育模式

香港全纳教育的最大特色是实施"全校参与"的全纳教育模式。这种模式是在校长的领导下,学校订立全纳教育政策,建立兼容的学习环境,推动

---

① 栾昕畅. 从"平等"的概念分析香港融合教育发展中的利与弊 [J]. 中国特殊教育, 2010 (3): 18 – 22.

② 明兰. 香港"全校参与"的融合教育模式及启示 [J]. 云南财经大学学报(社会科学版), 2012 (3): 148 – 151.

教职员协力帮助有特殊教育需要的学生。其教育目标有：①充分发展弱能学生的潜能；②建立互相关怀的校园文化，加强学校员工、学生和家长接纳有特殊教育需要的学生的意识；③提升教职员支援有特殊教育需要的学生的能力；④促进家长与教师的合作①。为促进"全校参与"的全纳教育的发展，香港教育局为学校提供了三层支援。第一层支援是通过优质课堂教学，照顾有短暂或轻微学习障碍的学生，避免问题恶化。第二层支援是额外支援有持续学习障碍的学生，包括有特殊教育需要的学生。这些额外资源包括在小学阶段加强辅导教学计划、新资助模式下的学习支援津贴及言语治疗津贴；在中学阶段，则包括从2006—2007学年起为照顾全港第三派位组别和成绩最低的10%的学生的中学学习而提供的额外教师支援及在2008—2009学年推出的学习支援津贴。第三层支援是加强支援个别问题较严重的学生，支援措施包括为中小学提供的"融合教育计划"和学习支援津贴②。

雷江华、连明刚认为，"全校参与"的全纳教育模式面临的挑战主要来自三个方面：观念的挑战、人员的挑战和制度的挑战。卢乃桂认为，香港全纳教育在持续发展中需要面对以下几方面问题：人权和公平的两难、政策的矛盾、体制的张力及执行的惶惑③。所以，香港推行"全校参与"的全纳教育模式需要解决好以下矛盾：第一，处理好公平、速度与效益的矛盾；第二，处理好特殊学校与主流学校之间的关系；第三，解决好"全校参与"的全纳教育模式的师资培养问题；第四，制定好"全校参与"的全纳教育模式的财政支持政策。

2. 香港特殊教育师资培养研究

（1）特殊教育师资培养机构

目前，香港负责特殊教育师资培育的主要机构是香港教育局及大专院校。香港教育学院设有特殊教育系，负责特教师资职前培养；香港教育局与香港教育学院、香港理工大学等院校开展特教师资的在职培训。

（2）特殊教育师资培养课程

雷江华介绍了香港特教教师职后培训的情况。香港教育统筹局委托大专院校承办特殊教育课程。2004—2005学年，向2893人次的教师提供了不同

---

① 雷江华，连明刚. 香港"全校参与"的融合教育模式 [J]. 现代特殊教育，2006（12）：37-38.

② 雷江华. 融合教育导论 [M]. 北京：北京大学出版社，2012：70-71.

③ 卢乃桂. 融合教育在香港的持续发展——兼论特殊学校的角色转变 [J]. 中国特殊教育，2004（11）：84-93.

类型的课程,其中532名教师接受了120小时的照顾不同学习需要的学生的专业发展课程培训,166名教师接受了30小时的融合教育引导课程培训,2195名教师接受了6～10小时的融合教育校本课程培训。2005—2006学年继续开办了120小时的教师特殊教育专业发展课程培训。为提升教师支援有特殊教育需要学童的专业知识,香港教育学院用单元制兼读课程的方式为所有主流及特殊学校的教师提供了在职教师专业进修课程①。

香港教育学院与特殊教育学校议会从2008年开始进行为期两年、以实践为主的支援课程合作,已经培训了100多名教师。同时,香港还制定了一个为期五年的教师专业发展架构。按照该架构的目标,香港教育局将系统地为全港中小学及特殊学校教师提供基础课程、高级课程及专题课程,以培养教师支援有特殊教育需求学生的相关能力。此外,香港教育统筹局委托香港理工大学开办了一个30小时的应对读写困难学生的课程培训班②。

(三) 广东特殊教育师资培养研究

1. 广东特殊教育研究

国际特殊教育的发展大致经历了三个阶段:①医学模式占主导,注重诊断和治疗的阶段;②心理学模式占主导,注重测试的阶段;③社会学模式占主导,主张每个儿童都有平等的受教育权,反对将特殊儿童安置在具有隔离性质的特殊学校的阶段。我国内地的特殊教育同样经历了以上三个阶段,虽然起步较晚,但发展速度快,特别是在第三个阶段。

我国从20世纪80年代起就开展了全纳教育的实践,主要以随班就读的模式开展。随班就读是指在普通教育机构中对有特殊教育需要的儿童实施教育的一种形式。黄志成等研究指出,随班就读是体现全纳教育原则的一种教育模式和引导学校迈向全纳学校的一种策略,也是有利于普及残疾儿童义务教育的一种安置方式。目前,我国正在广泛开展随班就读的教改实验③。许多学者都赞同这种观点,即随班就读是我国内地实施的一种适合我国国情的全纳教育模式。目前,实施的对象主要为八类特殊儿童,分别为:低视力儿

---

① 雷江华. 融合教育导论 [M]. 北京:北京大学出版社,2012:74-75.
② 中国教育留学交流(香港)中心. 特殊教育教师培训 香港出新招 [N]. 中国教育报,2012-09-28.
③ 黄志成. 全纳教育——21世纪全球教育研究新课题 [J]. 全球教育展望,2001(1):51-54.

童、重听儿童（包括有残余听力及经过语言训练已具备一定语言能力的儿童）、轻度智力残疾儿童、肢体残疾儿童（能够或基本上实现日常生活活动）、学习障碍儿童（包括学习困难和功能性障碍）、言语语言障碍儿童、情绪障碍儿童和病孩；而目前大力推行的主要有三类：盲者、聋者和弱智者①。

广东省特殊教育的发展与国家的步伐基本一致，但总体来说，与快速发展的经济相比，广东省特殊教育的发展仍是相对滞后的。①特殊儿童的安置主要以特殊学校和随班就读为主。据2013—2014学年初统计，全省共有特殊教育学校99所，校舍面积39.73万平方米。全省义务教育阶段在校残疾学生21799人，其中有女童6753人；在特殊教育学校就读的学生11263人，在普通学校特教班就读的学生222人，在普通学校随班就读的学生10314人②。②身心障碍儿童入学率偏低。2012年义务教育阶段，广东省登记未入学适龄残疾儿童少年总数4631人，其中，视力残疾193人，听力残疾205人，言语残疾208人，智力残疾1269人，肢体残疾1556人，精神残疾357人，多重残疾843人③。全省2013年义务教育阶段未入学残疾儿童少年为4293人，义务教育阶段残疾儿童少年入学率仅为83%④。③特殊教育发展规模应进一步扩大。按照广东省人民政府的部署，人口在30万以上的区县都要成立一所质量好、规模大的特殊学校，广东省特殊教育学校的数量应为263所，事实上目前全省义务教育阶段特殊教育学校仅100所。因此，要发展特殊教育，首先应加大投入，扩大特殊教育发展规模，配备充足的教师。

2. 广东特殊教育师资培养研究

（1）特殊教育师资建设研究

李凤英等调查研究了广东省27所特殊教育学校的师资建设现状，调查结果显示，特教教师专业化水平不高。被调查的1000多名特殊教育专任教师和学校行政领导中，真正毕业于特殊教育专业的教师仅占总数的42%，而从事特殊教育教学和行政领导的教师多数是非特殊教育专业毕业的教师。且在这42%的特殊教育专业毕业的教师中，按学历教育来划分，有59.8%的教师专业学历是中专，21.9%的教师学历是专科，专业学历是本科的仅占18.3%。

---

① 曹婕琼，昝飞. 美国、日本、中国大陆地区融合教育的比较与思考［J］. 中国特殊教育，2003（4）：70-74.

②④ 柯沫夫. 广东省特殊教育发展现状及思考［C］//首届两岸特殊教育高端论坛. 特殊教育协同创新论文集，2014.

③ 广东省残疾人联合会. 2012年广东省残疾人事业统计分析报告［EB/OL］.（2013-04-23）［2022-08-11］. http：//www.gddpf.org.cn/scl/show.aspx?menuId=115&itemid=43025.

这一数据反映了广东省特殊教育学校教师的专业化水平发展不平衡，教师和行政领导的专业素养有待进一步提高①。

（2）特殊教育师资培养机构

目前，我国职前教师教育中，在特殊教育师资培养方面，仍然是特教师资与普教师资分开培养。不过，随着我国师范教育体制的整体改革，特教师资的培养正在由过去封闭的、自成体系的特殊教育师资培养体系改变为部分开放、综合的、由中等特殊教育师范院校与高等普通师范院校特殊教育系或专业承担的培养体系②。北京师范大学、北京联合大学、南京特殊教育职业技术学院等52所高校设置了特殊教育（师范类）专业，以培养特殊教育学校专任教师。此外，陕西师范大学等169所师范院校也普遍开设了特殊教育课程，培养师范生具有指导残疾学生在普通学校随班就读的能力③。

广东省是经济发达地区，但在特殊教育专业建设上起步较晚，多年来广东省内均没有专门培养特殊教育专业教师的高等院校。近年来，广州体育学院（2008年）、华南师范大学（2012年）、岭南师范学院（2013年）和广东第二师范学院（2013年）等高校陆续设立了特殊教育专业，培养特殊教育专业教师。

（3）特殊教育师资培养课程

刘扬等研究认为，我国的特殊教育师资培养中，高等师范院校的特殊教育专业基本上是不分类的，学生在学校的学习涉及所有特殊教育领域的知识。而在中等特殊教育师范学校和新近由此类学校转型的特殊教育职业技术学院中，学生是分类学习的，通常分为盲教育专业、聋教育专业和弱智教育专业。在各高师特殊教育专业的课程中，盲、聋、弱智、学习障碍等不同方向的特殊课程均有安排④。

何小祥在《广东省特殊教育学校教师继续教育调查研究》一文中探讨了广东特殊教育教师的职后教育。该研究采用问卷的方式就广东省特殊教育学校教师的继续教育现状做了初步的考察与分析研究，研究发现广东省特教教

---

① 李凤英，郭俊峰，沈光银，等. 广东省特殊教育学校师资建设现状及对策研究[J]. 中国特殊教育，2010（1）：64-68.

② 王娟，田蓉. 我国职前教师教育中的全纳教育政策研究[J]. 西北成人教育学报，2009（2）：47-49.

③ 张东. 纲要实施三年来我国特殊教育事业取得长足进展[N]. 中国教育报，2013-07-12（1）.

④ 刘扬，肖非. 试论我国特殊教育师资培养中的几个争议问题[J]. 教师教育研究，2005（7）：47-51.

师继续教育的课程内容设置不合理，主要表现在特殊教育的基本知识和理论及教师的基本技能本应是师资培养和培训的重点内容，但是却没有得到突出。所以，今后继续教育内容的重点应放在特殊教育的基本知识、理论及教师的基本技能上，而普通理论知识则应突出重点，要有针对性[①]。李凤英等的研究也指出，广东省特殊教育学校教师接受在职培训的机会很少，即使接受为数不多的专业在职培训，也只强调理论知识特别是专业学科理论知识而忽视了教学实践能力的偏差，造成培训存在"目的不明、重点不清、内容散乱、时间短促、组织无序、方法单调、脱离实际等问题"[②]。

（4）特殊教育师资培养政策

我国关于特殊教育的政策法规只是散见于《教育法》《教师法》《残疾人教育条例》等政策法规中，没有专门的规定，而职前教师教育中有关全纳教育的政策几乎没有明确的表述。职前教师教育中与全纳教育相关的政策面临的问题有：①所有的相关政策中都没有明确提出全纳教育的概念；②政策较为单一，我国目前明确的全纳教育政策只有"随班就读"政策；③政策分散；④政策中用词笼统，与全纳教师师资有关的政策法规中，大多使用了"应当"一词，导致具体实施的过程中随意性、灵活性太强，不利于全纳学校的有效运作；⑤我国的教师资格认证体系中，没有特殊教育师资认证制度，更没有专门的全纳教师师资认证制度[③]。

第三节 概念界定与阐析

一、全纳教育

"全纳教育"是从英文 inclusive education 翻译而来的，"全纳"有"包括、包容等"的含义，与 exclusive（排挤、不容纳等）意思相对。许多学者认为这一翻译并不准确（朴永馨、黄志成，2003；黄希利，2006；雷江华，

---

① 何小祥. 广东省特殊教育学校教师继续教育调查研究［D］. 武汉：华中师范大学，2008.
② 李凤英，郭俊峰，沈光银，等. 广东省特殊教育学校师资建设现状及对策研究［J］. 中国特殊教育，2010（1）：64－68.
③ 王娟，田蓉. 我国职前教师教育中的全纳教育政策研究［J］. 西北成人教育学报，2009（2）：47－49.

2012),"因为这种翻译虽然将'容纳'之意翻译了出来,但 include 这个词本身并没有'全'的意思,而且与真正的'全纳'(total inclusion 或 full inclusion)一词混淆。这无疑会影响到我们与国际的交流。因为,目前国外对开展全纳教育的争论之一就是是否要'全部纳入'的问题[①]。但因"全纳教育"已在国内普遍使用,所以本书中也沿用此词。而港澳台学者更多的是将 inclusive education 译成"融合教育"(雷江华也按此译)。因此,凡下文中出现"融合""融合教育""融合学校"等,即对应"全纳""全纳教育""全纳学校"。

全纳教育有广义和狭义之分。从狭义上而言,全纳教育即将残疾儿童一体化进普通学校进行教育,主要关注的是残疾儿童或有特殊教育需要儿童的教育机会和教育质量问题,甚至将全纳教育等同于特殊教育。但随着全纳教育的发展,国际社会越来越担心如果全纳教育的政策设计和发展仅针对特殊人群,则会存在忽视或遗忘其中另一部分群体的危险,因此将全纳教育的对象逐渐界定为关注所有易于被边缘化和被排斥的群体[②]。

联合国教科文组织 2005 年发布的《全纳教育指南:确保全民教育的通路》中对全纳教育的定义是:"全纳教育是通过增加学习、文化及社区的参与,减少教育系统内外的排斥,关注并满足所有学习者多样化需求的过程,全纳教育以覆盖所有适龄儿童为共识,以正规系统负责教育所有儿童为信念,它涉及教育内容、教育途径、教育结构与教育战略的变革与调整。全纳涉及在正式与非正式的教育环境中为多样化的学习需要做出适当的回应。全纳教育不是一个如何让部分学生融入主流教育的小问题,而是考察如何改革教育系统和其他学习环境以适应学习者多样性的一种方法,其目的是使教师和学生都能接纳多样性并视之为机会,视之为学习环境的丰富,而不是问题。"[③]

从上述这一广义的定义可以看出,全纳教育概念已在不断扩展其内涵,从仅限于满足特殊需要学生的需求,到努力使所有的学生特别是易被边缘化和被排斥的群体真正有平等的机会接受普通教育。根据联合国教科文组织的文件,易被边缘化和被排斥的群体至少应该包括:①残疾儿童或有特殊教育需要的儿童;②艾滋病儿童;③少数民族儿童(种族/语言和宗教);④移

[①] 黄志成. 全纳教育——关注所有学生的学习与参与[M]. 上海:上海教育出版社,2004:4-5.

[②] 彭霞光. 全纳教育:未来之路——对全纳教育理念的思考与解读[J]. 中国特殊教育,2008(12):3-6,34.

[③] UNESCO. Guidelined for inclusion: ensuring access to education for all [R]. Paris: UNESCO, 2005.

民、难民和在国内迁移的儿童;⑤贫困/饥饿儿童;⑥冲突/灾难儿童①。不可否认,残疾儿童或有特殊教育需要的儿童仍然是全纳教育对象的重要一部分。因此,残疾儿童的教育应该仍是全纳教育发展过程的重中之重,不应被忽视或弱化。本书中全纳教育是指通过创造和谐融合的环境,尊重、理解、关心学生的多样性,反对歧视和排斥,促进有特殊教育需求的学生和普通学生的积极参与,共同合作,以满足不同的教育教学需求的教育。

二、特殊教育

有学者研究了20世纪70年代以来上百种有关教育学、心理学、医学的辞典和专著,发现其中有15种明确地对特殊教育下了定义。通过分析、比较,可把这15种有关特殊教育的定义分成四类②:第一类,把特殊教育看作是相对于普通教育而言具有不同教育对象的教育,其教育对象在身体上有"困难",无法适应普通教育;第二类,与第一类一样,承认特殊教育是相对于普通教育而言具有不同教育对象的教育,但认为教育对象不限于在身体上有"困难"的儿童,把天才儿童等也列为特殊教育的对象,并提出了狭义的和广义的特殊教育的定义;第三类继承了第一类和第二类的观点,但又有发展,认为特殊教育不仅教育对象特殊,而且教育内容(课程)与方法也特殊,明确指出特殊教育是一个独立的系统;第四类,是著名特殊教育学家、北京师范大学教授朴永馨所提出的定义(也是本书所认同的一种),他指出,"特殊教育是教育的一个组成部分,是使用一般的或经过特别设计的课程、教材、教法和教学组织形式及教学设备对有特殊需要的儿童进行的旨在达到一般和特殊培养目标的教育"③。"朴永馨教授的定义强调对于特殊儿童既要进行一般的教育,使其达到一般的培养目标;又要对特殊儿童进行特殊的教育,使其达到特殊的培养目标。这种观点注意到了特殊儿童还应掌握一些与正常儿童相同的知识技能、思想道德和生活本领,而不只是掌握那些特殊的知识、技能。"④

因教育对象范畴的不同,特殊教育又可分为广义的特殊教育和狭义的特

---

① 联合国教科文组织. 挑战与构想:通过全纳教育做法消除排斥(概念性文件)[R]. 北京,2008.

②④ 骆风. 30年来特殊教育定义演变之分析[J]. 中国特殊教育,2000(1):7-9.

③ 朴永馨. 特殊教育概论[M]. 北京:华夏出版社,1991:9-10.

殊教育。广义的特殊教育包括对天才（超常）、品德不良（轻微违法犯罪）、智力低常（落后）、视力残疾、听力残疾、肢体残疾、言语残疾、精神病残疾、情感和行为障碍、学习障碍、多种残疾以及各种特殊人的教育①。狭义的特殊教育通常包括对障碍儿童的教育，按其障碍程度、身心发展水平和理解水平，又分为视觉障碍（盲、弱视）、智力障碍、精神障碍、听觉障碍（聋、重听）、言语障碍（哑、口吃）、行为障碍（或情绪障碍）、多重障碍和身体疲弱及心理障碍（自闭症）等②。关于"障碍"一词，世界卫生组织和1981年国际障碍者年行动计划中分别用了3个词加以区别：impairment，指躯体的或精神的器官发生故障；disability，指 impairment 的结果，如视觉、听觉、行动、思维等机能不全；handicap，指由于上述机能不全给社会生活所带来的不利③。本书主要探讨身心障碍类的特殊教育。

三、特殊教育教师

顾名思义，特殊教育教师是指从事特殊教育工作的专业人员④。由于特殊教育的发展水平不同，各地对身心障碍类特殊教育对象的界定不尽相同，存在广与狭、详与略之分，因此特殊教育教师的类型也有差异。在我国粤港澳台四地实践中主要是视障教育、听障教育、智障教育、孤独症教育、学习障碍教育等类型的特殊教育教师。同时，随着全纳教育的开展，特殊学生的安置越来越多元化，如我国内地的随班就读，香港、澳门的融合班，以及台湾的资源教室等，越来越多的身心障碍学生进入普通学校学习。因此，特殊教育教师不仅限于特殊学校，还将越来越多地任教于普通学校的特殊班、资源班和融合班等。所以，本书中的特殊教育教师（又称"特殊教育师资"，简称"特教教师"或"特教师资"）既包括在各类特殊学校直接从事特殊儿童教育教学的专任教师和在普通学校中承担附设的各类特殊班教育、教学工作的教师，也包括随班就读、融合班及资源班的辅导教师。

---

① 朴永馨. 特殊教育［M］. 长春：吉林教育出版社，2000.
② 马庆发. 特殊教育师资培育比较研究［J］. 高等师范教育研究，2002（2）：21.
③ 山口薰，金子健. 特殊教育展望［M］. 大连：辽宁师范大学出版社，1997.
④ 顾定情. 特殊教育教师资格制度的比较研究［J］. 比较教育研究，2005（9）：53－58.

四、师资培养

本书中的师资培养,是指对特殊教育教师进行专业化的培养与培训。现代特殊教育的快速发展对特教师资的素养和能力提出了更高、更全面的要求。如教师要有改善自己知识结构的意识和能力,要学会开发利用课程资源,具备课程开发的能力,增强对课程的整合能力,提高信息技术与学科教学有机结合的能力。教师需要由重知识传授向重学生发展转变,由重结果向重过程转变,由统一规格教育向差异性教育转变。这种成长和转变的过程正是特殊教育教师专业化发展的过程。特教师资的专业化发展要求一种全新的成长方式,仅注重职前培养的特殊师范教育已不能满足特教师资培养的要求,取而代之的是一种基于专业化发展的特殊教育师资培养的新范式,即教师教育。这种新的培养范式强调特教师资培养的专业化、系统化和终身化。故本书中的特教师资培养包括特殊教育教师的职前培养、入职辅导及职后培训三个阶段。因港台地区多用"师资培育"一词,因此本书中的"师资培养"与"师资培育"同义,不作区分。

第二章　构建特殊教育师资培养的理想典型

第一节　作为理论工具的"理想典型"

本书采用"理想典型"这一理论工具,构建特殊教育师资培养的理想典型,以此作为分析框架,对广东、香港、台湾三地的特殊教育师资培养进行比较研究。

一、"理想典型"的内涵

"理想典型"(ideal types)的概念最初出现在韦伯于1904年发表的《社会科学和社会政策中的"客观性"》一文中,此后他又在包括《经济与社会》在内的诸多著述中进一步讨论了这一概念及其对社会科学研究的意义。在其《社会科学方法论》中,"理想典型"最具方法论意义,也是韦氏社会科学方法论中的一个核心概念。

对于ideal types,国内有两种译法:一种为韩水法的"理想类型",另一种为李秋零的"理想典型"。本书采用的是李版译法,其原因是韦伯在《社会科学方法论》中明确对"典型"与"类型"作出了区分:"我们上面有意地把'理想典型'在本质上……看作是为了衡量和系统地说明个体性的,即就其独特性而言重要的联系所作出的构思。这样做是为了根除一种流行的观念,就好像在文化现象领域里,抽象的、典型的东西与抽象的、合乎类的东西是一回事似的。"[1] "没有一个类概念自身具有'典型的性质',也不存在一种合乎类的'平均'典型。"[2] 在韦伯的理解中,"类型"是那种一般的、空洞的、接近规律性质的东西,而"典型"却是用来衡量具体的个体的,因而

---

[1] 韦伯. 社会科学方法论[M]. 李秋零,田薇,译. 北京:中国人民大学出版社,1999:33.

[2] 韦伯. 社会科学方法论[M]. 李秋零,田薇,译. 北京:中国人民大学出版社,1999:44.

具有形象性。

（一）"理想典型"的提出

1. 严格区分"经验知识"与"价值判断"

在社会科学研究中，什么样的研究对象能够进入研究者的视野，是由研究者的文化价值理念决定的。人们在选择研究事实时无法规避价值理念的筛选，甚至社会科学得以成立的根本依据即在于文化价值理念的筛选。但韦伯认为，虽然社会科学研究中有这样的特性，但不意味着可以混淆"价值判断"与"经验知识"。所谓"经验知识"，是指研究者在知性分析、逻辑判断基础上对经验现实进行思维整理得出的知识，这样的知识具备客观性及经验性，可以在现实中反复求证。所谓"价值判断"，是对文化现象是卑下的或是正当的所进行的评价，包含评价者的态度。韦伯认为，经常将对事实的科学讨论与评价的理想思考混淆起来，这是我们这个专业的工作的一种虽然始终最为流行但也最为有害的特性之一。一门经验科学并不能教会人应当做什么，只能教给人能够做什么，以及在具体条件下他想要做什么。"经验科学的任务绝不是提出约束性的规范和理想，以便从中引出实践的处方。"韦伯对于"价值判断"与"经验知识"的严格区分，实际上是为社会科学研究的客观性提供了保证。

2. 社会科学研究方法之争

在韦伯所处的时代的社会学中，实证主义与人文主义争论激烈。

"'抽象的'——理论的方法与经验——历史的研究处在一种无法调和、明显无法消除的对立之中。这种方法完全正确地认识到，用'规律'的阐述取代对现实的历史认识，或者反过来通过单纯地罗列历史考察来达到严格意义上的'规律'，这在方法上是不可能的。"①

韦伯提出理想典型就是试图调和这样一种对立，以期找到更加"客观""中立"地对经验现实的思维进行整理的方法。韦伯认为要想让社会学成为真正的科学，就必须如自然科学一样，构建一套精确而谨慎的概念体系作为衡量现实的标准，审视现实与概念之间的差距，并对此差距做出因果解释，而"理想典型"就是这样一个可以与精密的自然科学相类比的"抽象的、从而是纯形式的命题体系"②。

---

①② 韦伯. 社会科学方法论［M］. 李秋零，田微，译. 北京：中国人民大学出版社，1999：25.

(二)"理想典型"的内涵与意义

第一,理想典型是一种思维逻辑上的完善物,它对经验现实不是摹写和复制,也不是随心所欲地虚构,而是综合和构建。

理想典型是"通过单方面地提升一个或者一些观点,通过把散乱和不明显的、此处多一些彼处少一些、有些地方不存在的那种符合上述单方面地强调的观点的个别现象都综合成为一个自身统一的理想画卷而获得的。"①

韦伯在《社会科学方法论》中根据抽象的经济理论构建了理想典型的概念,认为理想典型可用来描述文化事件的过程,但它不是对实际发生的事件进行叙述,而是与某种设想出来的有联系的表象相关。由于经验现实是复杂多样的,包含无数的关系和事件,就研究者来说,他不可能穷尽社会实在的所有特征,但可通过理想典型,借助片面地强调或夸张现实中的某些成分,然后把它提升为一种纯粹的概念。所以,理想典型是研究者思维的一种主观构建,它源于现实社会,但又不等同于现实社会。正如韦伯所指出:"就其概念上的纯粹性而言,这一理想画卷不能经验地在现实中的任何地方发现,它是一个乌托邦。"②

理想典型是对社会现象中许多各不相同的、离异的、偶然存在的具体的个别现象进行分析、综合而成的,它源于研究者根据经验获得解决相关问题的基本思路,并在这些相关的经验中获得一种规律性理解,最后将其确立为解决相关问题的一种通则性方法。

第二,理想典型是一种方法论上的分析结构。通过这种分析方法,可以使其与经验实在相比较。

"对于研究者来说,理想典型的概念有助于培训归属和判断;它不是'假设',但它要为假设的形成指明方向;它不是对现实的描述,但它要为描述提供清晰的表达手段。"③

理想典型只是我们构建出来的思维图像,而借助于这个构建出来的思维图像,我们可以将它与我们研究所寻得的资料或是与我们在现实中所获得的经验进行对照,看看现实与理想典型之间的距离有多远,并试图说明存在这些差距的原因。可见,理想典型仅仅近似于社会现实,绝不等同于社会现实。正因为有这样的相似性,才使比较成为可能,从而能够更好地获得对现实的认识。

---

①②③ 韦伯. 社会科学方法论 [M]. 李秋零,田微,译. 北京:中国人民大学出版社,1999:27.

理想典型只是一种有关社会现实的抽象概括,那就必然会出现与这种模式不相合的情况,韦伯称其为"'理想典型'的偏离"。但由于每个主体都会凭借自己的价值取向去从事活动,所以正如他所说,"从构建典型的科学角度出发,研究和描述这些意向关系的最清晰的方法,是把它们看成从假想的含目的的纯粹理性过程的偏离"。这样,一方面维护了"理想典型"本身的合理性,另一方面也可通过对异常行为的分析来检验理想典型的"理想性"。

第三,理想典型作为一种认识手段,具有相对性和暂时性。

"理想典型"是以理论结构的形式表示的一种"时代兴趣"[①],因此它也体现着某个时代社会文化现象的内在逻辑和规则,其作用相当于现代意义上的理论模型,可视作实验与分析过程中的一个参照物。而参照这一"理想典型",人们能够使实际中各种关系的特征更加清晰,更易于理解。所以在韦伯看来,"理想典型"只是一种"手段",作为工具,它是一切社会科学概念有意义的功能。

作为一种认识手段,理想典型具有相对性和暂时性。一方面,由于每个研究者的价值关联不可能完全相同,因此借助理想典型的方法所切入问题的角度也各不相同,由此而得出的观点和见解也就不尽一致。另一方面,由于认识是无止境的,随着实际认识的获得,原有的理想典型可能再不具有认识手段的作用。若要对事物达到更深的认识,就需要构建更新的适应认识需要的理想典型。这种理论结构的不断更替,既促进了对实在认识的发展,也是这种进步的表现。由此可见,韦伯用理想典型方法研究事物所确立的概念结构,界定的概念并不是对事物精确的描述,也不是永恒的、绝对的,它具有相对的价值,它唯一的意义在于能达到认识具体的现实存在的目的。

二、"理想典型"在比较教育研究中的应用

(一) 霍姆斯的理想典型模式

霍姆斯是当代著名的比较教育学家,他的比较教育思想在世界比较教育领域发挥了极为重要的作用,至今仍具有深刻的影响。他借助韦伯的理想典型,在比较教育研究中建立了一种可勾画并有助于理解一个国家的精神状态或民族性的模式。

---

① 科恩. 十九世纪至二十世纪初资产阶级社会学史 [M]. 梁逸,译. 上海:上海译文出版社,1982:272.

1. "精神状态"概念：霍姆斯比较教育研究方法的核心

霍姆斯在构建其系统的比较教育方法论的过程中，十分推崇对一个国家或民族的"精神状态"或"民族性"进行理解。精神状态的概念是他的方法的核心，也是他的科学主义方法论的根基[①]。他认为，评定已构建并公开采纳的基本解决方法的可能性的重要因素是"精神状态"知识，有关未来政策实际成败的判断之关键是"精神状态"知识。简而言之，我们是否能成功地识别问题，预测任何一个社会可能构建、采纳和实施的政策选择范围，取决于我们识别和描述涉足教育事业的人和永恒的"精神状态"[②]。所以，"我预测任何国家教育政策成就的能力，依赖于我所能描述一个国家的群体的'民族性'和'精神状态'的构成要素的精确性"[③]。

2. 理想典型的规范模式："精神状态"的构建工具

霍姆斯承认并高度肯定了民族性的作用及其在比较教育研究中的地位，但他不赞同汉斯等人用人文主义的方法来推导出一个国家的民族性，而是希望用科学主义的方法借助一种理论工具来构建一个国家或民族的精神状态。这种工具便是韦伯的理想典型。

霍姆斯把韦伯的社会学方法运用到比较教育中，特别是涉及教育价值的比较研究。霍姆斯认为："理想典型不应该被认为是提供了关于现实的综合画卷，也不应用来使个人或群体的行为定型。一种理想典型应该与自然科学中的理论模型相比较，它提供了一个假定的分析框架，借此研究者可以通过一种常识的方式来开展他们的探索。"[④] 所以，"在比较教育研究中，要比较极为复杂的情境，尤其是当涉及不同社会的个人和群体的目的、希望和态度时，理想典型是必要的"[⑤]。

霍姆斯同韦伯一样，主张从价值无涉（即价值中立）的角度来建立理想典型的模式，以此从一个客观的角度来理解价值的作用。他在其问题的解决法中，借助韦伯的理想典型建立了一个"理想典型"的规范模式，以此构建一个国家或民族的精神状态。一个民族的民族性或精神状态是很复杂的，为了比较教育研究的目的，对它们进行分析之前，首先应当使概念得以澄清和

[①②③] HOLMES B. The problem (solving) approach and national character: contemporary issues in comparative education [M]. London: Croom Helm Ltd, 1985.

[④] HOLMES B. Plato's just society [A] //Comparative education: some consideration of method. London: George Allen & Unwin, 1981: 139.

[⑤] HOLMES B. Comparative education: some considerations of method [M]. London: George Allen & Unwin Ltd, 1981: 112.

简化,而非使它们趋于精确和综合,这就是"典型";一个民族在历史中受某些经典哲学或理论的影响,形成了民族的整体精神状态,这种状态与现实环境不一致,这便是"理想"。一个国家总有一些人不接受或拒绝规范陈述,提出新的规范陈述,这便偏离了理想典型模式。霍姆斯指出,"如果我们接受波普尔的观点,那么规范的理想典型模式必然会受到挑战。尽管它们在正式宪法和法律中有表述,但它们仅仅代表了某一种有限的共识。规范陈述和人们的行为之间有一种逻辑联系,但可能需要通过实证检验"[①]。因此,霍姆斯效法韦伯,在问题的解决法中从社会现实与他构建的理想典型模式的偏差程度来识别教育问题,从偏差程度来理解一国的"精神状态"对教育政策的影响。在霍姆斯看来,理想典型模式是一个非常有效的工具[②]。霍姆斯根据其理想典型的规范模式,构建了三个国家的理想典型模式,以此探讨导致不同社会教育中关于社会和知识的观点有所不同的根源。他用一个"柏拉图的理想典型"提炼了欧洲大陆根深蒂固的关于社会、知识和人价值观;用一个"杜威的理想典型"勾勒了美国不断变革的环境中具有反思性的个人价值观;用一个"马克思主义的理想典型"刻画了苏维埃共和国一个被计划的平等社会的价值观[③]。

3. 理想典型在比较教育研究中的作用

霍姆斯对韦伯的理想典型在比较教育研究中的作用作了如下五项说明[④]:

(1) 理想典型有助于澄清术语、建立分类和提出假设;

(2) 它们提出指标,这些指标可用来识别和描述一些背景变量,它们本身并不描述具体的情境和精神状态;

(3) 理想典型可能指出相似与相异,但不识别具体事物类别共同的具体特性,它们关注极端的类型,与一般水平也无联系;

(4) 通过参考理想典型,有可能理解它派生出的范围以及与其构成要素相联系的论争;

---

① HOLMES B. Plato's just society [A] // Comparative education: some consideration of method. London: George Allen & Unwin Ltd, 1981.

② 祝怀新. 民族性概念与霍姆斯比较教育方法论 [J]. 浙江大学学报(人文社会科学版), 2002 (1): 23-29.

③ HAYHOE R. Made to be broken: universal theories as ideal types [J]. Exploring leadership and learning theories associate (ELLTA), 2011: 91-99.

④ HOLMES B. Some consideration of method in comparative education (student seminar papers) [R]. London: Department of Comparative Education, University of London Institute of Education, 1975: 77.

(5) 由于是人为的，因而它们不是基于经验检验而接受或拒绝的假设陈述。

(二) 许美德比较教育研究中"理想典型"的运用

许美德（Ruth Hayhoe）是当今国际上著名的比较教育专家，也是国际上最负盛名的中国高等教育研究专家之一。她曾师从霍姆斯，多年来潜心于中国文化与教育的研究，特别是中国高等教育的研究。在不同阶段的研究中，她都将理想典型作为一种有力的工具加以运用，同时也随着研究的深入不断反思理想典型模式在比较教育研究中的运用，突破了一直以来韦伯和霍姆斯在批判二元论框架之下使用理想典型的主张，提出了在价值有涉框架之下运用理想典型的观点①。

1. 理想典型在批判二元论框架之下的运用

许美德认为，霍姆斯在比较教育研究中对理想典型的使用是建立在批判二元论和康德关于事实和价值明确区分观点的基础之上的。霍姆斯不直接研究文化的内容，但他非常关注教育中的价值观，这些在早期都深深地影响了许美德的研究。在20世纪70年代末期，许美德开始关注比较文化，并主要聚焦于中国现代高等教育的发展。作为霍姆斯的博士生，她这一时期的研究工作就是在批判二元论的框架下开展的。1911年以后的不同阶段中，中国学术模式分别受到德国、法国、美国和苏联的影响。在对中国的这些历史经验进行比较分析的时候，理想典型成为一个非常有用的工具，规范的理想典型模式和制度的理想典型模式都发挥了充分的作用。"理想典型的规范模式有助于澄清中国现代政治历史的连续阶段中所提出的广泛的社会目标；理想典型的制度模式有助于澄清四种西方大学模式的核心价值观，一方面以此分析它们与中国传统学术制度相结合的方式，另一方面分析它们与诞生于革命斗争中的现代高等教育形式的相结合之处。"②

2. 理想典型在价值有涉框架之下的运用

当进入博士后的研究工作后，许美德发现了批判二元论的局限性，即它能考虑到价值体系的复杂性，却不能对首选的价值观进行实质讨论。于是，她尝试在价值有涉的框架下构建理想典型。

首先，在就中国教育与日本、欧洲及北美的关系进行批判评价时，她构

---

①② HAYHOE R. The use of ideal types in comparative education: a personal reflection [J]. Comparative education, 2007 (2): 189-205.

建了两个理想典型,以此作为分析评判的工具:一个理想典型展现的是平等、自主、团结和参与的关系;另一个作为不同极端的理想典型模式,展现的则是剥削、支配、分裂和边缘化的关系。"第一个理想典型是在中国和西方国家相互尊重的基础上中国大学发展将出现的逻辑结果;第二个理想典型则是预测、构造帝国主义新模式的影响,就像20世纪50年代苏联对中国所造成的无法忍受的影响一样。"① 借助这两个理想典型,能够对涉及双边的政策和项目进行评价,这就使得"关于中国和其他发达国家大范围内的教育协议和活动的一种实质性的和价值有涉的比较评判得以成为可能"②。

另外,在20世纪90年代对中国大学进行研究时,她"不太感兴趣于预言中国高等教育凭感性和经验在未来将发展成什么样子,而更感兴趣于我们期待中国高等教育可能如何理性地发展。具体地说,如果我们有意识地将其建立在蕴含着希望的文化底蕴之上,中国高等教育将会怎样?"③ 于是她同样在价值有涉框架下构建了两个理想典型,以此来预测中国大学在高等教育大众化进程中截然不同的两种可能性,其中的一个理想典型描绘了中国大众化高等教育的繁荣景象。在其理想画卷中,中国无论是在新儒学传统,还是在对于公平和参与的热情上都显现出了积极的趋势:妇女得到了平等对待,无论是作为学生,还是作为学者,她们分布于教育系统的各个层面;扎根于新儒学积极因素的人文社会科学呈现出一派繁荣,既确保了文化的真实性,又保证了中国在国际社会的科学独立性;相比其他共享儒家文化圈的东亚国家,如日本和韩国,中国的高等教育系统等级性更弱,灵活性更强。另外一个理想典型则展示出了一种完全不同的前景。"中国传统文化中的消极方面极有可能使高等教育朝着更为严重的精英主义、等级制和改头换面的父权统治发展。"④ 于是,批判性和创新性的思考受到抑制,反而选取了一种独裁式的方式去解决问题;妇女不能平等地参与各项事务,而是被集中在教育系统的最底层。在构建这两个理想典型模式时,许美德选取了知识布局、性别比例和地理分布这三个维度,"试图通过勾勒出中国高等教育在模式和结构上将发生什么变化,并探讨这种变化将如何推动大众化高等教育的进程,来对一种更可取的未来进行展望"。

在冷战结束后,许美德积极倡导文明对话。她仍然选择使用理想典型来

---

①② HAYHOE R. The use of ideal types in comparative education: a personal reflection [J]. Comparative education, 2007 (2): 189 – 205.

③④ 许美德. 中国大学 1895—1995:一个文化冲突的世纪 [M]. 许洁英,译. 北京:教育科学出版社,1999:291.

进行文化的比较研究。如在比较研究中国和加拿大大学的角色和责任时,她用理想典型模式阐述了两国各自社会中三种不同类型的有影响的知识分子的理念。许美德通过自己个人的研究经历,认识到"在强调可供选择的文化系统的核心价值时,理想典型是非常有用的。这在价值有涉框架下是有效的,正如其最先作为社会学分析的一个工具应用在批判二元论的框架里时一样"①。

三、构建理想典型的意义和方法

(一) 构建理想典型的意义

1. 充分认识全纳教育理念下特殊教育师资培养的特征

全纳教育作为一种最新的教育理念和思潮,已在世界范围内得到广泛的认可和实施。广东、香港、台湾三地特殊教育发展水平迥异,但从其发展历程来看,三地都在大力推进全纳教育的发展,都在朝着同一个目标前进,即为每一个有特殊需要的儿童提供平等的教育机会,创设最适合的教育环境,实现其最大程度的发展。全纳教育实践的深入开展,全纳教育目标的最终实现,都离不开高素质的师资队伍的支持。特殊教育教师服务于特殊教育,推动特殊教育的发展,是特殊教育实现全纳教育目标的生力军。因而,全纳教育作为特殊教育的目标和理想,也为特教师资的培养指明了方向。在全纳教育的理念下,特教师资培养将发生怎样的变革?什么样的特教师资培养更能推动全纳教育的开展?这是在价值有涉的框架下进行教育价值体系的研究,因而在方法上首选"理想典型"。若要充分识别全纳教育背景下特教师资培养的特征,就需要进行具有高度综合性的研究,这需要借助"理想典型"这一理论工具,以构建特教师资培养的理想典型,描绘其"理想画卷"。正如韦伯所认为的:"理想典型是一种社会观念,而不是社会现实,它是研究者为实现自身认识目的而设计创立的。"②

2. 确立分析比较的框架

理想典型在一定程度上是抽象的,但它并没有概括也不意图概括现实事

---

① HAYHOE R. The use of ideal types in comparative education: a personal reflection [J]. Comparative Education, 2007 (2): 189 – 205.

② 祝怀新. 霍姆斯比较教育思想研究 [M]. 广州:广东教育出版社,2007:157.

物的所有特征，它只是为了研究的目的而单向侧重地概括了事物的一组或某种特征。因此，理想典型为比较在某一方面或某几方面具有共性的现象提供了可能。广东、香港、台湾三地的特殊教育师资培养有各自的发展特色，在进行对比分析的时候，需要确立一个比较分析的框架。三地特殊教育的发展历程中，全纳教育理念是其共同倡导的教育理念，都在以不同的方式和力度推动全纳教育的实施。所以，在推动全纳教育的实践中，其特教师资培养肯定存在一些相同的特性。基于此，在全纳教育理念下构建特教师资培养的理想典型，为三地的特教师资培养提供了比较分析的参照。另外，基于"在经验分析中，理想类型都只有一种功能，这就是与经验实在相比较，以便确定它的差异性与同一性，用最清楚明白的概念对它们进行描述，并且因果性地对它们进行理解和说明"①，可知三地的特教师资培养必然具有差异性，可以通过与理想典型的对比分析，寻找它们的不同特性，并探讨造成差异的根源。

3. 对三地的特教师资培养进行评判

广东、香港、台湾三地的特殊教育师资培养从其建立之初就在不断经历各种变革和调整，其变革是短视性的、补偿性的，还是长远性的、导向性的？其形成的优势和特色是短暂性的，还是持续性的？这一系列问题的解答，都涉及一个核心问题，即在对三地的特殊教育师资培养进行评判的时候，所倡导的核心价值观是什么？全纳教育作为一种新的教育理念和思潮，其所倡导的尊重平等、尊重多样性和鼓励合作参与的核心价值观，正在全世界范围内引领着特殊教育领域乃至整个教育领域的变革，三地也正积极开展全纳教育实践；在这样的背景下，全纳教育理念理所当然地成为首选的特殊教育师资培养理念。在此理念下构建的特殊教育师资培养理想典型，即可成为分析三地特教师资培养异同的一个参照，亦可成为评判三地特教师资培养的一个标尺。

（二）构建理想典型的维度

特教师资培养涉及一个复杂的价值体系，在构建其"理想典型"时不可能追求精确和综合，而应澄清和简化其核心要素。霍姆斯在构建理想典型的规范模式时，特别强调从三个方面来攫取核心观点，即关于人的特征、社会的特征和知识的特征，因为他认为教育的一般目的是促进个人的全面发展、社会的理想演进和知识技能的获得。"在教育中，接受普遍的主题——人、

---

① 冯钢. "客观性""理想类型"与"伪道德中立"——评罗卫东的"重返韦伯"[J]. 浙江社会科学，2006（6）：84-92.

社会、知识——是有用的,它们可以作为资料选择所依据的永恒标准。"基于其理想典型的规范模式的建立是为比较教育研究服务的,所以在进行资料的选择和分类时,主要依据这三个维度来进行。

根据霍姆斯的思想,在构建特教师资培养的理想典型时,亦可从人、社会和知识三个维度来考虑其构成要素。在特教师资培养中,最重要的是"人",即接受培养的人,在全纳教育理念下,要培养具备什么特征的人,这指向的是特教师资的培养目标。关于"知识",霍姆斯早已明确"知识的获取作为一个目标,指向的是课程"[①],即特教师资培养课程。"社会"这一维度涉及面较广,就特教师资培养而言,社会机构是其实施场所,社会制度是其实施保障,因而可主要从特教师资培养机构和培养政策来进行构建。培养目标明确了培养对象在知识、能力和素质方面所要达到的规格与标准,是培养行为的出发点和归宿;培养机构是培养行为发生的主要场所;培养课程包括课程体系和课程内容,规定了培养的内容和方式;培养政策是培养行为顺利实施的制度保障。因此,应从这四大维度来提炼核心要素,构建特教师资培养的理想典型,并以此作为参照,比较分析三地特教师资的培养目标、培养课程、培养机构和培养政策。

(三)构建理想典型时资料的选取

霍姆斯认为,"资料的重要性源于其公开和可重复的程度。准备用于比较的信息应该是任何人都可以获得的,这非常重要,所以大部分公共文件为描述性资料提供了最可靠的来源"[②]。他在构建理想典型的规范模式时提出,选择资料应坚持两个标准:"一个是资料的可靠性,换句话说就是其公共性;另一个是有效性,即进一步保证'公共'文件的选择是合适的"[③]。基于这两个标准,在构建一个国家的规范模式时,霍姆斯主要选择了哲学家的作品及宪法和立法等的材料作为资料。

基于此,在构建特教师资培养的理想典型时,本书主要从三个渠道来收集资料。一是世界上著名的全纳教育专家关于特教师资培养的论述。如托尼·布思,他是英国坎特伯雷大学教育研究中心教授、英国全纳教育专家、英国全纳教育发起者之一。布思关于全纳教育的观点在国际上较为流行并被许多国家广泛接受。其关于全纳教育的著述主要包括 *The index for inclusion*: *developing learning and participation in schools*、*Quality is not enough*: *the contri-*

[①②③] HOLMES B. Comparative education: some consideration of method [M]. London: George Allen & Unwin Ltd, 1981.

bution of inclusive values to the development of education for all、Developing inclusive teacher education、Curricula for all：preventing difficulties in learning 以及 Learning for all：curricula for diversity in education 等。二是联合国教科文组织关于全纳教育的有关宣言、文件及会议报告中有关特教师资培养的资料等。择此作为资料，主要基于以下两方面的考虑。一方面，"全纳教育"这一理念是联合国教科文组织在 1994 年世界特殊需要教育大会上提出来的，同时也正是在联合国的倡导下，这一理念为世界各国所接受。另一方面，联合国教科文组织举办了一系列关于全纳教育的国际性会议，以促进共识，推动全纳教育在世界范围内的发展。如 2000 年在英国曼彻斯特大学召开的第五届国际特殊教育大会，关注的焦点就是全纳教育，会议围绕全纳教育这一主题展开了全面讨论。2008 年，联合国教科文组织在瑞士召开了一次世界范围内的教育大会，大会的主题为"全纳教育：未来之路"。2009 年，联合国又在西班牙召开了一次与全纳教育有关的国际会议。可见，正是在联合国的推动下，全纳教育才在今天为大多数国家所接受。因而其关于全纳教育理念下特教师资培养的主张更带有一种广泛性和规范性。三是全纳教育开展得较早、较快、较好的国家的实践经验，例如英国、美国等。考察这些国家特教师资培养的具体做法及成效，抽取他们关于特教师资培养目标、培养课程、培养机构及培养政策的主要观点，以此构建特教师资培养的理想典型。

第二节　特殊教育师资培养的理想典型

在 1994 年召开的世界特殊需要教育大会上，全纳教育的思想被明确提出，大会还积极号召世界各国开展全纳教育。自此，全纳教育理念作为一种新的国际教育理念，在世界范围内得到推广和实践。全纳教育的发展必然要求相应的教育体制变革，这种变革不是仅仅涉及某一方面，而是全方位的、系统性的变革。它涉及理念、课程、机构、政策与评价等方方面面，而其中师资培养的变革与调整尤为重要。作为教育政策的贯彻者、教育活动的执行者，教师是教育系统中最关键的资源。如果没有真正具备全纳教育理念的师资，那么全纳教育所呈现的美好愿景只可能是空中楼阁。

师资培养是整个教育事业的工作母机，它的作用和地位在社会发展中不断得到突显。社会和教育的持续发展又为师资培养提供了新的动力，使其在不断的调整和变革中保持动态发展。师资培养具有三个基本的特性[①]：一是基础性，其担负着培养师资的重任，而师资是构成教育条件的首要资源；二是前瞻性，师资培养应当引领教育理念的新潮流，反映教育改革发展的新趋势；三是先导性，师资培养不应是对教育改革与发展的亦步亦趋，而应对教育发展保持一种高度的敏锐性和洞察力，并能通过自身率先的改革与调整来促进教育的持续发展。师资培养自身发展的特点决定了它在面对新的教育思潮或教育改革时，不可能仅是被动地回应，而是主动地、有预见性地自我调整或变革以实现对新的教育思潮或改革的顺应和促进。从这个意义上来说，当全纳教育作为一种新的教育理念风靡全球，逐步深入影响和改变特殊教育的发展的时候，特殊教育师资培养的变革势在必行。

本书正是基于全纳教育的价值理念，构建了特教师资培养的理想典型，并以此作为分析框架，进一步探讨广东、香港、台湾三地特教师资培养的发展情况。

一、全纳的特教师资培养目标

培养目标是一种针对师资培养的质的规定和标准。一方面，它通过培养一定质量、规格和数量的师资而服务于社会，集中地反映了社会对高等师范教育的基本要求；另一方面，它直接规定了高等院校的办学指导思想与培养人才的计划、内容、组织和实施[②]。特殊教育师资培养的对象要能促进全纳教育的实施，必须符合全纳教育对师资质量提出的要求。

（一）具备全纳的教育理念

教育理念是指教师在对教育工作的本质理解的基础上形成的关于教育的观念，是统率教育活动的总的思想意向，不仅直接关系教师的教育行为，还间接地影响未来教育的性质与质量。全纳教育的理念即追求平等、尊重差异、鼓励参与，相应的教师应该具备以下教育理念。

1. 主张平等的教育理念

1994年6月，世界特殊需要教育大会通过了《萨拉曼卡宣言》和《特殊需要教育行动纲领》。《萨拉曼卡宣言》提出了全纳教育的五大原则，其中之

[①] 李拉. 全纳背景下的教师教育改革［J］. 继续教育，2011（1）：23-25.
[②] 曹丞，王文静. 我国高师培养目标体系的理论构建［J］. 高等师范教育研究，2000（4）：11-16.

一是：每个儿童都有受教育的基本权利，必须获得可以达到并保持可接受的学习水平的机会①。

《特殊需要教育行动纲领》的指导原则是：学校应该接纳所有的学生，而不考虑其身体的、智力的、社会的、情感的、语言的和其他的条件。学校必须寻找到成功的教育包括处境非常不利的儿童或严重残疾的儿童在内的所有儿童的方法②。

从宣言中可以看到，全纳教育的理念之一是倡导平等。教育是一项人权，人人都有平等的受教育权。全纳教育主张不仅每一个人都要有平等的入学机会，而且应该得到平等的对待，不同的需求能够得到满足。在对待残疾儿童的教育问题上，医学—心理学模式一直占据着主导地位。这种模式的核心就是把孩子看成是有缺陷的，而这种缺陷主要是儿童自身的原因，因而把特殊教育需求看成是源于儿童的个人特征。这一模式下的教育观关注的仅仅是一部分特殊儿童或有特殊教育需要的儿童，立足点是"他们"，是那些有特殊需要的儿童。而全纳教育倡导以社会学模式来看待特殊教育，这种模式主要是从社会中寻求特殊教育需求的根由，把特殊教育需求看成是社会发展的结果。因而社会学模式的教育观关注的是所有儿童，立足点是"我们"，是社会所有的儿童。从关注"他们"到关注"我们"的转变是一个根本性的转变，是从关注学生的个体问题转到关注教育中的社会民主问题③。作为教师，应本着平等的教育理念，公正地看待每一位儿童，使每一位儿童都能受到有效的教育。

1995年，美国特殊儿童委员会（CEC）制定了《每个特殊儿童教育者必须知道什么——有关特殊教育教师准备和资格的国际标准》（以下简称《标准》），对特殊教育教师的职业道德提出了许多具体要求，其中很重要的一条就是"无歧视性"。《标准》中规定："使用评估用具和办理手续时，不因种族、肤色、信仰、性别、国籍、年龄、政治活动、家庭、社会背景、性倾向或异常方面的不同而歧视特殊人群。"④ 这实际上是要求特殊教育教师应公正、平等地对待每一个儿童，而无论其社会或身份的属性如何。

---

①② DANIELS H, GARNER P. World year book of education：inclusive education [M]. London：Kogan, 1999：132.

③ BOOTH T, AINSCOW M. From them to us：an international study of inclusion in education [M]. London：Routledge, 1998：36.

④ 姚晓菊, 马宇, 季晓燕. 每个特殊教育者必须知道什么——有关特殊教育教师准备和资格的国际标准 [J]. 南京特教学院学报, 2006（1）：10 - 14.

2. 尊重多样性的教育理念

托尼·布思将多样性作为全纳的核心价值观之一，认为多样性是指相似性和差异性，是基于共通的人性中的差异。多样性涉及每一个人，而不仅仅是指向那些与所谓"常态"偏离的"异类"，不能把多样性等同于异类。一般认为，群体和共同体具有同质性，而其中的差异却得不到认可。对多样性的全纳回应需要建立多样性的群体，属于群体的每一个人都是平等的，他们悦纳并尊重他人的平等价值，而不考虑彼此间的差异。拒绝多样性同样会拒绝自身存在的差异性[1]。

全纳不仅仅是将一个残疾儿童安置到一个普通班级或学校里，它涉及我们如何处理多样性和差异性的问题[2]。如果说终身教育是从人的一生的纵向发展阶段来考虑教育问题，那么全纳教育就是从人与人之间的差异性与多样性这个维度来考虑教育问题。如何认识多样性、如何评价多样性、如何探析多样性、如何对待多样性，这些都是全纳教育重点思考、关注和解决的问题，全纳教育的最终目的是使人们正确认识、评价和对待多样性。

《萨拉曼卡宣言》声明，每一个儿童都是不同的，有其独特的个人特点、兴趣、能力和学习需要，这些不同的特性不应该成为歧视和排斥有学习问题或行为问题的学生的理由；相反，教育必须考虑到这些特性和学习的广泛差异。作为教师，应该尊重多样性、尊重差异性，视差异为多样性的表现形式；并且给予这些差异发展的空间，即不再对思维方式、解决问题策略设置标准，允许思维方式的多样化，鼓励与提倡策略的多样化，并且充分尊重学生在思考、学习过程中所展示出的多样化水平。

3. 鼓励参与、合作的教育理念

参与是指每一个人积极的、有意义的、主动的活动状态。它包含两层内涵：一方面指人们参与共同的活动，他们感觉自己参与其中且被接纳；另一方面指与他人在一起并与他人进行合作。全纳教育倡导"双主体"，即教师和学生都是教学和学校生活中的主体，都应该积极参与教学过程，并投入到学校生活中去。全纳教育反对有任何学生被排斥在教学过程以及学校生活之外，主张学校要努力促进所有学生的积极参与。作为教师，则应关注所有学生的学习与参与，减少学生被排斥的情况，从而促成所有学生在不同领域获

---

[1] BOOTH T. The name of the rose: inclusive values into action in teacher education [J]. Prospects, 2011 (41): 303-318.

[2] PEARPOINT J, FOREST M. Inclusion! The bigger picture [EB/OL]. http://www.circleofinclusion.org/english/guidelines/moduleone/1-biggerpicture.html.

得发展。"鼓励参与"实际上反映了全纳教育的民主观,即全纳教育注重的是每一个人的积极参与,每一个人都是学校生活的主人。正因为学生在学校中经历了这种民主体验,他们进入社会以后,才会以社会一分子的身份积极参与到社会的重建过程中,以主人公的身份参与社会发展的决策和实践。

有学者认为,合作是平等的双方为着共同的目标自愿共同解决问题、共同决策、利用共同资源的直接相互作用的方式。它具有以下特征:各方相互平等、自愿参与、共同负责、共同承担责任、共同决策、崇尚相互尊重、互助互利和一致的价值观①。可见,合作意味着尊重平等、尊重多样性,这种多样性不是合作的障碍,而是共同进步的重要保证。团结、合作是未来人才必备的基本素质,全纳教育培养人才的一个价值目标就是注重集体和合作。团队合作意味着要与兴趣、能力、个性和文化背景等相异的人共同合作,在尊重多样性的同时,充分利用多样性开展工作,以获得共同发展。教师在学校生活中应积极倡导合作,培养学生的合作意识,通过合作学习来获得发展。

(二) 具备全纳教育的知识和能力

在全纳教育理念下,特殊教育教师从为少数学生服务,拓展到为支持所有学生的需要而提供更为广泛的服务。这就要求他们不仅要精通特殊教育领域的知识和技能,也要熟悉普通教育的课程与教学,同时具备普通教育和特殊教育的能力。

1. 满足多样化学习需要的能力

第48届国际教育大会主题"全纳教育:未来之路",将教师教育确定为未来发展的一个关键领域。大会呼吁国际社会通过全纳教育的方式实现全民教育的目标,并就教师教育与教师发展提出了六方面的具体行动建议,其中第(1)和第(2)两个方面均涉及对教师的能力要求:

(1) 加强教师的作用,努力提高教师地位及其工作条件;建立各种机制,以招收适合从教的师范生,并留住那些能应对不同学习需要的合格教师。

(2) 培养教师掌握适当的能力和教学材料,以便教师通过校本教师专业发展、职前全纳教育培养以及关注学生个体发展与优势教学,教好不同的学生,满足他们多样化的学习需要。②

---

① SANDS D J, KOZLESKI E B, FRENCH N K. Inclusive education for the 21st Century [M]. CA: Wadsworth, 2000: 121.

② ACEDO C. Preparing teachers for inclusive education [J]. Prospects, 2011 (41): 301 – 302.

可见,"满足学生多样化的学习需要"成为衡量一名教师是否合格的重要指标。全纳教育的课堂中,教师面对的学生呈现出多样性,他们在能力、社会背景、文化及伦理等方面的差异性,要求教师具备相应的知识和能力。教师应该充分了解每个学生的学习条件,分析每个学生学习过程中遇到的困难及症结之所在,制定个别化学习计划,掌握和了解每个学生的学习过程和学习步骤,传授不同的学习技巧,促使学生运用不同策略解决问题等,以此发展学生的不同潜能,满足学生多样化的学习需要。

2. 团队合作的能力

在全纳教育的背景下,学校应该接纳所有学生,所有儿童都可以到普通学校中接受教育。学生的多样性决定了教师更需要团队合作的精神,依靠团队的力量来解决多样化的问题。教师需要构建不同的团队,通过不同团队的合作来解决不同的问题,促进各方面的发展。如在教师与教师之间、学生与学生之间、教师与学生之间、教师与家长之间、家长与学生之间,以及教师与社区之间建立一种合作关系,共同营造一种全纳的氛围。美国 CEC《标准》规定,特殊教育教师应"和其他专职者相互合作,相互鼓励,完善特殊教育和特殊人群相关服务"[①]。这一标准旨在强调特殊教育教师应具有较强的合作能力,与其他特殊教育工作者及相关人士、特殊儿童家长等相互合作、共同努力,以便参与行为管理,为特殊儿童服务。

首先,是教师与教辅人员、专业人员(言语治疗师、物理治疗师等)之间的合作。全纳教育要求必须真正有效地接纳不同的文化、不同的智力或有不同身体特征的儿童。如果只是将有障碍和无障碍的儿童安置在同一个教室,就不是真正的融合。在实施全纳教育的学校,课堂内外往往是由教师、辅助人员及专业人员等组成的团队提供多样化的服务,他们具备相应的知识和技能,各司其职,其合作是全纳教育的关键。

其次,是教师和学生之间的合作。全纳教育倡导民主和平等,不仅学生之间是民主、平等的,学生和教师之间也应该是一种平等的伙伴关系。教和学是在一个团体中进行的,教师和学生为了一个目标而共同努力。

同时,教师和家长的合作也是必不可少的。教师应和家长合作开展评价、制定计划、商讨解决问题的办法,让家庭和学校形成一个共同体,勇于正视并积极满足学生的多样化需求,争取实现学生的多样化发展。只有在这样一种氛围中,才能有效地实施全纳教育。因而教师需要具备团结合作的精神,

---

① 姚晓菊,马宇,季晓燕. 每个特殊教育者必须知道什么——有关特殊教育教师准备和资格的国际标准[J]. 南京特教学院学报,2006(1):10-14.

掌握合作策略,如掌握谈话技巧和分析案例、解决冲突的能力等,通过多层面的合作来解决多样化的问题。

3. 发展评价的能力

Verity Donnelly 等通过研究欧盟国家关于教师的能力或标准方面的规定,归纳了为促进全纳教育发展教师所需具备的核心能力,其中之一便是与其他人(专家、父母)的合作评价和计划,以满足学习者多样化的需求。英国全纳教育研究中心(CIES)在本机构编写的《全纳教育指南》中非常关注教育环境的评价。该指南认为,障碍是由学生与其所处环境之间的相互作用引起的,其根源在于对差异的无法忍受。这一观点与医学模式诊断出的学习困难是截然不同的,后者认为学习困难是由个体缺陷引起的。该指南通过鉴别出学校中存在的阻碍学生参与和学习的因素,发掘有用的资源来促进学校实施全纳教育。全纳教育被看作包括确认和减少学习及参与的障碍,并且最大限度地利用资源支持学习和参与①。美国 CEC《标准》中也提出从事特殊教育工作的教师应具备评估、诊断、评价方面的知识和技能。具体包括:①掌握评估的专业术语,恰当、公正地运用评估、诊断工具及程序;②正确利用评估、诊断结果,制定个别教育计划,适当地选择教育安置形式和进行教育活动;③严格遵守评估所涉及的道德规范和法律规范,同时要具备依据评估结果对学生、家长提出建议的能力②。

在全纳教育中,评价贯穿于整个教育过程,其目的是了解学生与学习情境之间的互动,而不是学生的缺陷或单方面的认知状况。这种评价不仅要了解所有学生共同的学习需要,而且要了解每个学生独特的学习需要。这种评价的对象不仅限于学生,也包括教育环境。评价的主体不仅是教师,还包括学生本人、同伴、家长等;评价的工具不限于智力测验或标准化测验,还包括多种评价工具,比如档案袋评价、场地评价、直接课堂观察等。这种评价坚持质的评价与量的评价相结合、外部评价与内部评价相结合、纵向评价与横向评价相结合等评价策略。这种评价的目的是全面了解学生,鉴别并减少教育环境中组织学生参与的障碍,寻找出可资利用的教育资源,以改进日常教育实践,为学生提供满足其需要的高质量教育服务。因此,教师必须明确评价的目的,掌握各种评价的策略,有效地实施评价。

---

① BOOTH T, AINSCOW M. Index for inclusion: developing learning and participation in schools [M]. UK: Centre for Studies on Inclusive Education (CSIE), 2000.

② 姚晓菊,马宇,李晓燕. 每个特殊教育者必须知道什么——有关特殊教育教师准备和资格的国际标准 [J]. 南京特教学院学报, 2006 (1): 10-14.

二、全纳的特教师资培养课程

"课程是为达到特定学习目标而组织和安排学习经验的一种方法。它决定着学什么、为什么以及怎样学。"① 可见,师资培养课程包括课程内容和课程教学。全纳教育对于特教师资的价值观、知识要求需要经过课程教学来传递,同时也是在实际的课程教学中得以实现的。

(一) 课程内容设置特点

1. 融合性

特教师资培养课程的融合性主要表现在特殊教育专业课程和普通教育课程的融合、学科知识和特殊教育专业知识的融合两个方面。

在全纳教育理念的推动下,普通教育课程正与特殊教育课程悄然融合。在师资培养中呈现出一种新的发展趋势,即普通教师教育特殊化,特殊教师教育普通化。如在英国,普通教育师资和特殊教育师资的培养并不是相对独立的,在很大程度上是相统一的,所以其特教师资培养的课程设置与普教师资培养的课程设置也是相符的。另如美国提高教师质量中心积极倡导融合式的教师教育模式,这种教师教育模式既涉及普教和特教课程结构性的变革,又涉及概念性的变革,教师教育过程中所有的学员学习统一的课程和参加同样的实践活动。参加融合模式的学员在学习结束后,可以申请双证,即特殊教师资格证书和普通教师资格证书。2000年,融合模式教师教育在美国的科罗拉多州以法案的形式强制实施②。

全纳教育倡导普通学校接纳所有学生,特别是接纳有特殊教育需要的儿童,越来越多的身心障碍儿童进入普通学校与普通学生一起学习。特殊教育教师工作的场所将不仅仅是特殊学校,他们将更多地进入普通学校从事普通儿童与有特殊教育需要儿童的教育教学工作。这就不仅要求普教教师应该具备有关特殊教育的知识,同时特教老师也必须具备普通教育的知识,学习普通教育课程,特别是学科专业课程,注重把比较宽厚的学科知识结构和特殊教育专业知识进行整合,提高特殊教育教师的专业化水平和职业适应性。如

---

① KAPLAN I, LEWIS I. Promoting inclusive teacher education: curriculum [M]. Bangkok: UNESCO Bangkok Office, 2013: 1.

② BLANTON L P, PUGACH M C. Collaborative programs in general and special teacher education [R]. Washington, D. C.: The Council of Chief State School Officers, 2007.

日本东京学艺大学和大阪教育大学特殊教育专业的课程设置兼顾了学科专业课程和特殊教育专业课程。这两所高校不仅开设了大量特殊教育类课程，而且也开设了中小学主要学科课程，其学分仅次于特殊教育类课程，这就保证了特殊教育教师能在中小学胜任主要文化课的教学，避免了只懂特殊教育而无法保证文化课教学的尴尬。

2. 综合性

在全纳教育理念下，无论是在普通学校，还是特殊学校，教师面对的不再仅仅是单一障碍类别的学生，而是有多种障碍类别和学习特质的学生。培养课程不能仅仅针对一类特殊学生，而应加强综合性，使培养的师资具备教育不同类别学生的知识和能力。如面对来自不同阶层，拥有不同文化、不同背景，学习特质呈现多样化的学生，要促进其积极参与、合作学习、共同发展，教师需要学习有关沟通技巧、合作策略等方面的课程。如美国特殊教育专业课程自20世纪90年代以来的调整就体现出了综合化倾向，即这类课程不是专为某一种特殊学生而开设的，而是针对某一类障碍，且这种障碍可能在多类学生身上存在，如开设"非口语交流""咨询原则与指导"等课程[1]。

另外，全纳教育的推进不仅需要教师具备全纳教育的知识，更需要拥有开展全纳教育的能力。故特殊教育教师的培养课程应从单一的教学知识向注重教师的诊断、评估、个别化教育方案的设计、教育和研究等综合智能转变，课程的针对性、操作性和实用性应越来越强，将理论性课程和实践性课程结合起来综合培养师资。如英国伯尔尼大学的社会教育与特殊教育专业，课程领域包括语言、教育学、普通教学论、普通和分类特殊教育学、精神障碍工作的方法论、谈话技巧、心理学、精神病理学、社会学、法律概况、生物学、医疗人类学、医学常识、心理治疗、适应问题分析、器械使用课程、音乐、体操、手工制作等，涉及面广，综合性强。其学习时间总共为5800学时，其中1300学时为实践，注重理论和实践的密切结合。

3. 针对性

随着全纳教育的深入和发展，特教师资培养的学生将来须在全纳教育的情境中开展工作，因而他们需具备全纳教育的理念、知识和能力，而这一培养目标是在师资培养课程中得到具体的实施和操作的。因此，特教师资培养课程应根据全纳教育开展的需要而设置多样化、有针对性的内容。

---

[1] 王雁，顾定倩，陈亚秋. 对高等师范特殊教育师资培养问题的探讨 [J]. 教师教育研究，2004（7）：55-60.

首先，全纳教育的理念应该渗透在每一门课程中。"课程内容中应明确包含全纳教育理念，每一门课程都应积极促进和证明平等、融合和人权。"① 尊重儿童的差异性也应成为各门课程所强调的一个前提，这种差异性包括儿童文化背景的不同、种族的不同、存在障碍类型的不同，等等。课程不仅应向学生传达这一理念，而且也要具体指导他们应该怎样最大限度地满足每个儿童不同的需求，使每个儿童都得到最大的发展。同时，全纳教育倡导教师和学生接纳多样性并视之为机会，视之为学习环境的丰富，而不是视之为问题。要接纳多样性，首先需要了解多样性。因此，师资培养课程要强调文化、宗教、语言上的多样性和相关内容，特别是"对文化多样性的理解已经成为教师教育一个重要的学习领域"②。根据美国辛辛那提大学早期儿童与特殊教育系的琼斯教授对美国49个州和地区的57所开设特殊教育专业的大学和学院的调查，可以发现选修频率最高的几门课程分别是：①如何帮助残疾儿童制定"个别教育计划"；②特殊儿童交往技能；③个别学习的类型和特征；④特殊儿童的发展与教育计划；⑤特殊儿童的环境与适应③。这几门课程从全纳教育理念出发，都比较强调儿童本位，同时又与特殊教育专业学生将来的全纳教育工作紧密结合，非常有具针对性和实用性。

其次，全纳教育课程并不单单是有关特殊需要教育的课程，而应该围绕全纳教育理念、全纳教育实践及有关全纳教育能力发展来规划师资培养课程。如英国布里斯托大学教育学院特殊教育专业开设的专业课程中，关于全纳教育的内容很多。这些课程很多都涉及全纳教育，并把它视为重点，介绍了全纳教育的相关理论、发展趋势、存在的争议、学校如何适应全纳教育的需要、与全纳教育相关的因素，等等，这也反映了课程内容的前沿性以及英国对全纳教育的推崇。如为增强学生满足多样化需求的能力，美国纽约大学教育学院特殊儿童教育专业的课程设置中，关于教育实践课程的设置种类多、针对性强。他们的实践课程可以分为两大类：第一类为针对不同类型儿童的实践，如正常儿童、特殊儿童、幼儿等，这类实践课程主要是到幼儿园、特殊学校等场所，与这里的儿童交谈、玩耍等，通过这些接触来加深对儿童的了解；第二类为不同科目的实践，如数学、科学、外语等主要科目，而且包括了对

---

① KAPLAN I, LEWIS I. Promoting inclusive teacher education：curriculum［M］. Bangkok：UNESCO Bangkok Office，2013：6.

② BOOTH T, NES K. Developing inclusive teacher education［M］. London：Routledge Falmer，2003：172-173.

③ 邓岳敏. 中美特殊教育师资培养之比较研究［J］. 泉州师范学院学报，2002(1)：115-117.

小学及初中不同年级的实践,这类实践课程主要是到相关学校观摩教师上课,须独立完成并达到规定课时要求。如特殊教育实践就要求在特殊教育机构任教一学期,通常是最后一学期。这两类实践课程使学生既加深了对不同类型儿童的了解,也对具体科目的教学有切身的体会。

(二) 课程教学特点

在全纳教育理念下,教师需要民主、平等地接纳、对待、评价每一个学生,而这种全纳的理念、知识和能力是需要通过培养课程的学习来了解、掌握的。在培养课程的教学中,作为培养对象的师资所感受到的教学理念、教学方法及策略等远比理论的说教更为深刻。未来他们会将在课程学习中感受到的平等与合作带到自己要面对的课堂上,将掌握的多样性方法与策略运用到自己要从事的教学之中。"师资培养课程形成教师的态度、知识和能力,影响他们将来与学生在一起的工作。如果要推进全纳教育,那么在教师专业发展的过程中,他所学习的东西,经历、实践过的教与学的全纳性方法是非常重要的。"① 因而师资培养的课程教学应该是大力倡导全纳教育理念的学习与研究过程。

托尼·布思在其构建的"全纳教师教育指数"中对于策略性学习与研究提出了 23 个指标:①研究与教学活动是整合的;②教师和学生共同学习和研究;③理论与实践相结合;④学生乐于与学校共同体中的所有儿童/青少年一起学习;⑤学生乐于在多样的学校环境中从教;⑥学生很愿意在有压力的环境中寻找全纳教学与学习的发展空间;⑦教与学的活动采用学生参与的全纳式教学法;⑧教学的计划安排考虑到所有学生的学习;⑨学生积极参与自身的学习;⑩鼓励学生成为有自信的批判性思考者;⑪教学与研究活动鼓励所有教师和学生的参与;⑫教学与研究活动鼓励合作;⑬教学与研究活动培养对差异的理解;⑭教学与学习根据共享的经验来构建;⑮教学与研究活动鼓励理解本地、本国和全球的教育;⑯教学与研究活动鼓励参与本地、本国和全球的事务;⑰教学活动鼓励对本地、本国和全球的环境具有敏感性;⑱学生以合作的方式学习;⑲作业促进全纳式教与学的发展;⑳评价能促进每一个人的学习;㉑教师以伙伴合作的形式进行备课、教学和复习;㉒所有学生

---

① KAPLAN I, LEWIS I. Promoting inclusive teacher education: curriculum [M]. Bangkok: UNESCO Bangkok Office, 2013: 2.

均参加课外活动;㉓机构各种环境中的资源为人所知并得到使用①。这23个指标集中突显了课程教学中所应遵循的全纳教育理念,具体阐述了课程教学中的全纳价值取向,即参与、合作和发展。

首先,教学应该倡导参与。这种参与不仅是部分学习者的参与,更应该是所有学习者的参与。要促进所有人的参与,要求具备"3R"素质,即承认(recognition)、尊重(respect)和责任(responsibility)②。承认指注意到所有人的存在,一个没有被注意到的人根本不可能参与正常的活动。这就要求教师要关注到每一个学习者,正确认识到每个学习者的需要,平等看待每一个学习者。尊重指对待所有人就像对待自己一样,必须尊重每一个人的权利、尊严和价值。教师不仅应该尊重学生之间的差异性,更应尊重学生与自身之间的差异性,视差异为多样性的表现形式,视差异为教学的丰富资源。责任是尊重的拓展,如果尊重、重视了所有的人,则意味着对所有人都尽了责。即教师肩负着民主、平等之责,应尊重、重视每一个学习者,鼓励每一个学习者的公平参与。

其次,教学应该增强合作。合作是平等的双方为着共同的目标自愿共同解决问题、共同决策,利用共同资源直接相互作用的方式。它具有以下特征:各方相互平等、自愿参与,共同负责、共同承担责任、共同决策,崇尚相互尊重、互助互利及一致的价值观③。教与学双方基于平等的原则,利用共有的资源解决学习中的问题,这就是合作。这种合作需要教学者积极回应学习者的不同需要。学习者之间相互尊重,利用每个人独特的观点、经验、知识基础共同解决问题,获得不同的发展,这也是合作。这种合作意味着尊重经验和偏好的多样性,这种多样性不是合作的障碍,而是共同进步的重要保证。

最后,教学应该促进创新。"课程学习应该要促进人的发展。"④ 这种发展包括知识、能力、经验等层面,而思维上的发展也至关重要。在以学习者为中心的教学中,应积极倡导解决问题,开展研究,鼓励创新,发展批判性思维。面对复杂多变的环境,面对能力各异的学生,同样的问题没有标准答

---

① BOOTH T. The name of the rose: inclusive values into action in teacher education [J]. Prospects, 2011 (41): 303-318.

② SHAPIRO A. Everybody belongs: changing negative attitudes toward classmates with disabilities [M]. New York: Garland Publishing, 1999: 20-21.

③ SANDS D J, KOZLESKI E B, FRENCH N K. Inclusive education for the 21st Century [M]. CA: Wadsworth, 2000: 121.

④ KAPLAN I, LEWIS I. Promoting inclusive teacher education: curriculum [M]. Bangkok: UNESCO Bangkok Office, 2013: 1.

案。只有经过积极思考，认真探索，才能寻找到更适合的方法。这需要知识的发展、能力的发展，也需要创新性思维的发展；不仅是学习者创新性思维的发展，也包括教学者创新性思维的发展。教师通过课程学习应能发展以下策略：达成广泛的共同目标，促进灵活的结构，根据个体进步提供多样化的评价。如在美国纽约大学教育学院特殊儿童教育专业的研讨课程教学中，教师并没有就某一主题给出确切的陈述，而是让学生通过研究讨论，从不同的角度对主题进行全面地分析，这具有很大的灵活性与开放性。如"儿童教育与特殊儿童教育研讨"这门课就分为四个系列，让学生分别从四个不同的方面来进行研究讨论，以此促进学生创新性思维能力的发展及经验的积累。

三、全纳的特教师资培养机构

师资培养机构是师资培养实施的主体，其设置和运作直接影响着师资培养的质量和规模。在全纳教育理念下，特教师资培养机构应呈现多元化、一体化和系统化的特色。

（一）师资培养机构的多元化

全纳教育理念下，有特殊需要教育的学生不应该在一个封闭、隔离的环境中学习，社会本就是多元的，作为社会成员的每一个人都应该在一个真实的多元化环境中生活和学习。师资的多元化在某种意义上能进一步促进这种学习，而师资培养机构的开放性、多元化则在一定程度上保证了师资来源的多样性。师资培养机构的性质不应是单一的，既可以是专门的师资培养院校，也可以是综合性大学；既可以是政府参与的教师机构，也可以是民间组织。师资培养机构应从狭义的正规办学机构扩至广义的——包括所有提供师资专业发展培养活动的团体和机构。同时，在全纳教育实践中，对特殊教育师资的需求是多元化的，不同层次、不同类型的师资，其培养规格和要求必然存在差异。而多元化的师资培养机构无疑能满足这种多样化的师资需求。如在美国，特教师资培养的机构主要有以下几种：第一种是比较专业的特教师资培养学院，其内设有专门的全纳教育系或特殊教育系，例如肯尼索州立大学巴格瓦教育学院的全纳教育系；第二种是设置与特殊教育相关的专业，如旧金山大学的"特殊项目"（Special Programs）、俄亥俄州大学教育学院设置的"干预专家"（Intervention Specialist），这些项目的学生毕业后可以从事与全纳教育相关的工作；第三种是以服务的性质出现的，即学院没有设置专门的特殊教育专业，但提供相关的课程和训练，供那些有志服务于全纳教育的学生选择，学生修完一定的课程就有资格申请相关的从业资格证书，如哈佛大学教育研究生院的课程设置。此外，一些专业的社会组织也在用自己的力量和方式影响着特教师资的培养，如美国特殊儿童委员会和国家学习障碍者中心（Nation Center for Learning Disabilities，NCLD），通过开展教师短期培训和教师教育支持项目，为特教师资的培养提供实践上的帮助和理论上的指导。

同时，师资培养机构的交流与合作也是多元化的，不仅积极促进了师资培养机构之间的交流合作，也推动了师资培养机构与学校之间的合作；不仅积极促进了本地间的交流合作，也致力于境外的交流合作。

（二）师资培养机构的一体化

在全纳教育理念下，普教与特教师资培养机构应该实现一体化。全纳教育倡导所有学生的融合，特别是有特殊教育需要的学生与普通学生的高度融合。在此背景下，普教与特教师资的合作与融合成为必然，这就要求普教与特教师资培养机构的一体化。在一体化的机构中，秉承同样的培养理念，共享同样的办学条件，共处同样的学习环境，促进普教与特教师资培养的融合。如英国没有专门的师范院校，普通教育师资和特殊教育师资主要由普通院校来培养，普通教育师资培养特殊化和特殊教育师资培养普通化是英国特殊教育师资培养的一大特色。所以英国的很多高校并没有专门培养特殊教育教师的特殊教育专业，特殊教育师资也由一般教育专业培养，培养出来的师范生既能到普通学校任教，也可以到特殊学校任教；这保证了特殊教育教师的数量，也顺应了全纳教育的大趋势。

（三）师资培养机构的系统化

师资培养机构也需要实现功能上的系统化。教师持续的专业化发展需要师资培养阶段的系统化。无论是职前培养，还是入职辅导、在职培训，均可以在师资培养机构中实施。这样既可以避免机构重叠，又有利于资源合理配置。如20世纪80年代中期以来，美国教育改革中出现了一种旨在将教师职前培养、新教师入职培训、在职教师进修融为一体的新型机构，即教师专业发展学校（Professional Development Schools，PDS）。它是在中小学校与大学教育学院的合作下建立起来的，其目的是在真实的教学情境中培养未来的教师，提高教师的实践能力，促进大学和中小学之间的沟通与合作，推动双方的改革和发展。PDS最大的特色即是将教师教育的职前培养、入职培训与在职进修相互融会贯通，实现三者的系统化。对于实习生而言，PDS为他们提供理论与实践相结合的职前、入职学习机会。对于在职中小学教师来说，他

们在这种合作过程中,通过对实习生的指导以及与大学教师的沟通,既能不断地反思自己的教学实践,又能够接触到新的理论知识和技能。

四、全纳的特教师资培养政策

"广义上的政策是指导个人、团体和机构各领域实践的制度、法律和原则等。"① 特教师资培养政策则是国家、地区、机构等层面就特教师资培养这一实践活动所制定的各种制度、法律和原则等。如果将政策视作一系列设计与制定、执行以及政策结果与评估的过程②,那么其中政策的制定与执行是非常关键的环节。就政策制定而言,其完备性、明确性和可操作性直接决定了政策的实施效果;而一项好的政策制定出来后,如果得不到强有力的执行也是枉然。故二者相辅相成,缺一不可。

(一) 政策的制定

首先,是政策的完备性。师资培养政策引领着师资培养发展的方向,指导着师资培养发展的路径,是促进师资培养规范发展的重要保障,其有与无、完整与否直接影响着师资培养能否开展。政策越完备,那么师资培养的各方面就更能有法可依,便于机构和个人遵章执行,开展各项师资培养活动。

如在英国,全纳已成为当前教育政策的核心内容和重要目标。为指导和支持教师进一步发展全纳教育能力,英国颁布了一系列专业标准,如《教师专业标准》《特殊教育需要协调员国家标准》《国家特殊教育需要专业人员标准》等。这些标准的制定不仅为教师评价提供了依据,同时也为高等学校和地方教育主管部门组织制定教师培训计划明确了方向。更重要的是,这些标准也成为教师规划自身专业发展的指南,教师可以结合标准,联系自身的专业能力、工作岗位、发展诉求,确定未来发展方向及相应的培训项目。

又如早在1995年,美国特殊儿童委员会就制定了《每个特殊教育者必须知道什么——有关特殊教育教师准备和资格的国际标准》。该标准不仅提出了特殊教育教师的道德标准和职业行为规范,还制定了关于特殊教育知识与技能的规定和要求。这一标准的制定为特教师资培养提供了法律依据,目前

---

① KAPLAN I, LEWIS I. Promoting inclusive teacher education: curriculum [M]. Bangkok: UNESCO Bangkok Office, 2013: 6.

② GERSTON L N. Public policy making: process and principles [J]. political science, 1997 (8): 2-6.

在美国涉及全纳教师知识方面的规定仍然以这个标准为参照。因为这个标准一开始就具有国际性,所以它的影响力不仅仅在美国,在其他推行全纳教育的国家同样起到指导作用。

其次,是政策的明确性。"思考一项政策时,不仅应思考其文本所描述的原则、规章、制度等,更应探讨其内容和观点所蕴含的意义。"① 全纳教育作为师资培养的主要理念,理应成为政策制定的主要理念;而师资培养政策的制定,应该进一步促进全纳教育理念的贯彻和实施。这一政策理念应该通过文本明确表达出来,并贯穿始终;不应含糊不清,难以琢磨。应该明确全纳教育理念的内涵,在各种文本表述中保持一致,不应互相矛盾。《联合国教科文组织全纳指南》就教师和教师教育提出了若干关键的立法和政策建议,既有一般性建议,也有具体建议。例如,全纳原则与愿景应该纳入多部门的国家立法中,关于全纳、资源的灵活分配和相关基础设施的建设,应该有清晰的政策框架,等等,对政策的明确性提出了具体要求。

如为了确保所有的教师都能适应全纳教育的要求,英国于2007年实施的《教师专业标准》就从专业品质、专业知识和理解、专业技能三个方面对合格教师应具备的全纳教育基本理念、知识和技能做出了明确的规定,并要求在教师后续的职业生涯中不断加强。概括起来这些要求主要有:①合格教师必须具备一系列促使学习个性化及为全体学生发挥潜能提供机会的教学、学习、行为管理策略的知识和技能,并知道如何在实践中运用;②理解学生的进步和发展受成长、社会、宗教、种族、文化语言的影响,知道如何为学生提供有效的个性化服务;③知道如何在教学实践中考虑学生的多样性,促进公平与全纳;④知道并理解承担特定责任的同事的职能,包括那些负责有特殊教育需要学生、残疾学生和其他有个别学习需要学生的教育的同事;⑤知道如何鉴别和支持那些因环境变化及困难而影响了进步、发展和身心健康的学生,并在适当的时候向相关同事提供专业帮助②。该标准把全纳教育思想贯穿其中,强调教师应能正确认识学生的多样性,并满足学生的多样化需求,为所有学习者提供公平的发展机会,突显全纳的精神实质,为全纳的师资培养提供了明确的方向。

最后,是政策的可操作性。简单而言,政策的可操作性是指政策的具体

---

① KAPLAN I, LEWIS I. Promoting inclusive teacher education: curriculum [M]. Bangkok: UNESCO Bangkok Office, 2013: 1.

② TDA. Professional standards for teachers [EB/OL]. (2008 – 03 – 23) [2022 – 08 – 01]. http://www.tda.gov.uk/teachers/professionalstandards.aspx.

措施在实践中应该易于推行。政策要具备可操作性,其制定的目标就要切实可行,具体内容就要科学合理。随着社会、经济、文化等发展的不断变革,全纳教育将深入发展,其在每一个发展阶段所面临的主要问题都不同,师资培养政策所要解决的问题也就各异。因此,师资培养政策在修改、调整的过程中,应该广泛征求师资培养机构、学校、个人等多方的意见,深入分析师资培养过程中遇到的主要难题,针对迫切需要解决的问题制定切实可行的规章制度。

如自 1995 年美国 CEC 制定标准以来,虽然关于特殊教育教师的八条伦理准则没有过变化,但其专业划分、核心知识和技能等方面的内容随着特殊教育的发展而不断进行更新和升级。2003 年,对特殊教育工作者的知识和技能的入门要求由过去的八个方面调整为十个方面(特殊教育的哲学历史、法律基础;学生的特点;测验、诊断和评估出的个体差异;教学内容和实践的策略;教学环境设计、管理和社会互助;语言;教学计划;评价;道德和职业实践;共同合作)。每个方面依据不同专业教师的需要,又各列出几项到几十项的具体知识和技能的要求,这些要求总数一般超过一百条。对于特殊教育诊断工作者、特殊教育行政人员、特殊教育技术专家、特殊教育转衔工作者等还另有具体规定;对于服务于有特殊教育需要个体的半从业、辅助性质的从事特殊教育诊断、评估等的人员也有各方面的要求。如此一来,该标准在实施的过程中就更易于操作,便于落实。

(二) 政策的执行

师资培养的理念是在相关政策文本里得到规范的,目标则是通过相关政策的执行得到实践与实现的[①]。在教育领域,政策执行(policy implementation)是将政策付诸实施的过程,它是政策制定之后的必要步骤,是产生结果的一系列活动。在特教师资培养的相关政策中,全纳教育的理念与目标能否实现,关键在于具体的教育实践过程中教育政策能否被坚定、真实地付诸实施。一个政策文本再完美,如果不能落实到实践中,只是停留在纸上,则发挥不了应有的作用;只有当以适当的方式和手段整合执行资源,明晰执行标准,坚定执行者的意志,明确执行机制,将文本中的政策忠实地付诸于实践时,政策才有了成功的希望。因此,一项失败的教育政策与其说是因为政策设计的失败,还不如说是政策执行本身出现了问题。政策执行是政策过程

---

① HOGWOOD B W, GUNN L A. Policy analysis for the real world [M]. Oxford:Oxford University Press,1984:21 – 22.

的枢纽，政策的成功或失败，主要取决于政策执行是否彻底。

长期以来，关于政策执行的模式有着自上而下（top-down）的理性模式（rational）和自下而上（bottom-up）的渐进模式（incrementalism）的争论。理性模式强调在选择执行策略之前确定目标的重要性，认为先确定政策目标再决定执行的策略是合乎理性的，也是便于系统、全面地监控的，其执行是一个自上而下的过程①。这种模式强调政策制定者的支配能力，忽略了政策执行是由多元行为者共同参与，而非支配性的机关或决策者主导的。在这种执行模式中，政策执行者没有自主性，政策的成功过度仰赖于政策制定者的目标设定与方案规划能力，低估了基层组织、目标团体与多元个人的能动性，忽略了他们可以采取各种策略影响政策的目标与执行。

与理性模式相反，渐进模式是一个自下而上的过程，它不追求制定最佳的政策，但强调在现有的基础上逐步前进②。这种政策执行模式以过程为导向，政策的执行包含多元组织和行动者。多元行动者不仅接受上级的规定和命令，而且还能够基于自身对政策、问题、策略与目标的认知，及时调整政策目标，在与决策者的互动过程中执行政策。在这种模式下，正是基层的人员将政策转化为现实，所以，处于政策执行中心的是基层组织和个人，而非上层机构和人员。

全纳教育作为一种新的教育理念，在很多国家的立法和政策制定中都得到了体现，而全纳教育的执行实则是多元行动者复杂互动的过程，或者说是一个强调地方化或分权化的过程。这也就导致了全纳教育的多样化发展。如此一来，为全纳教育服务的特教师资所处的实际情境各有不同，所面对的问题各异。因而，师资培养政策的执行应该遵循自下而上的渐进模式，将基层工作者而非上层工作人员置于政策执行的中心；通过参与师资培养的机构及个人自身小步子的进步与调整，直接为地方学校服务，将宏观的教育政策转化为现实。

在以上分析论述的基础上，笔者提出全纳教育理念下特殊教育师资培养的理想典型，具体如图 2 - 1 所示。

---

① HAM C, HILL M. The policy process in the modern capitalist state [M]. Brighton, Sussex: Wheatsheaf Books, 1984: 13 - 16.

② BRAYBROOKE D, LINDBLOM C E. A strategy of decision: policy evaluation as a social process [M]. New York: Free Press of Glencoe, 1970: 111 - 113.

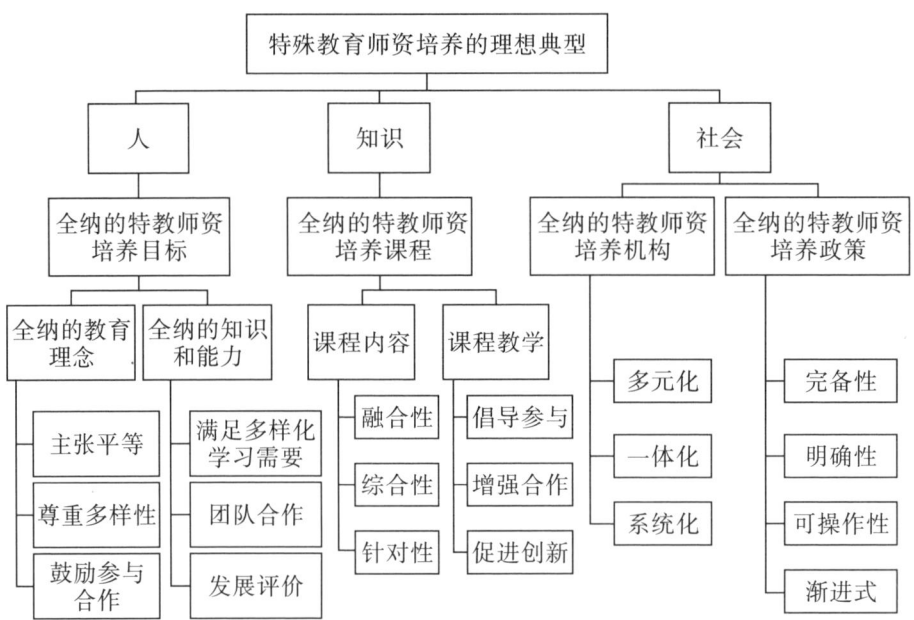

图 2-1　全纳教育理念下特教师资培养的理想典型

第三章　特殊教育师资培养目标分析

第一节　台湾的特殊教育师资培养目标

台湾的"师资培育法"明确了师资培育的重心,其第二条规定:"师资培育应着重教学知能及专业精神之培养,并加强民主、法治之涵泳与生活、品德之陶冶。"由此明确点出了师资培育的精神与重点主要有五项:专业知能和专业精神、民主教育、法制教育、生活教育、品德教育。各师资培育院校则基本依此规定来设定其师资培养目标。

一、台湾特教师资培养目标的构成

当前,台湾共有13所正规培养特教师资的高等院校,它们的培养目标都依据"师资培育法"的规定制定,大同小异,故选取台湾师范大学、彰化师范大学和新竹教育大学三所高等院校为例,分析台湾特教师资的培养目标。

台湾师范大学的特教师资培养目标包括知识/认知、职能导向、个人特质及价值/伦理四个能力层面。彰化师范大学的特教师资培养目标则分成了六大指标,包括专业知能、创新思考、自我成长、沟通合作、服务社群和多元文化参与。新竹教育大学的特教师资培养目标是"培育正直、热诚、有社会责任感、具思辨力与实践力的特教专业人士",包含六大核心能力,即具备一般特殊教育专业知能、具备特殊教育课程设计与教学知能、具备班级经营和亲师合作与辅导知能、具备与其他特教专业团队合作的知能、培育人文素养与服务热忱、具备未来专业发展的潜能。

综合分析三所大学的特殊教育师资培养目标,主要包括以下几个方面。

(一) 专业精神/素养

特殊教育之所以"特殊",就在于其所面对的对象具有特殊性,因其具

有显著的差异性和丰富的多样性,故特殊教育工作是复杂的,也是专业的。这就要求特殊教育教师在从事这一项工作之前,需要培养一定的专业精神,具备一定的专业素养。台湾师范大学在价值/伦理层面要求特教师资能遵守专业伦理并具有敬业精神与态度,在个人特质层面也要求特教师资能接纳有特殊需求者并主动关怀。彰化师范大学在"服务社群"这一指标层面作了规范,要求陶冶特教师资有关怀弱势与尊重专业的热忱与情操,使其具备人文关怀的实践能力、尊重专业伦理及知识产权的态度。新竹教育大学要求特教师资正直、热诚、有社会责任感,同时也在"培育人文素养与服务热诚"这一核心能力方面提出了具体要求,即能因了解而关怀、尊重每位特殊需求者,能关心特教相关议题并思辨解决以及能展现出教育热忱与专业使命感;同时在一般专业知能层面也提出要求,即能了解并遵守教育专业伦理规范。

(二) 专业知识和能力

从事特殊教育工作,必须具备一定的专业知识和能力,这也是师资培养目标中最为核心的部分。

台湾师范大学要求特教师资应具备五个方面的专业知识:①具备一般特殊教育知能;②能了解各类特殊学生的特质与相关议题;③能了解特殊教育行政及身心障碍者的权益及福利法规;④能进行特殊教育相关资源的整合与专业合作;⑤了解特殊教育相关专业领域发展的现况与趋势。

同时也规定需培养特教师资八个方面的专业能力:①能从事特殊教育学生的鉴定与评量工作;②能透过个别化教育计划达成个别化教学;③能设计特殊教育课程与执行教学;④能熟悉特殊教育学生所需的各种教学方式与策略;⑤具备班级经营与辅导学生的能力;⑥能运用科技辅具;⑦能将知识概念应用于实务表现;⑧具备策划及执行特教专题研究的能力。

彰化师范大学对特教师资应该具备的专业知能设置了四个方面的目标,包括:①培养学生专业的外语沟通与阅读能力;②培养学生了解普通教育与特殊教育重要议题及趋势的能力;③为学生提供跨领域特教知能以整合学习经验;④培养学生的特殊教育教学实务工作能力。

新竹教育大学在师资培养目标中提出了四大专业知能,即:

(1) 具备一般特殊教育专业知能,包括:①了解特殊教育基本知识;②了解特殊需求学生的身心发展与需求;③能从事特殊需求学生的鉴定与评量工作;④熟悉特殊教育法规与相关资源;⑤了解并遵守教育专业伦理规范。

（2）具备特殊教育课程设计与教学知能，包括：①能针对不同特殊教育班别的特性设计课程；②能为特殊需求学生制定适合的个别化教育计划；③能依据特殊学生需求选用适性的教学方法与策略；④能运用科技辅具与信息融入原则提升特殊学生的学习成效；⑤能依据特殊学生需求编制教材教法并制作教具；⑥能依据学生的学习反应与评量结果调整教学。

（3）具备班级经营、亲师合作与辅导知能，包括：①能营造良好的学习环境与班级气氛；②能辅导有特殊需求的学生融入普通班级；③能辅导有特殊需求的学生的情绪与问题行为；④能亲师合作并引导家庭支持。

（4）具备与其他特教专业团队合作的知能，包括：①能了解特教相关领域的基本知识；②能熟悉特教相关服务机构及其运作方式；③能与特教相关团队进行合作与沟通。

（三）个人自我发展能力

作为特殊教育师资，除了需具备专业精神和专业知能之外，同时作为一名现代青年人才，还应兼具符合时代需求的个人发展能力。

台湾师范大学在个人特质层面，要求特教师资：①能接纳有特殊需求者并主动关怀；②具有生涯规划与专业发展的能力；③能发掘问题并发展问题解决策略。

彰化师范大学提出要培养学生主动探究与解决问题的能力，培养学生自主学习的能力，以及培养学生资源整合与团队合作知能。

新竹教育大学要求特教师资需具备未来专业发展潜能，即：①能精熟第二外语并展现国际视野；②能主动发掘问题并积极思索解决办法；③具有创新思辨的精神及企划执行的能力；④具有生涯规划与专业发展的能力；⑤具有终身学习的态度与能力。

台湾师范大学特殊教育学系特教师资的专业能力指标具体如表3-1所示。

表 3-1　台湾师范大学特殊教育学系专业能力指标概况①

能力层面	知识/认知	职能导向	个人特质	价值/伦理
指标	①具备一般特殊教育知能；②能了解各类特殊学生的特质与相关议题；③能了解特殊教育行政及身心障碍者的权益及福利法规；④能进行特殊教育相关资源的整合与专业合作；⑤能了解特殊教育相关专业领域发展的现况与趋势	①能从事特殊教育学生的鉴定与评量工作；②能透过个别化教育计划达成个别化教学；③能设计特殊教育课程与执行教学；④熟悉特殊教育学生所需的各种教学方式与策略；⑤具备班级经营与辅导学生的能力；⑥能运用科技辅具；⑦能将知识概念应用于实务表现；⑧具备策划及执行特教专题研究的能力	①能接纳有特殊需求者并主动关怀；②具有生涯规划与专业发展的能力；③能发掘问题并发展问题解决策略	能遵守专业伦理并具有敬业精神与态度

彰化师范大学特教系大学部特教师资的教育目标与核心能力如表 3-2 所示。

表 3-2　彰化师范大学特教系大学部教育目标与核心能力概况②

指标	教育目标	核心能力
专业知能	①培养学生专业外语沟通与阅读能力；②培养学生了解普通教育与特殊教育重要议题及趋势的能力；③为学生提供跨领域特教知能的整合学习经验；④培养学生特殊教育教学实务工作能力	①具备外语沟通与表达能力；②熟悉特殊学生的教学与辅导知能；③具有特殊教育以外的第二专长或能力；④熟悉个案评量与相关报告的撰写

---

① 台湾师范大学特殊教育学系. 专业能力指标[EB/OL]. [2022-08-01]. http://www.spe.ntnu.edu.tw/curriculum7/archive.php?class=570.

② 台湾彰化师范大学特殊教育学系. 教育目标与核心能力（大学部）[EB/OL]. [2022-08-01]. http://sped.ncue.edu.tw/sped/doc/core/seds.pdf.

续上表

指标	教育目标	核心能力
创新思考	⑤培养学生主动探究与解决问题的能力	⑤具备主动应用专业知能解决教学问题的能力；⑥具备独立分析、解释并处理教导特教学生的各式问题的能力
自我成长	⑥培养学生自主学习的能力	⑦具备参与学术交流及终身学习的能力
沟通合作	⑦培养学生资源整合与团队合作知能	⑧具备参与跨专业整合与良好团队合作所需的沟通协调能力
服务社群	⑧陶冶学生关怀弱势与尊重专业的热忱与情操	⑨具备人文关怀的实践能力；⑩具有尊重专业伦理及知识产权的态度
多元文化参与	⑨培养学生对特殊教育多元文化议题的重视与参与意识	⑪实践社会参与及尊重多元文化的能力；⑫具备对特殊教育相关议题的本土观与国际观

新竹教育大学特殊教育学系大学部特教师资的教育目标与核心能力如表3-3所示。

表3-3 新竹教育大学特殊教育学系大学部教育目标与核心能力概况[①]

教育目标：培育正直、热诚、有社会责任感、具思辨力与实践力的特教专业人士	
核心能力	能力指标
具备一般特殊教育专业知能	①了解特殊教育基本知识；②了解特殊需求学生的身心发展与需求；③能从事特殊需求学生的鉴定与评量工作；④熟悉特殊教育法规与相关资源；⑤能了解并遵守教育专业伦理的规范
具备特殊教育课程设计与教学知能	①能针对不同特殊教育班别的特性设计课程；②能为特殊需求学生制定适合的个别化教育计划；③能依据特殊学生需求选用适合的教学方法与策略；④能运用科技辅具与信息融入原则提升特殊学生的学习成效；⑤能依据特殊学生的需求编制教材教法并制作教具；⑥能依据学生的学习反应与评量结果调整教学

---

① 台湾新竹教育大学特殊教育学系. 教育目标与核心能力（大学部）[EB/OL]. [2022-08-01]. http://dse.nhcue.edu.tw/about/pages.php?ID=about1.

续上表

核心能力	能力指标
具备班级经营、亲师合作与辅导知能	①能营造良好的学习环境与班级气氛；②能辅导特殊需求学生融入普通班级；③能辅导特殊需求学生的情绪与问题行为；④能亲师合作并引导家庭支持
具备与其他特教专业团队合作的知能	①能了解特教相关领域的基本知识；②熟悉特教相关服务机构与其运作方式；③能进行特教相关团队的合作与沟通
培育人文素养与服务热忱	①能因了解而关怀、尊重每位特殊需求者；②能关心特教相关议题并思辨解决；③能展现教育热忱与专业使命感
具备未来专业发展的潜能	①能精熟第二外语并展现国际视野；②能主动发掘问题并积极思索解决办法；③具有创新思辨的精神及企划执行的能力；④具有生涯规划与专业发展的能力；⑤具有终身学习的态度与能力

二、台湾特教师资培养目标的特点

从台湾师范大学、彰化师范大学和新竹教育大学的特教师资培养目标中，可以管窥台湾特殊教育师资培养所注重的内涵和精神。

（一）注重专业道德的培养

教师的专业道德是教师在其专业工作中，调节和处理与他人、社会、集体、职业工作关系所应遵守的基本行为规范或行为准则，以及在这基础上所表现出来的观念、意识和行为品质。它是教师道德结构中的主体部分，它在调节教师全部道德品质中起重要作用。在特殊教育领域，由于教学对象的特殊性和差异性，对特殊教育教师的专业道德要求要高于普通教师。因而，特殊教育教师的专业道德始终是特殊教育教师资格准入制度的一项重要内容，这对于提高教师专业化、促进和完善特殊教育法律法规、推动特殊教育又好又快发展有重要的作用。

台湾特殊教育师资培养重视教师专业道德和专业精神的提升。在三所大学的特教师资培养目标中，都提到了相关要求，主要包括以下四个方面。

1. 尊重并遵守专业伦理

任何一门专业，都有其专业伦理要求。台湾特教师资培养中，要求教师首先要了解特殊教育专业的伦理道德要求，在了解的基础上尊重它，并且在以后的职业生涯中能够遵守它。

2. 尊重专业并具有专业热忱

从事一门专业工作，如果没有尊重感，则不会认真地对待它、重视它，并引以为荣；如果不具备对专业的热忱，就不会投入太多的精力去钻研和深究，在专业上也难有建树。因此，台湾在特教师资培养目标中提出要尊重特教专业，并具有对特教专业的热情和关注。

3. 具有敬业精神与态度

特殊教育工作因其服务对象的特殊性，需要教师拥有更多的耐心和精心，付出更多的时间和精力，来满足特殊儿童的多样化需求，促进特殊儿童的多样化发展。因此，在从事特殊教育工作时，具有敬业精神与态度就显得尤为重要。

4. 尊重并关怀有特殊需求者

人与人之间都是平等的，人人都享有受教育权。有特殊教育需求的儿童不应该被排斥在外，他们同样应该得到尊重和关怀。特殊教育教师首先应该了解有特殊需求者，接纳他们，尊重他们，并主动关心他们。

（二）注重专业能力的培养

特殊教育工作是一门复杂的工作，实践性很强。它要求教师不仅仅具有特教知识，更多地还应具有把知识运用到具体教学实践中的能力。所以，三所师范大学的特殊教育师资培养目标中，关于培养特教专业能力的描述最多，表述最为具体，主要包含以下四方面的能力。

1. 鉴定与评量能力

台湾特殊教育师资培养目标中提出，要培养教师"能从事特殊教育学生的鉴定与评量工作"（台湾师范大学和新竹教育大学），应能"熟悉个案评量"（彰化师范大学）。

2. 课程设计与教学能力

在特殊教育师资培养目标中，课程设计和教学能力的培养应该是至关重要的。所谓课程设计能力，即要求特殊教育教师能针对不同特殊教育班别的特性来设计课程。教学能力的提升包含四个方面：首先，能熟悉特殊教育学生所需的各种教学方式与策略，然后才能依据特殊学生的需求选用适当的教学方法与策略，并能为特殊需求学生制定适当的个别化教育计划，从而进行个别化教学；其次，在教学前能依据特殊学生的需求编制教材教法并制作教具；再次，在教学中能运用科技辅具与信息融入原则提升特殊学生的学习成效；最后，在教学结束后能依据学生的学习反应与评量结果调整教学。

3. 班级管理与辅导学生能力

台湾的特殊教育师资培养目标中，要求特殊教育教师要具备班级经营与辅导学生的能力。所谓班级经营能力，主要是指能营造良好的学习环境与班级气氛；而辅导学生的能力，则主要是指能辅导有特殊需求的学生融入普通班级，能辅导其控制好情绪与行为。

4. 资源整合与专业合作能力

特殊教育教师还要善于寻求资源、充分利用资源，并能进行特殊教育相关资源的整合，以合力推进特殊教育工作的开展。特殊教育工作不是单打独斗就能胜任的，它更多的是依赖团队合作。因此，特殊教育教师要具备与其他特教专业团队合作的知能。在特殊教育师资培养中，首先，要让师资人员了解特教相关领域的基本知识；其次，要熟悉特教相关服务机构及其运作方式；最后，要具备参与跨专业整合与良好团队合作所需的沟通协调能力，如此才能与其他特教专业团队进行良好的合作。

（三）注重个人的自我发展

在现代社会中，科技及文化日新月异，为了促进个人的自我成长和发展，特殊教育教师还需要培养一些个人成长的必备能力。

1. 生涯规划与专业发展能力

一个人如果对自己的人生或职业生涯没有一个清晰的规划，那他的行动则没有目标性，生涯发展会是茫然的。所以，台湾的特教师资培养中提出特教师资应具有生涯规划与专业发展的能力。这就要求教师对于自我发展和专业发展要有一个清晰的定位和明确的规划，以此推动个人的快速成长。

2. 创新及思辨能力

台湾的特教师资培养目标中提出要培养教师的创新思辨的精神和能力，主要是指要培养教师的独立思考和问题解决能力，即能主动发掘问题并积极思索解决办法，发展问题的解决策略，并最终解决问题。

3. 自主学习能力

现代社会是一个学习型社会，只有不断加强学习，才能持续进步。所以，台湾的特教师资培养目标中提出要培养教师自主学习的能力，并具有终身学习的态度和能力。

第二节 香港的特殊教育师资培养目标

一、香港特教师资培养目标的构成

2003年,香港师训与师资委员会发布文件《学习的专业,专业的学习:教师专业能力理念架构及教师持续专业发展》,提出了一套教师的专业发展架构。发展架构由多个层次组成,主要包括四个范畴:教与学、学生发展、学校发展、专业群体关系及服务,这四个范畴基本涵盖了教师所需要具备的主要技能,互相联系和影响。每个范畴下又分为四个方面,从各个方面来描述一位合格优秀的教师所应该具备的专业能力,具体见表3-4。该架构从教师在专业发展方面的真正需要入手,对其在担当教师工作时所需要的能力、技巧、知识和态度进行规范,给香港的师资培养提供了明确的培养方向。此后,香港师资培养机构主要以此架构为标准来设置课程,而架构中所列的四大范畴下教师需要达到的专业能力也成为香港师资培养目标的最好诠释。

表3-4 香港教师专业能力理念架构概览①

教与学范畴	学生发展范畴	学校发展范畴	专业群体关系及服务范畴
①学科内容知识;②课程与教学内容知识;③教学策略、技巧、媒体、语言;④评核与评估方法、计划	①理解及协作、帮助学生发展;②建立融洽、和谐、共信的师生关系;③关怀学生;④关注、参与及组织学生多元的学习计划	①理解、配合学校愿景、使命及校园文化;②了解并执行学校的目标、程序和政策;③与家长保持沟通;④了解社会变革,树立正确的社会价值观	①了解校内协作关系;②注意教师专业发展;③参与教育政策讨论;④参与社区服务工作,与社会大众保持互动

香港教育学院是香港最主要的特教师资培养机构,其特殊教育与辅导学系(2010年设立)提出要培养"知识渊博,有爱心和负责任的教育工作

---

① 施雨丹,张岩.论香港师训会对香港教师专业发展的影响[J].煤炭高等教育,2014(3):14-16.

者","以关爱和支持的态度面对他们将教到的不同人群,帮助他们发展适当的技能和能力,以此积极贡献于社会的幸福"①,该系主要通过提供一系列特教师资培养课程来达到其培养目标。香港公开大学也提供幼儿特殊教育方面的课程,以此培养幼儿特殊教育师资力量。

香港部分特教师资培养课程及其培养目标如表3–5所示。

表3–5 香港部分特教师资培养课程及其培养目标概览②

课程名称	培养目标
特殊教育荣誉文学士课程	本课程旨在培训具备专业技能和能够担当的人才,为有特殊需要人士谋求福祉,特别是协助他们享有积极和充实的教育和社区生活。毕业学员: a. 能了解有特殊需要人士的需求; b. 对残疾、平等机会和共享权益有深切认识,并将概念适切地应用于评估特殊教育需要; c. 擅于为有特殊需要人士制定及推行有效益的介入方案,支持他们在学校和社区的需求; d. 与家庭、学校及社区紧密合作,协助有特殊教育需要人士融入社群、改善生活质量; e. 能综合从实证、文献及实务经验所得的资讯,独立而审慎地进行分析和解难,为有特殊需要人士的教育和发展作出贡献
教育荣誉学士(特殊需要)课程	提升学生在特殊需要及融合教育上的专业水平,让他们在发展融合学校及小区方面的实践、教学和策划上有更优秀的表现
照顾不同学习需要的基础班/深造班课程	本课程旨在提升教师的专业知识、技能与态度,帮助教师认识学生的不同学习需要,让学员能把这些知识运用于日常教学及教务上。 a. 学习运用全校参与及有效的支持策略,照顾就读于主流学校或特殊学校学生的不同学习需要; b. 识别不同学生的多元学习需要,并发展正确态度和掌握课堂内照顾学习差异的方法; c. 深入探讨各类特殊需要,以及评鉴有关学习支持及干预策略的成效; d. 配合全校参与的理念去检视、计划、实践及检讨校内照顾学生的特殊学习需要的工作

---

① 香港教育学院特殊教育与辅导学系. 系所介绍[EB/OL]. [2022–08–01]. http://www.ied.edu.hk/sec/?lang=tc.

② 根据相关网站自行整理,网址一:https://www.ied.edu.hk/sec/view.php?secid=412,网址二:http://www.ouhk.edu.hk/wcsprd/Satellite?pagename=OUHK/tcSingPage&Lang=chi.

续上表

课程名称	培养目标
教育学士（幼儿教育：特殊教育）课程	本课程专旨在提升教师对学前特殊教育工作的了解及帮助他们掌握相关的专业技巧，使毕业生能有效地在幼儿特殊教育中心或推行融合教育的幼稚园为幼儿提供适切的照顾和教育服务

从香港教师专业能力理念架构及香港特教师资培养课程的目标中，可以尝试对香港特教师资培养目标进行分析，其主要包括以下三个方面。

（一）专业态度

专业态度决定了教师工作质量的高低，只有对其所服务的教育对象、所从事的工作有正确的认识态度，才能有利于工作的开展。架构中提出，教师要理解并协作学生发展，要关怀学生，要理解、配合学校愿景、使命、校园文化，并了解社会变革，树立正确的社会价值观。香港教育学院提出要培养有爱心和负责任的教育工作者，能以关爱和支持的态度面对他们将教到的不同人群。特教师资培养课程中提到要培养师资对残疾、平等机会和共享权益有深切的认识，能识别不同学生的多元学习需要，并发展正确态度，以提升教师对特殊教育工作的了解。

（二）专业知识和技能

要求师资掌握专业的知识和技能，这是师资培养目标中最为核心的部分，香港的特教师资培养目标中很明确地提到了这一方面。架构中提出，教师要掌握如下知识和技能：①学科内容知识；②课程与教学内容知识；③教学策略、技巧、媒体和语言；④评核与评估方法、计划；⑤能组织学生开展多元的学习计划。香港教育学院提出要培养知识渊博的教育工作者，并培养他们适当的技能和能力。特教师资培养课程中提到，要提升师资在特殊需要及融合教育方面的专业水平，让他们在教学和策划上有更优秀的表现，这主要包括：①能了解有特殊需要人士的需求，并识别不同学生的多元学习需要；②能将平等机会和共享权益等概念适切地应用于评估特殊教育的需要；③擅于为有特殊需要人士制定及推行有效的介入方案，支持他们在学校和社区的需求。

（三）社会参与及服务

特殊教育教师的眼界要宽广，胸怀要博大，除了投入学校的教育教学工

作外,还应该积极参与社会服务工作。架构中提出,教师应该参与教育政策的制定,参与社区服务工作,与社会大众保持互动。香港教育学院则要求教师应积极贡献,致力于社会的幸福。特教师资培养课程中也提到,要提升学生在特殊需要及融合教育上的专业水平,让他们在发展融合学校与小区方面的实践上有更优秀的表现。

二、香港特教师资培养目标的特点

分析香港教师专业能力理念架构、香港教育学院特殊教育与辅导学系的培养目标及香港特教师资培养课程目标,可以发现香港的特教师资培养目标具有以下三方面的特点。

(一) 树立正确的专业态度

香港的特教师资培养目标非常重视专业态度的培养,而正确的专业态度来自于对自身专业的正确理解,来自于对教育工作的正确理解,也来自于对多元学生的正确理解。所以,在其培养目标中要求教师理解并协助学生发展,要理解、配合学校愿景、使命和校园文化,要对残疾、平等机会和共享权益有深切认识,能以关爱和支持的态度面对他们将教到的不同人群,同时还要提升教师对特殊教育工作的了解。

(二) 培养优秀的专业知能

在培养特教师资的专业知能方面,香港非常注重培养教师"照顾不同学习需要"的能力。无论是普通学生还是特殊学生,每一个学生都具有其特质,多元化的学生有着多样性的需求。教师在这种多样性需求面前,只有正确认识多样性、尊重多样性,并具备满足这种多样性的知能,才能为学生提供个性化的、适性的教育。因而香港教育学院专门开设了"照顾不同学习需要"的课程,旨在提升教师的专业知识、技能与态度,帮助教师认识学生的不同学习需要,并能把这些知识运用于日常教学及教务上。课程内容主要包括:①学习运用全校参与及有效的支持策略,照顾就读于主流学校或特殊学校学生的不同学习需要;②识别不同学生的多元学习需要,并发展正确态度和掌握课堂内照顾学习差异的方法;③深入探讨各类特殊需要,以及评鉴有关学习支持及干预策略的成效;④配合全校参与的理念去检视、计划、实践及检讨校内照顾学生的特殊学习需要的工作。

（三）倡导合作和社会服务

香港积极倡导以"全校参与"模式来推动融合教育的发展，而这其中渗透的教育理念就是倡导合作。首先，倡导师生之间的合作，建立融洽、和谐、共信的师生关系；其次，倡导教师之间的合作，发展校内协作关系；最后，倡导学校、家庭与社区之间的合作，教师与家长保持沟通，与家庭、学校及社区紧密合作，协助有特殊教育需要的人士融入社群、改善生活质量。香港的特教师资培养目标中还非常重视提供社会服务。香港作为一个高度自治、崇尚民主法制的国际大都市，社会成员的公民意识比较强；特殊教育教师作为一名社会公民，应该把自己的专业知识和能力提供给社会，积极参与社会工作，提供专业化的社会服务。

第三节　广东的特殊教育师资培养目标

教育部于 2015 年 9 月 1 日印发了《特殊教育教师专业标准（试行）》（教师〔2015〕7 号），文件中指出，"此标准是国家对合格特殊教育教师的基本专业要求，是特殊教育教师实施教育教学行为的基本规范，是引领特殊教育教师专业发展的基本准则，是特殊教育教师培养、准入、培训、考核等工作的重要依据"[①]。

该项标准包括师德为先、学生为本、能力为重、终身学习四项基本理念，基本内容包括专业理念与师德、专业知识、专业能力三大方面，共计 14 个领域、68 项基本要求。其中，"专业理念与师德"方面包括"职业理解与认识""对学生的态度与行为""教育教学的态度与行为"和"个人修养与行为"4 个领域，共 21 项基本要求；"专业知识"方面包括"学生发展知识""学科知识""教育教学知识"和"通识性知识"4 个领域，共 17 项基本要求；"专业能力"方面包括"环境创设与利用""教育教学设计""组织与实施""激励与评价""沟通与合作"和"反思与发展"6 个领域，共 30 项基本要求。

该标准成为各高等院校进行特教师资培养的重要依据，其制定的各项要求也成为特教师资培养的主要目标。该标准的具体内容如表 3－6 所示。

---

① 中华人民共和国教育部. 教育部关于印发《特殊教育教师专业标准（试行）》的通知[EB/OL]. (2015－09－01)[2022－08－01]. http://www.moe.edu.cn/srcsite/A10/s6991/201509/t20150901_204894.html.

表 3-6 我国《特殊教育教师专业标准（试行）》内容概览①

维度	领域	基本要求
专业理念与师德	职业理解与认识	①贯彻党和国家教育方针政策，遵守教育法律法规； ②理解特殊教育工作的意义，热爱特殊教育事业，具有职业理想和敬业精神； ③认同特殊教育教师职业的专业性、独特性和复杂性，注重自身专业发展； ④具有良好的职业道德修养和人道主义精神，为人师表； ⑤具有良好的团队合作精神，积极开展协作交流
	对学生的态度与行为	⑥关爱学生，将保护学生生命安全放在首位，重视学生的身心健康发展； ⑦平等对待每一位学生，尊重学生的人格尊严，维护学生的合法权益，不歧视、讽刺、挖苦学生，不体罚或变相体罚学生； ⑧理解残疾是人类多样性的一种表现，尊重个体差异，主动了解和满足学生身心发展的特殊需要； ⑨引导学生正确认识和对待残疾，自尊自信、自强自立； ⑩对学生始终抱有积极的期望，坚信每一位学生都能成功，积极创造条件，促进学生健康快乐成长
	教育教学的态度与行为	⑪树立德育为先、育人为本、能力为重的理念，将学生的品德养成、知识学习与能力发展相结合，潜能开发与缺陷补偿相结合，提高学生的综合素质； ⑫尊重特殊教育规律和学生身心发展特点，为每一位学生提供合适的教育； ⑬激发并保护学生的好奇心和自信心，引导学生体验学习乐趣，培养学生的动手能力和探究精神； ⑭重视生活经验在学生成长中的作用，注重教育教学、康复训练与生活实践的整合； ⑮重视学校与家庭、社区的合作，综合利用各种资源； ⑯尊重和发挥好少先队、共青团组织的教育引导作用
	个人修养与行为	⑰富有爱心、责任心、耐心、细心和恒心； ⑱乐观向上、热情开朗、有亲和力； ⑲具有良好的耐挫力，善于自我调适，保持平和心态； ⑳勤于学习，积极实践，不断进取； ㉑衣着整洁得体，语言规范健康，举止文明礼貌

---

① 中华人民共和国教育部. 教育部关于印发《特殊教育教师专业标准（试行）》的通知[EB/OL]. (2015-09-01)[2022-08-01]. http://www.moe.edu.cn/srcsite/A10/s6991/201509/t20150901_204894.html.

续上表

维度	领　域	基本要求
专业知识	学生发展知识	㉒了解关于学生生存、发展和保护的有关法律法规及政策； ㉓了解学生身心发展的特殊性与普遍性规律，掌握学生的残疾类型、原因、程度、发展水平、发展速度等方面的个体差异及教育的策略和方法； ㉔了解对学生进行青春期教育的知识和方法； ㉕掌握针对学生可能出现的各种侵犯与伤害行为、意外事故和危险情况下的危机干预、安全防护与救助的基本知识与方法； ㉖了解学生安置和不同教育阶段衔接的知识，掌握帮助学生顺利过渡的方法
	学科知识	㉗掌握所教学科知识体系的基本内容、基本思想和方法； ㉘了解所教学科与其他学科及社会生活的联系
	教育教学知识	㉙掌握特殊教育教学基本理论，了解康复训练的基本知识与方法； ㉚掌握特殊教育评估的知识与方法； ㉛掌握学生品德心理和教学心理的基本原理和方法； ㉜掌握所教学科的课程标准以及基于标准的教学调整策略与方法； ㉝掌握在学科教学中整合情感态度、社会交往与生活技能的策略与方法； ㉞了解学生语言发展的特点，熟悉促进学生语言发展、沟通交流的策略与方法
	通识性知识	㉟具有相应的自然科学和人文社会科学知识； ㊱了解教育事业和残疾人事业发展的基本情况； ㊲具有相应的艺术欣赏与表现的知识； ㊳具有适应教育内容、教学手段和方法现代化的信息技术知识
专业能力	环境创设与利用	㊴创设安全、平等、适宜、全纳的学习环境，支持和促进学生的学习和发展； ㊵建立良好的师生关系，帮助学生建立良好的同伴关系； ㊶有效运用班级和课堂教学管理策略，建立班级秩序与规则，创设良好的班级氛围； ㊷合理利用资源，为学生提供和制作适合的教具、辅具和学习材料，支持学生有效学习； ㊸运用积极行为支持等不同的管理策略，妥善预防、干预学生的问题行为

续上表

维度	领　域	基本要求
专业能力	教育教学设计	㊹运用合适的评估工具和评估方法，综合评估学生的特殊教育需要； ㊺根据教育评估结果和课程内容，制定学生个别化教育计划； ㊻根据课程和学生身心特点，合理地调整教学目标和教学内容，编写个别化教学活动方案
	组织与实施	㊼合理设计主题鲜明、丰富多彩的班级、少先队和共青团等群团活动； ㊽根据学生已有的知识和经验，创设适宜的学习环境和氛围，激发学生学习的兴趣和积极性； ㊾根据学生的特殊需要，选择合适的教学策略与方法，有效实施教学； ㊿运用课程统整策略，整合多学科、多领域的知识与技能； (51)合理安排每日活动，促进教育教学、康复训练与生活实践紧密结合； (52)整合应用现代教育技术及辅助技术，支持学生的学习； (53)协助相关专业人员，对学生进行必要的康复训练； (54)积极为学生提供必要的生涯规划和职业指导教育，培养学生的职业技能和就业能力； (55)正确使用普通话和国家推行的盲文、手语进行教学，规范书写钢笔字、粉笔字、毛笔字； (56)妥善应对突发事件
	激励与评价	(57)对学生日常表现进行观察与判断，及时发现和赏识每一位学生的点滴进步； (58)灵活运用多元评价方法和调整策略，多视角、全过程评价学生的发展情况； (59)引导学生进行积极的自我评价； (60)利用评价结果，及时调整和改进教育教学工作
	沟通与合作	(61)运用恰当的沟通策略和辅助技术进行有效沟通，促进学生参与、互动与合作； (62)与家长进行有效沟通合作，开展教育咨询、送教上门等服务； (63)与同事及其他专业人员合作交流，分享经验和资源，共同发展； (64)与普通教育工作者合作，指导、实施随班就读工作； (65)协助学校与社区建立良好的合作互助关系，促进学生的社区融合

续上表

维度	领域	基本要求
专业能力	反思与发展	⑥⑥主动收集分析特殊教育的相关信息，不断进行反思，改进教育教学工作； ⑥⑦针对特殊教育教学工作中的现实需要与问题，进行教育教学研究，积极开展教学改革； ⑥⑧结合特殊教育事业发展需要，制定专业发展规划，积极参加专业培训，不断提高自身专业素质

一、广东特教师资培养目标的构成

目前，广东省有四所高等院校设立了特殊教育专业，分别是华南师范大学、广东第二师范学院、广州体育学院和岭南师范学院。下文主要以这四所高等院校的特殊教育本科专业培养目标及要求为例，分析广东省的特殊教育师资培养目标。

华南师范大学的特殊教育师资培养目标主要包括五个方面："目标1：养成良好的公民素养，模范遵守国家法律与政策；目标2：养成优良的特殊教育职业道德和专业的特殊教育精神；目标3：构建特殊儿童教育与康复的理论素养、实践技能和反思、创新、相互支持的卓越品质；目标4：构建教康整合、医教结合的复合型素养结构；目标5：发展终身生涯发展的基础性能力。"① 在培养要求上，涵盖"知识结构""能力结构""素质要求"三大方面共16项基本要求。

广东第二师范学院的特殊教育师资培养目标为："培养具有健全人格、社会责任感和创新能力，掌握特殊教育专业的基础理论和基本技能，具备提升人生价值的多方面素养，能够胜任特殊教育教师工作及与本专业相关的其他工作，具有初步研究能力和良好师德的应用型人才。"② 在培养要求上，主要从"学生综合素质培养"和"专业人才培养"两大方面作了规定。

岭南师范学院的特殊教育师资培养目标为："培养具备心理学基础知识和多元专长的优秀特殊教育教师，以及理论与实务结合，具有驾驭课堂的教学力、体验反思的教研力、协同创新的实践力、心志专一的坚持力和为人师表的引导力，能在各级各类学校及相关培训机构从事特殊教育教学实务、科

---

① 引自华南师范大学《特殊教育（师范）专业培养方案》（2012），内部资料。
② 引自广东第二师范学院《特殊教育本科专业人才培养方案》（2014），内部资料。

学研究、管理工作及相关专业服务的专门人才。"① 在培养要求上，主要从知识、技能和素养方面提出了七项要求。

广州体育学院的特殊教育师资培养目标为："培养德、智、体、美全面发展，掌握特殊（体育）教育及残疾人康复的基本理论、基本知识和基本技能。本专业主要培养在特殊学校、残疾人康复机构、福利院、残疾人体育机构、中小学校等部门从事残疾人体育教学、运动训练与竞赛以及康复训练，组织并指导残疾人进行体育锻炼和康复治疗的应用型人才。"② 在培养要求上，主要从素养、知识和技能层面提出了三大方面的要求。

综合分析四所高等院校的特殊教育师资培养目标和要求，主要包括以下三个方面。

（一）综合素质

华南师范大学的特殊教育师资培养目标中，对于素质的要求主要包括五个方面：①养成合格的公民素养；②养成较为深厚的文化素质；③养成卓越的教师专业素质；④养成人道、平等、博爱、融合、专业的特殊教育素质；⑤养成问题探究和行动反思的创新素质。

广东第二师范学院对于特殊教育师资综合素质的培养包括：①具备准确、流利的口头表达和书面表达能力；②乐于探究并善于用新方法来提高解决问题的有效性；③尊重别人并得到别人的尊重，通过沟通和合作来实现愿景；④养成健康的生活方式、理性的思考方式和愿意为理想奋斗的意愿；⑤具备终身学习的能力和习惯。同时，对于特教师资的专业理念与师德培养也提出了要求：①建立科学民主的公民观和合作意识，以及现代教育观、融合教育观；②爱国守法、遵守社会公德、维护社会公平正义。

岭南师范学院的特殊教育师资培养目标中，对于综合素质的要求包括：①具有人文学科、社会学科的基础知识及相应的人文素养和科学素养；②具有一定的体育和军事基本知识，掌握科学锻炼身体的基本技能和方法，养成良好的体育锻炼和卫生习惯，具有健全的心理和健康的体魄。

广州体育学院的特殊教育师资培养目标中，对于综合素质的要求包括：①坚持四项基本原则，热爱祖国，拥护中国共产党领导和社会主义制度，努力学习和掌握邓小平理论、"三个代表"重要思想、"科学发展观"基本原理和习近平新时代中国特色社会主义思想；②具有正确的世界观、人生观与价

---

① 引自岭南师范学院《特殊教育（师范类）专业人才培养方案》（2013），内部资料。
② 引自广州体育学院《特殊教育专业（体育）本科人才培养方案》（2013），内部资料。

值观，遵纪守法，爱岗敬业，勤奋好学，刻苦训练，忠诚于祖国和人民，成为有理想、有道德、有文化、有纪律的社会主义建设者；③具有良好的思想品德、社会公德、健全的人格和心理素质，以及为残疾人事业努力工作的奉献精神和志向。

（二）专业知识和能力

华南师范大学对于特殊教育师资的知识结构提出了五点要求：①系统掌握教育学和心理学的基本理论知识；②系统掌握特殊儿童发展的相关知识；③熟悉和有效应用残疾人事业和特殊教育相关法律与政策；④系统掌握特殊教育教学的基础性知识；⑤熟练掌握特殊儿童康复的基础知识。同时，对特殊教育师资的能力结构提出了六点要求：①形成特殊儿童的评估与诊断能力；②形成特殊教育学校（随班就读）教育教学能力；③形成特殊教育（随班就读）班级管理能力；④形成特殊教育支持性资源的获取与整合能力；⑤形成特殊教育的研究创新能力；⑥形成一种或多种特殊儿童康复训练能力。

广东第二师范学院对于特殊教育师资的专业知识与能力，也提出了相关要求：①系统掌握特殊教育基础知识，关注特殊教育发展的前沿与动态，具有初步的科学研究能力；②掌握特殊教育专业技能，具备特殊教育教学多种实践能力；③掌握特殊儿童评估的基本方法；④能适应不同教学组织形式下的特殊教育教学，有效实施特殊儿童康复训练；⑤具有良好的心理素质、较强的意志力和心理自我调节能力，具有良好的思辨能力和身体素质。

岭南师范学院要求特殊教育师资：①掌握特殊教育的基本理论和基本知识，具有一定的外文阅读能力，了解相近专业的一般原理和知识；②掌握特殊教育及相关专业（如学校心理学、社会工作、心理咨询、康复医学）的基本理论、基本技能和实证研究方法；③了解特殊教育及相关学科的理论前沿、应用前景和最新发展动态。

广州体育学院要求特殊教育师资：①熟悉我国有关残疾人体育事业发展的方针、政策和法规，了解国内外特殊教育的发展现状和趋势；②掌握特殊教育和体育工作的基本知识与技能，具备从事残疾人体育教学、训练以及残疾人体育竞赛组织与管理的能力；③掌握特殊教育学及残疾人康复等相关知识，具备指导残疾人进行体育锻炼和康复治疗的能力；④了解本专业及其相关学科的发展动态和理论前沿，掌握文献检索和资料查询的基本方法，具备初步的科学研究能力。

（三）职业教育技能

作为师范生，特殊教育师资必须具备师范生的一般技能，主要涉及普通

话、英语、计算机等方面的要求。

广东第二师范学院要求特殊教育师资具备准确、流利的口头表达和书面表达能力。

岭南师范学院要求特殊教育师资具备英语听、说、读、写能力,掌握计算机科学的基本知识和技能,具有运用计算机进行信息处理的能力,能够较好地制作课件,具备运用计算机服务教学工作的能力。

广州体育学院要求特殊教育师资具备利用工具书阅读本专业外文资料的能力;具有运用计算机的基本能力;达到大学英语二级或相当于二级以上水平的能力;普通话达到二级乙等水平。

二、广东特教师资培养目标的特点

从华南师范大学、广东第二师范学院、岭南师范学院和广州体育学院的特殊教育师资培养目标中,可以窥探广东特殊教育师资培养的重心所在。

(一)注重专业理念及素质的培养

在四所高校的特殊教育师资培养目标中,都提到了专业理念和专业素质的要求。如养成卓越的教师专业素质;养成人道、平等、博爱、融合、专业的特殊教育素质(华南师范大学);建立科学民主的公民观和合作意识,养成现代教育观、融合教育观(广东第二师范学院);形成为残疾人事业努力工作的奉献精神和志向(广州体育学院)。

(二)注重专业知识与能力相结合

四所高校都对特殊教育师资提出了专业知识和专业能力方面的要求,并将其作为培养目标中的核心部分。

1. 专业知识

就专业知识而言,主要包括如下三个方面。

(1)学生发展知识

只有了解特殊学生的相关知识,才能采取适性的教育。华南师范大学的特教师资培养目标中就提出了要求教师系统掌握特殊儿童发展的相关知识。

(2)学科知识

作为一门专业学科,特教师资需要了解特殊教育学科的相关知识和理论。华南师范大学提出应系统掌握教育学和心理学的基本理论知识;广东第二师范学院提出应系统掌握特殊教育基础知识;岭南师范学院提出应掌握特殊教育的基本理论和基本知识,要求特教师资了解特殊教育及相关学科的理论前沿、应用前景和最新发展动态；广州体育学院提出应掌握特殊教育和体育工作的基本知识，要求教师了解国内外特殊教育发展的现状和趋势，了解本专业及其相关学科的发展动态和理论前沿。

（3）教育教学知识

教育教学知识是开展特殊教育实际教学工作的基础，因而至关重要。华南师范大学要求特教师资系统掌握特殊教育教学的基础性知识，熟练掌握特殊儿童康复的基础知识；广州体育学院提出教师应掌握特殊教育学及残疾人康复等相关知识。

2．专业能力

专业知识是基础，唯有将知识转化为能力，特教师资才能在教育教学实践中得心应手。分析四所高校提出的专业能力，主要包括如下三个方面。

（1）环境创设与利用能力

创设良好的班级氛围，有利于特殊教育工作的开展；充分利用各种资源，形成合力，可有效推动特殊教育大力发展。华南师范大学要求特教师资形成特殊教育（随班就读）班级管理能力，形成特殊教育支持性资源的获取与整合的能力。

（2）教育教学设计能力

华南师范大学提出特教师资应形成对特殊儿童的评估与诊断能力、形成特殊教育学校（随班就读）教育教学能力；广东第二师范学院要求教师掌握特殊教育专业技能，具备特殊教育教学多种实践能力，能适应不同教学组织形式下的特殊教育教学，有效实施特殊儿童康复训练；广州体育学院要求特教师资具备从事残疾人体育教学、训练以及残疾人体育竞赛组织与管理的能力，具备指导残疾人进行体育锻炼和康复治疗的能力。

（3）评估能力

良好的评估不是一个评判的结果，而是可以促进特殊学生发展的手段。因为客观评估可以让教师更加全面和深入地了解学生，从而选择更适合其需要的教育安置和教学策略。华南师范大学提出特教师资要形成对特殊儿童的评估与诊断能力，广东第二师范学院也提出特教师资应该掌握特殊儿童评估的基本方法。

（三）注重教师师范技能的培养

四所高校的特殊教育专业都属于师范专业，因而在其培养目标中比较重视师范生基本技能的培养。如广东第二师范学院要求特殊教育师资具备准确、流利的口头表达和书面表达能力；岭南师范学院要求特殊教育师资具备英语听、说、读、写能力，掌握计算机科学的基本知识和技能，具有运用计算机进行信息处理的能力,能够较好地制作课件,具备运用计算机服务教学工作的能力;广州体育学院要求特殊教育师资具有运用计算机的基本能力,达到大学英语二级或相当于二级以上水平,普通话达到二级乙等水平。

华南师范大学、广东第二师范学院、岭南师范学院、广州体育学院的特殊教育专业培养目标及要求如表3-7所示。

表3-7 广东四校特殊教育专业培养目标及要求①

学校	特殊教育专业培养目标	特殊教育专业培养要求
华南师范大学	总体目标:通过本专业学习,成长为具有良好的公民意识、优良的特殊教育职业道德、扎实的特殊儿童教育和康复基础知识,探究创新能力与实践动手能力强、素质全面的特殊教育复合型高级专门人才。 目标1:养成良好的公民素养,模范遵守国家法律与政策; 目标2:养成优良的特殊教育职业道德及专业的特殊教育精神; 目标3:构建特殊儿童教育与康复的理论素养、实践技能和反思、创新、相互支持的卓越品质; 目标4:构建教康整合、医教结合的复合型素养结构; 目标5:形成终身生涯发展的基础性能力	总体要求:具备高尚的社会责任感,养成人道、平等、博爱、融合、专业的特殊教育理念,系统掌握特殊儿童发展、教育教学和康复训练的基础性知识,形成特殊教育教学能力、康复服务能力和残疾人相关事业的支持能力。 知识结构:①系统掌握教育学和心理学的基本理论知识;②系统掌握特殊儿童发展的相关知识;③熟悉和有效应用残疾人事业和特殊教育的相关法律与政策;④系统掌握特殊教育教学的基础性知识;⑤熟练掌握特殊儿童康复的基础知识。 能力结构:①形成特殊儿童的评估与诊断能力;②形成特殊教育学校(随班就读)教育教学能力;③形成特殊教育(随班就读)班级管理能力;④形成特殊教育支持性资源的获取与整合能力;⑤形成特殊教育的研究创新能力;⑥形成一种或多种特殊儿童康复训练能力。 素质要求:①养成合格的公民素养;②养成较为深厚的文化素质;③养成卓越的教师专业素质;④养成人道、平等、博爱、融合、专业的特殊教育素质;⑤养成问题探究和行动反思的创新素质

---

① 根据华南师范大学《特殊教育(师范)专业培养方案》(2012)、广东第二师范学院《特殊教育本科专业人才培养方案》(2014)、岭南师范学院《特殊教育(师范类)专业人才培养方案》(2013)和广州体育学院《特殊教育专业(体育)本科人才培养方案》(2013)整理而成。

续上表

学校	特殊教育专业培养目标	特殊教育专业培养要求
广东第二师范学院	培养具有健全人格、社会责任感和创新能力，掌握特殊教育专业的基础理论和基本技能，具备提升人生价值的多方面素养，能够胜任特殊教育教师工作及基本胜任中小学具体学科教学工作，具有初步研究能力和良好师德的复合型特殊教育专业人才	学生综合素质培养目标：①具备准确、流利的口头表达和书面表达能力；②乐于探究并善于用新方法来提高解决问题的有效性；③尊重别人并得到别人的尊重，通过沟通和合作来实现愿景；④养成健康的生活方式和理性的思考方式，以及愿意为理想奋斗的意愿；⑤具备终身学习的能力和习惯。 专业人才培养规格要求：①专业理念与师德：建立科学民主的公民观和合作意识以及现代教育观、融合教育观；爱国守法、遵守社会公德、维护社会公平正义。②专业知识与能力：系统掌握特殊教育基础知识，关注特殊教育发展的前沿与动态，具有初步的科学研究能力；掌握特殊教育专业技能，具备特殊教育教学多种实践能力；掌握特殊儿童评估的基本方法；能适应不同教学组织形式下的特殊教育教学，有效实施特殊儿童康复训练；具有良好的心理素质、较强的意志力和心理自我调节能力，具有良好的思辨能力和身体素质

续上表

学校	特殊教育专业培养目标	特殊教育专业培养要求
岭南师范学院	本专业旨在培养具备心理学基础知识和多元专长的优秀特殊教育教师，以及理论与实务结合，具有驾驭课堂的教学力、体验反思的教研力、协同创新的实践力、心志专一的坚持力和为人师表的引导力，能在各级各类学校及相关培训机构从事特殊教育教学实务、科学研究、管理工作以及相关专业服务的专门人才	本专业学生要具备本学科或领域的专门知识，熟悉特殊需要学生的身心特质、教材教法和相关的工作技能，掌握特殊教育的教学方法，具有高度的奉献精神和挫折容受力，以及"有教无类"的教育理念和实践因材施教的理想。毕业生应获得以下七方面的知识、技能和素养： ①具有人文学科、社会学科的基础知识及相应的人文素养和科学素养，具有一定的体育和军事基本知识，掌握科学锻炼身体的基本技能和方法，养成良好的体育锻炼和卫生习惯，具有健全的心理和健康的体魄； ②具备英语听、说、读、写能力，掌握计算机科学的基本知识和技能，具有运用计算机进行信息处理的能力，能够较好地制作课件，具备运用计算机服务教学工作的能力； ③掌握特殊教育的基本理论和基本知识，具有一定的外文阅读能力，了解相近专业的一般原理和知识； ④掌握相关的统计、测量和实验方法，具有调查问卷设计、实验设计、统计软件使用、数据处理和计算机应用的能力； ⑤掌握特殊教育及相关专业（如学校心理学、社会工作、心理咨询、康复医学）的基本理论、基本技能和实证研究方法； ⑥了解特殊教育及相关学科的理论前沿、应用前景和最新发展动态； ⑦掌握资料查询、文件检索及运用现代信息技术获取相关信息的基本方法；具有一定的文献梳理、分析实验和调查结果、撰写论文、参与学术交流的能力

续上表

学校	特殊教育专业培养目标	特殊教育专业培养要求
广州体育学院	本专业培养德、智、体、美全面发展，掌握特殊（体育）教育及残疾人康复的基本理论、基本知识和基本技能。本专业主要培养在特殊学校、残疾人康复机构、福利院、残疾人体育机构、中小学校等部门从事残疾人体育教学、运动训练与竞赛以及康复训练，组织并指导残疾人进行体育锻炼和康复治疗的应用型人才	①坚持四项基本原则，热爱祖国，拥护中国共产党领导和社会主义制度，努力学习和掌握邓小平理论、"三个代表"重要思想、"科学发展观"基本原理和习近平新时代中国特色社会主义思想；具有正确的世界观、人生观与价值观，遵纪守法，爱岗敬业，勤奋好学，刻苦训练，忠诚于祖国和人民，成为有理想、有道德、有文化、有纪律的社会主义建设者；具有良好的思想品德、社会公德、健全的人格和心理素质，以及为残疾人事业努力工作的奉献精神和志向； ②熟悉我国有关残疾人体育事业发展的方针、政策和法规，了解国内外特殊教育发展的现状和趋势；掌握特殊教育和体育工作的基本知识与技能，具备从事残疾人体育教学、训练以及残疾人体育竞赛的组织与管理的能力；掌握特殊教育学及残疾人康复等相关知识，具备指导残疾人进行体育锻炼和康复治疗的能力；了解本专业及其相关学科的发展动态和理论前沿，掌握文献检索和资料查询的基本方法，具备初步的科学研究能力； ③英语、计算机和普通话方面的要求：具备利用工具书阅读本专业外文资料的能力；具备运用计算机的基本能力；达到大学英语二级或相当于二级以上的水平；普通话达到二级乙等水平

第四节 三地特殊教育师资培养目标比较

综观台湾、香港、广东三地的特殊教育师资培养目标，对照全纳的特教师资培养目标，他们在全纳教育理念及全纳教育知识与能力上要求的异同便呈现了出来。

一、全纳教育理念的培养比较

教育理念引导着教师的教育行为,在某种程度上决定着教育的性质与质量。作为具体实施全纳教育的特殊教育教师,应该具备全纳的教育理念。全纳教育积极倡导追求平等、尊重差异、鼓励参与的教育理念,这就要求应培养特教师资具有相应的教育理念。

(一) 主张平等教育理念的培养比较

作为特教教师,应本着平等的教育理念,公正地对待每一位儿童,从而使每一位儿童都能得到适合的教育。

台湾的特殊教育师资培养目标中,注重培养特教师资尊重并关怀每一位有特殊需求者,就是基于平等的教育理念而确定的。人生而平等,理应相互尊重,所以特教教师应该尊重每一位特殊儿童,并主动给予关怀。台湾师范大学在培养目标中,要求特教师资能接纳有特殊需求者并主动关怀;彰化师范大学要求在特教师资培养中陶冶学生关怀弱势的热忱与情操;新竹教育大学则希望所培养的师资能因了解而关怀、尊重每位特殊需求者。

香港的特教师资培养目标中积极倡导平等的理念,如要求教师理解及帮助学生发展,关爱和支持他们将教到的不同人群;对残疾、平等机会和共享权益有深切认识,协助有特殊教育需要的人士融入社群等,无不体现着对特殊需求儿童的关怀、尊重和支持,而这正是平等教育理念的精髓。

广东的特殊教育师资培养目标中,对于平等教育理念的熏陶也有所提及。如华南师范大学提出要培养教师养成人道、平等、博爱、融合、专业的特殊教育素质;广东第二师范学院要求特教教师要树立科学民主的公民观,维护社会公平正义。

(二) 尊重多样性教育理念的培养比较

每一个儿童都有其不同的特质,这就形成了教育现场中的多样性需求。多样性包含了相似性和差异性,正是差异性构成了丰富多彩的社会群体。我们应该承认差异无处不在,并且尊重由这些差异所带来的多样性。特教师资则应正确了解学生的多样性,并掌握多样化的教学方式和策略,以有能力满足多样化的需求。

台湾师范大学要求特教师资"能了解各类特殊学生之特质与相关议题","能熟悉特殊教育学生所需之各种教学方式与策略",其前提就是基于尊重学生多样性的教育理念。新竹教育大学提出的关于特殊教育课程设计与教学知能的六个核心能力,突显的就是"适性"原则。不尊重学生的多样性,不了解学生的多样性,何来"适性"教育?所以"适性"的前提也是尊重多样性的原则。

香港推出了融合教师的五年培养架构,并从2004—2005学年开始推广"照顾不同学习需要"的课程,其目的就是让教师认识到学生的不同学习需要,尊重这种多样性,并支持这种多样性的发展。

在广东的四所高校中,广东第二师范学院提出教师要具备特殊教育教学所需的多种实践能力,能适应不同教学组织形式下的特殊教育教学,其前提也是尊重多样性,并储备相关的知识和能力以面对学生的多样性。

(三) 鼓励参与和合作教育理念的培养比较

任何社会中的人都不是孤立的,人的社会性决定了其群体性。只有积极参与到群体活动中并与他人合作,才能被人接纳,也才有被接纳感,否则排斥感和孤独感就会随之而来。特教师资应该积极参与各项活动,并能与不同的人及相关团队合作。

台湾的特殊教育师资培养目标中,注重参与和合作理念的渗透。如新竹教育大学要求特教师资具备与其他特教专业团队合作的知能,彰化师范大学也提出了培养教师团队合作知能的目标,这些都是鼓励教师积极参与,多方合作,在亲身体验中践行鼓励参与和合作的教育理念。

香港的特殊教育师资培养目标中也注重培养参与和合作的教育理念。香港积极推动"全校参与"模式的全纳教育,所以在师资培养中鼓励教师参与各项专业及社会事务,与其他教师、学生、家长保持沟通,通力合作,促进特殊儿童的健康成长。

广东的特殊教育师资培养目标中,广东第二师范学院提出了要建立合作意识,通过沟通和合作来实现愿景。

二、全纳教育知识和能力的培养比较

随着全纳教育的推广和迅速发展,特殊教育教师需要为支持所有学生的需要而提供更为广泛的服务,这就要求他们应具备全纳教育的知识和能力。在全纳教育的视角下,有三方面的能力显得尤为重要,分别是满足多样化学习需要的能力、团队合作的能力及发展评价的能力。在特教师资培养中,应该着力培养教师这三方面的能力。

(一)"满足多样化学习需要"能力的培养比较

特教师资面对的是具有不同特质的学生,因而需要了解学生的多样性,明确因其特质而在学习过程中可能会遇到的具体困难和症结所在,掌握多样化的教学方式和策略,以便为每一位特殊需求者提供适性的教育,满足学生的多样化学习需要。

台湾的特教师资培养目标中,特别注重培养教师"满足多样化学习需要"的能力。台湾师范大学要求教师能了解各类特殊学生的特质及相关议题,能进行特殊教育相关资源的整合,能透过个别化教育计划达成个别化教学,能熟悉特殊教育学生所需的各种教学方式与策略,等等,这些知识和能力的培养都基于满足学生的多样化学习的需要。彰化师范大学要求教师熟练掌握特殊学生教学与辅导的知能,熟悉个案评量与相关报告撰写的能力,具备独立分析、解释并处理、教导特教学生的各式问题的能力,同样是为了培养师资"满足多样化学习需要"的能力。新竹教育大学要求教师能针对不同特殊教育班别的特性来设计课程,能为特殊需求学生制定适性的个别化教育计划,能依据特殊学生的需求选用适性的教学方法与策略,能根据特殊学生的需求编制教材教法并制作教具,并能依据学生的学习反应与评量结果调整教学,这些都是为了满足学生的多样化学习需要而应该具备的知识和能力。

香港的"照顾不同学习需要"课程是为满足学生多样化的学习需要而开设的。香港对于在每间融合学校中修读过这一课程的教师的比例都有具体的规定和要求,其实质就是大力培养教师为满足学生多样化学习需要而应具备的知识和能力,以此积极投身于全纳教育中,推动全纳教育的大力发展。

广东的特殊教育师资培养目标中,广东第二师范学院明确提出教师要具备特殊教育教学的多种实践能力,其余高校主要是通过要求教师系统掌握特殊儿童发展的相关知识,形成特殊教育学校(随班就读)教育教学的能力,来满足学生的多样化学习需要。

(二)团队合作能力的培养比较

在全纳教育的背景下,学生的多样性决定了教师更需要团队合作的精神,依靠团队的力量来解决多样化的问题。特殊教育教师应该与其他特殊教育工作者、普通教育工作者、特殊儿童家长及相关人士和团队相互合作,共同努力,为特殊儿童提供高质量的服务。

台湾的特殊教育师资培养目标中注重培养教师的团队合作能力。如台湾师范大学要求特教师资能进行特殊教育相关资源的整合与专业合作;彰化师范大学提出要培养教师资源整合与团队合作的知能；新竹教育大学为了让特教师资具备与其他特教专业团队合作的知能，要求教师能了解特教相关领域的基本知识，能熟悉特教相关服务机构及其运作方式，在此基础上，才能进行特教相关团队的合作与沟通；同时，还要求教师能亲师合作并引导家庭支持，注重家校合作。

香港的特殊教育师资培养目标中也注重培养教师的团队合作能力，如发展与学生的合作，能理解及协作帮助学生发展；发展与学校、家庭及社区的合作，协助有特殊教育需要的人士融入社群，改善生活质量。

广东的特殊教育师资培养目标中，对于团队合作能力的培养提及较少，其中广东第二师范学院明确提出特教师资应建立合作意识。

（三）发展评价能力的培养比较

在全纳教育的情境中，开展评价的目的是全面了解学生，鉴别并减少教育环境中妨碍学生积极参与的障碍，主动寻找可资利用的各种教育资源，创设更加融合的环境，为学生提供适合其特质的个性化教育。因此，特殊教育教师应该明确评价的宗旨，掌握评价的方法和策略，有效地开展评价。

台湾的特殊教育师资培养目标中对评价能力培养的内容有所提及，如台湾师范大学提出教师要能从事特殊教育学生的鉴定与评量工作；彰化师范大学要求教师熟悉个案评量；新竹教育大学也要求教师能从事特殊需求学生的鉴定与评量工作，并能依据学生的学习反应与评量结果调整教学。

香港的特殊教育师资培养目标中关注教师评价能力的培养，如特教师资专业能力理念架构在"教与学"的范畴中要求教师应掌握评核与评估的方法和计划，在特教师资培养课程中提出要深入探讨各类特殊需要，以及评鉴有关学习支持及干预策略的成效。

广东的特殊教育师资培养目标中也有提及对于评价能力的培养，如华南师范大学要求教师形成特殊儿童的评估与诊断能力，广东第二师范学院也要求教师掌握特殊儿童评估的基本方法。

第四章 特殊教育师资培养课程分析

第一节 台湾的特殊教育师资培养课程

一、台湾特教师资培养课程的演变

就课程导向模式而言,台湾与美国类同,属于教师资格证书导向模式。这种课程设置以国家或地区的教师资格标准为依据,课程内容以人才培养全面达到法定的教师资格标准为目的。台湾历来对于特殊教育教师资格有明确的规定,随着其资格标准的变化,特教师资培养课程内容也主要经历了五个阶段的调整。

(一) 第一次调整

1975年,台湾地区的教育部门颁布了"特殊学校教师登记办法",规定特殊教育教师资格申请中,申请者须修习特殊教育科目达16个学分以上,才能申请登记。应修的课程及学分情况如表4-1所示。

表4-1 1975年台湾规定的特殊教育教师应修习学分情况[①]

科目及组别		课程(学分)
共同必修科目		特殊儿童心理与教育(3学分)、特殊儿童教育诊断(3学分)
分组必修科目	视觉障碍组	定向与行动(2学分)、眼科学(2学分)、视障儿童教材教法(4学分)、教学实习(2学分)
	听觉障碍组	语言沟通法(2学分)、听力学(2学分)、听障儿童教材教法(4学分)、教学实习(2学分)

---

① 根据台湾地区教育部门1983年发布的"特殊教育研讨会报告"整理。

续上表

科目及组别		课程（学分）
分组必修科目	肢体伤残组	机能训练（2学分）、复健医学（2学分）、肢体伤残儿童教材教法（4学分）、教学实习（2学分）
	智能不足组	行为改变技术（2学分）、智能不足研究（2学分）、智能不足儿童教材教法（4学分）、教学实习（2学分）
	资赋优异组	创造力与特殊才能（2学分）、人格发展与辅导（2学分）、资赋优异儿童教材教法（4学分）、教学实习（2学分）

（二）第二次调整

1987年，台湾发布"特殊教育教师登记及专业人员进用办法"，重新规定申请特殊教育教师资格者需修习特教教师专业学分20学分。应修的课程及学分情况如表4-2所示。

表4-2　1987年台湾规定的特殊教育教师应修习学分情况[①]

科目及组别		课程（学分）
共同必修科目		特殊儿童心理与教育（3学分）、特殊儿童教育诊断（3学分）
分组必修科目	视觉障碍组	定向与行动（2学分）、眼科学（2学分）、特殊教育教材教法（4学分）、特殊教育教学实习（2学分）、特殊教育专题研究（4学分）
	听觉障碍组	语言沟通法（2学分）、听力学（2学分）、特殊教育教材教法（4学分）、特殊教育教学实习（2学分）、特殊教育专题研究（4学分）
	肢体伤残组	机能训练（2学分）、复健医学（2学分）、特殊教育教材教法（4学分）、特殊教育教学实习（2学分）、特殊教育专题研究（4学分）

---

① 根据台北教育研究委员会1987年发布的"特殊教育教师及专业人员选用办法"整理。

续上表

科目及组别		课程（学分）
分组必修科目	智能不足组	行为改变技术（2 学分）、智能不足研究（2 学分）、特殊教育教材教法（4 学分）、特殊教育教学实习（2 学分）、特殊教育专题研究（4 学分）
	一般能力优异组	创造力与特殊才能（2 学分）、人格发展与辅导（2 学分）、资赋优异教育教材教法（4 学分）、一般能力优异教学实习（2 学分）、资赋优异教育专题研究（4 学分）

（三）第三次调整

1995 年，台湾公布"大学院校教育学程师资及设立标准"，规定特殊教育教师教育学程中共须修习 40 学分。其中，包括一般教育专业科目 10 学分，特殊教育共同专业科目 16~20 学分，以及特殊教育各类组专业科目 10~14 学分。应修的特殊教育课程和学分情况如表 4-3 所示。

表 4-3 1995 年台湾规定的特殊教育教师应修习的特殊教育相关课程及学分情况①

科目及组别		课程（学分）
特殊教育共同专业科目		共同必修科目及学分（8 学分）：特殊儿童导论（3 学分）、特殊儿童鉴定与评量（3 学分）、特殊教育教学设计（2 学分）
		选修科目及学分（8~12 学分）：特殊教育教学策略、特殊教育课程发展、行为改变技术、特殊学生亲职教育、语言发展与矫治、知觉动作训练、资源教室经营、科技在特殊教育的应用、特殊教育行政与法规、人体生理学、社会工作、个案研究（各 2 学分）
特殊教育各类组专业科目	视觉障碍组	定向与行动、眼科学、点字学、定向与行动实习、视障教育工学、感觉与知觉（各 2 学分）
	听觉障碍组	听能训练、语言沟通法、沟通障碍学导论、听力学、手语研究、说话训练、感觉与知觉（各 2 学分）

---

① 傅秀媚. 特殊幼儿教育诊断 [M]. 台北：五南图书出版有限公司，2001：138-143.

续上表

科目及组别		课程（学分）
特殊教育各类组专业科目	肢体障碍组	复健医学概论、机能教育、义肢装具学、复健心理学、生活训练（各2学分）
	智能障碍组	行为改变技术、生活训练（学前或小学阶段）、职业训练（中等教育阶段）、沟通技巧训练、人体生理学、科技与辅助教学（各2学分）
	语言障碍组	语言发展与矫治、语言病理与治疗技术、语言病理与评量、语言学导论、语言沟通法、沟通辅具应用、沟通障碍学导论（各2学分）
	学习障碍组	学习障碍导论、学习障碍与补救教学、学习障碍儿童教学策略、神经心理学、阅读障碍（各2学分）
	性格或行为异常组	偏差（异常）行为研究、行为改变技术、儿童（青少年）精神医学、社交技能训练、咨商原理与实务（各2学分）
	自闭症组	自闭症语言沟通、偏差（异常）行为研究、自闭症研究（各2学分）
	多重障碍组	多重障碍研究、多重障碍沟通训练、多重障碍生活训练、多重障碍照护技巧（各2学分）
	一般能力优异组	资优学生心理辅导、领导才能训练、创造力研究、人格发展与辅导、独立研究指导（各2学分）
	特殊才能资赋优异组	音乐教育与音乐行为、音乐行为评量、学生音乐基础能力训练、美术发展与鉴赏心理、美术制作与技能专题研究、美学、舞蹈创作论、舞蹈美学、舞蹈生理与解剖、舞蹈伤害、舞蹈创作论、营养学、动作与节奏、舞蹈编导、作品鉴赏与评论、创造力与特殊才能、动作分析、舞蹈研究法、特殊才能训练（指导）法、特殊才能运动科学研究（各2学分）

（四）第四次调整

2003年，台湾对"大学院校教育学程师资及设立标准"进行修正，发布了"大学设立师资培育中心办法"，规定由地区教育部门制定各类学程课程。

特殊教育职前教育课程包括普通课程、专门课程、教育专业课程和教育实习课程四部分；其中，普通课程是学生应修习的共同课程；专门课程是为培育教师任教学科、领域专长的专门技能课程；教育专业课程是为培育教师师资科类所需教育技能的教育学分课程；教育实习课程是为培育教师的教学实习和行政实习能力而设的课程。

台湾"特殊教育教师师资职前教育课程教育专业课程科目及学分"中规定，特殊教育教师教育学程共40学分，其中包括一般教育专业科目10学分、特殊教育共同专业科目10学分，以及特殊教育各类组（资赋优异类或身心障碍类）专业科目20学分。应修的特殊教育课程和学分的情况如表4-4所示。这样的学分要求也成为各正规特殊教育师资培育大学特殊教育学系课程的基本架构。

表4-4　2003年台湾规定的特殊教育教师应修习的特殊教育相关课程及学分情况①

科目及类别			课程（学分）
特殊教育共同专业科目			共同必修科目及学分（10学分）：特殊教育导论（3学分）、特殊教育学生评量（3学分）、特殊教育教学实习（4学分）
特殊教育各类组专业科目	资赋优异类	必修课程	必修（12学分）： ①资优教育概论（2学分）、资赋优异学生教材教法（4学分）； ②以下9科至少选3科：创造力教育、领导才能教育、资优学生心理辅导、资优学生独立研究指导、资优教育专题研究、数学资优教育、科学资优教育、语文资优教育、艺术才能优异教育（各2学分）
		选修课程	以下至少选修8学分：多元智能理论与应用、资优学生生涯辅导、资优学生个别化教育计划、特殊族群资优教育、资优学生亲职教育、高层思考训练、资优教育模式、资源教室方案与经营、特殊教育行政与法规（各2学分）
	身心障碍类	必修课程	必修（10学分）： ①个别化教育计划的理念与实施（2学分）、身心障碍学生教材教法（4学分）； ②以下4科至少选2科：特殊教育论题与趋势、行为改变技术、特殊儿童发展、亲师合作与家庭支持（各2学分）

---

①　根据台湾教育部门"特殊教育教师师资职前教育课程教育专业课程科目及学分"相关内容整理。

续上表

科目及类别			课程（学分）
特殊教育各类组专业科目	身心障碍类	选修课程	以下至少选修10学分：资源教室方案与经营、专业合作与沟通、特殊教育行政与法规、科技在特殊教育中的应用、特殊教育班级实务、特殊教育环境规划、身心障碍学生生涯与转衔、身心障碍学生职业教育、特殊教育学生两性教育、个案研究、定向行动、视觉障碍、点字与视觉辅具、眼科学、视觉障碍学生教材教法、听觉障碍、听力学、语言沟通法、听能与说话训练、手语、听觉障碍学生教材教法、智能障碍、生活技能训练、适应体育、智能障碍学生教材教法、重度与多重障碍、重度与多重障碍学生教材教法、儿童认知与学习概论、学习障碍、学习困难与补救策略、沟通障碍、语言发展与矫治、沟通训练、沟通辅具应用、早期介入概论、学前特教学生教材教法、情绪障碍、社会技能训练、严重问题行为处理、自闭症、自闭症学生教学策略（各2学分）

（五）第五次调整

2013年6月，台湾发布了"师资职前教育课程教育专业课程科目及学分对照表实施要点"，同时废止了"中等学校、'国民'小学教师师资职前教育课程教育专业课程科目及学分""幼稚园教师师资职前教育课程教育专业课程科目及学分"及"特殊教育教师师资职前教育课程教育专业课程科目及学分"三个文件。新文件对于中等学校教师、"国民"小学教师、幼儿园教师、特殊教育教师和中小学教师五个类别的师资职前教育课程教育专业课程科目及学分进行了整体安排和重新调整。其中，特殊教育教师教育学程共同专业科目及特殊教育各类组（资赋优异类或身心障碍类）专业科目及学分情况如表4-5所示。

表4-5 2013年台湾规定的特殊教育教师应修习的特殊教育相关课程及学分情况①

科目及组别			课程（学分）
特殊教育共同专业科目			共同必修科目及学分（10学分）：特殊教育导论（3学分）、特殊教育学生评量（3学分）、特殊教育教学实习（4学分）
特殊教育各类组专业科目	资赋优异类	必修课程	必修至少10学分：资赋优异教育概论（2学分）、资赋优异教材教法（4学分）、资优学生心理辅导与情意教育（2学分）、创造力教育（2学分）
		选修课程	选修至少10学分：领导才能教育、资优学生独立研究指导、资优教育专题研究、多元智能理论与应用、资优学生生涯辅导、资优学生个别辅导计划、特殊族群资优教育、资优学生亲职教育、高层思考训练、资优教育模式、资源教室方案与经营、特殊教育行政与法规、区分性课程与教学、资优教育支援与资源、资优学生个案研究与追踪、数学资优教育、科学资优教育、语文资优教育、艺术资优教育（各2学分）；学术性向分殊性专长（①学术性向资优学生评量与实务、②学术性向资优教育课程发展、③创造力与学术性向发展，各2学分）；艺术才能分殊性专长（①艺术才能优异学生评量与实务、②艺术才能优异教育课程发展、③创造力与艺术才能发展，各2学分）
	身心障碍类	必修课程	必修至少10学分：个别化教育计划的理念与实施（2学分）、身心障碍教材教法（4学分）； 以下4科至少选2科：特殊教育行政与法规、融合教育理论与实务、应用行为分析、特殊教育课程调整与教学设计（各2学分）

---

① 根据台湾教育部门"师资职前教育课程教育专业课程科目及学分对照表实施要点"整理。

续上表

科目及组别			课程（学分）
特殊教育各类组专业科目	身心障碍类	选修课程	选修至少10学分：资源教室方案与经营、特殊教育教师专业伦理、专业合作与沟通、科技在特殊教育中的应用、特殊教育班级实务、特殊教育环境规划、亲师合作与家庭支援、特殊教育学生性别平等教育、身心障碍学生生涯与转衔、身心障碍学生职业教育、巡回辅导与在家教育、个案研究、特殊教育论题与趋势、特殊儿童发展、行为改变技术、定向行动、视觉障碍、点字与视觉辅具、眼科学、视觉障碍教材教法、听觉障碍、听力学、语言沟通法、听能与说话训练、手语、听觉障碍教材教法、智能障碍、生活技能训练、适应体育、智能障碍教材教法、重度与多重障碍、重度与多重障碍教材教法、儿童认知与学习概论、学习障碍、学习困难与补救策略、学习障碍教材教法、沟通障碍、语言发展与矫治、沟通训练、沟通辅具应用、沟通障碍教材教法、早期介入概论、学前特教教材教法、情绪行为障碍、社会技能训练、严重问题行为处理、情绪行为障碍教材教法、自闭症、自闭症学生教学策略、自闭症教材教法（各2学分）

二、台湾特教师资培养课程的特点

从台湾特殊教育专业课程的演变，可以窥探其特点及发展趋势。

（一）综合性

台湾地区特殊儿童的教育安置途径有特殊学校、特殊班、资源班、巡回辅导、床边教学和普通班六种方式。①特殊学校包括启聪学校、启明学校、启智学校、仁爱学校和综合型特殊教育学校五种，这类学校有受过专业训练的特殊教育教师及其他相关专业人员（如语言治疗师、物理治疗师、职能治疗师等），课程与教学设施等也是围绕特殊教育对象的需要而展开的。②特殊班是指附设于普通学校而以特殊学生为招收对象的特殊教育班级，也称为自足式特殊班。特殊班包括资赋优异班（音乐班、美术班、舞蹈班及体育班）、启智班、启聪班、启仁班等。③资源班是指接受该种措施的特殊学生部分时间在普通班与普通学生一起上课，部分时间到资源教室接受资源教师的指导；资源班分为单类资源班和跨类资源班两种。④巡回辅导是指将特殊

学生安置于普通班中,由经过训练的巡回教师在不同学校之间提供巡回服务;对无法到校接受教育的重度障碍学生,还提供"在家教育"巡回辅导服务。⑤床边教学,这类教育安置针对卧病治疗3~6个月,或病情严重、不适宜继续上学,或者卧病于医院或疗养院中、无法离开病床的学龄儿童进行辅导。⑥普通班接受特教服务,指对就读于普通班但需要接受除了资源班及巡回辅导以外的特殊教育及相关服务的特殊教育学生,采用个别化教育计划,提供符合其需求的特殊教育、复健治疗、教育辅助器材、无障碍环境、行政支持等直接或间接的协助①。

随着全纳教育的深入推动,在台湾,越来越多有不同特殊教育需求的学生在普通班学习。台湾相关法规的推动亦顺应此潮流,其中"特殊教育法"规定障碍学生安置须以最少限制的环境为原则,其施行细则规定特殊教育学生就学以就近入学为原则,障碍学生安置以安置在融合教育环境中的幸福为主要考量,而并非考量障碍类别来作安置。不分类资源班是主要的安置环境。以2006年为例,在六种安置形式中,普通班占34%,分散式资源班占33%,巡回式辅导班占7%,这三种安置形式都是不分类地将特殊儿童全部时间或部分时间安置在普通班中。这一发展趋势对于特殊教育教师提出了更高的要求,以往仅仅专长于某一障碍类别的教师在这种不分类环境中越来越感觉力不从心,这就要求特殊教育教师的专业知识须更加广博、更具综合性。台湾各大学院校在特殊教育教师培育中,通常采取特殊教育类课程必修加分组选修的方式,使所培养的师范生在具备特殊教育基本理论和技能的基础上,对特定领域的特殊儿童教育有所专长。1995年之前区分了5种障碍类别,1995年之后更加细致、精准,共区分了11种障碍类别。从2003年开始,特殊教育专业课程仅分为两大类,即身心障碍类和资赋优异类。课程设置呈现综合化倾向,从为一种儿童设置课程转向为一类或几类儿童课程综合化的方向发展。如身心障碍类选修课程"专业合作与沟通""身心障碍学生生涯与转衔""身心障碍学生职业教育"等的设置就不单单是指向某一类儿童,而是面向所有身心障碍类儿童,极具综合性。

(二)融合性

随着全纳教育的推广,普通学生和有特殊教育需求学生的学习环境进一步深入融合。特殊教育教师面临的教学环境要求其不仅应具备特殊教育的知识和能力,也应兼具普通教育的知识和能力。这就要求在师资培养过程中,

---

① 根据台北市教育部门"2006年度特殊教育统计年报"整理。

要实现普通教育和特殊教育培养课程的有机融合,以及加强学科知识和特殊教育知识的有机融合。目前来看,台湾地区共有13所高等院校设有特殊教育系,3所大学师资培育中心开设有特教课程,目标是培育学前、小学、中学的特殊教育师资,特殊教育专业的学生可以通过双主修、辅修等方式获得普通教育方面的学分,其他专业二年级以上本科生及硕士生、博士生可以辅修或选修以获得特殊教育学分。此外,还开设了学士后特殊教育学分班,使大学毕业生可以通过特殊教育课程学习获得一定学分,然后参加半年的教学实习,教师资格检定考试合格后可获得特殊教育教师资格。

(三)灵活性

课程设置的灵活性主要体现在必修课和选修课的比例上。1995年之前,台湾特教师资培养课程中没有选修课程,学生只能根据开设的科目学习,没有选择的余地。1995年之后,在特殊教育专业课程中,选修课程占到三分之一强。在2003年的调整中,身心障碍类选修课程达41种,到2013年更达50种之多,学生选择的范围不断拓宽,自主性明显增强。

各大学、院校在特殊教育教师培育中,通常采取特殊教育类课程必修加分组选修的方式,使所培养的师范生在具备特殊教育基本理论和技能的基础上,对特定领域的特殊儿童教育有所专长。非特殊教育专业的其他科系学生也可以通过特殊教育专业学分班以及辅系等方式学习特殊教育课程。

(四)针对性

随着特教教师专业化的不断发展,特教教师的知识结构也在发生变化,从原来单一的教学知识向诊断、评估鉴定、设计方案、教育和研究等综合性知识结构发展。台湾特殊教育教师资格考试的内容包括语文能力测验、教育原理与制度、特殊教育学生评量与辅导、特殊教育课程与教学等内容,注重实际操作能力考核。这就对师资培养课程提出了更高的要求,既要注重理论知识的学习,更应重视实操能力的培养。随着师资培养课程的不断调整,更具针对性和实操性的科目不断增多。比如"特殊教育学生评量"作为特殊教育共同专业科目,侧重培养教师的评估鉴定能力;"资源教室方案与经营"和"特殊教育环境规划"等科目主要培养教师的规划设计能力。全纳教育主张尊重差异,针对不同的特殊教育需求,倡导实施个别化教育计划。因此,"个别化教育计划的理念与实施"科目成为身心障碍类对应师资的必修课程。

第二节 香港的特殊教育师资培养课程

一、香港特教师资培养课程的演变

我国香港主要对在职特殊教育师资进行培训,以提升其专业素养,促进专业化发展。随着全纳教育的不断发展,香港的在职特教师资培养课程经历了若干不同的发展阶段。

香港教育局于 1960 年成立特殊教育组,只为特殊学校及残疾学童特别班的在职教师提供特殊教育培训。特教课程以一年制兼读形式(part-time course)举办,60 小时的培训课程中附设到校观课指导与视学的内容。培训课程以分门别类的专科内容为主,包括盲童(the blind)、聋童(the deaf)、肢体伤残(the physically handicapped)及学习迟缓(the slow learning)儿童教育,而培训人员则主要来自社会福利署和医务卫生署。

1978 年香港推行普及基础教育计划,特殊教育需求不断扩充。不仅特殊教育学校不断增多,有特殊教育需求的学生也越来越多地进入普通学校学习。然而,当时任职特殊学校及特殊教育班的教师,在入职前并无规定必须接受特殊教育训练,故香港教育署开办的特教培训课程仍只限于特殊学校及特殊教育班的在职教师。为应付日渐复杂的特殊教育需要,特教师资培训课程在 1982 年由一年制 60 小时的兼读课程改为两年制兼读的 360 小时课程。

为回应日趋庞大的特教师资培训需求,柏立基教育学院(现香港教育学院)于 1987 年开始提供 16 周整段时间给假制及随后 18 个月实习督导的调训课程,让特教培训更有效率及更专业化。而上课及导修时数也由两年兼读制的 360 小时增加至 480 小时,且增加了不同的选修科目。特教培训课程内容也从单纯的感官残障儿童教育,发展至包括教导学习有困难儿童、弱智儿童、弱视儿童、失聪儿童、情绪有问题及缺乏照顾的儿童、弱能儿童,以及管理对学习言语和语文有困难的儿童,藉以加强受训者对自己任教的学生类别(专修科)及其他特殊教学需要(选修科)的认识。

在特殊教育需要增加的同时,特殊学校的教师流失率却一直偏高。有鉴于此,香港教育局在 1993 年同时推出"复修训练课程"及"在职特殊教育教师训练课程"。一年制兼读"复修训练课程"为有五年特教经验,或需转往任教不同类别特殊学校的在职教师提供 150 小时的训练;而"在职特殊教育教师训练课程"属一年全日制受薪课程，并附设随后一年在原任学校的实习辅导；希望借提高课程的教授时数和专业性来吸引和挽留特殊教育教师，从而减低流失率。在职特殊教育教师训练课程包括在首年有 50% 的主修选科、20%～30% 的副修选科和 20%～30% 的核心课程，连同 8 周的实习，以及在第二年的实习，相较以前的 16 周整段给假模式只有 50% 的专题研读、50% 的核心课程及 18 个月的实习而言，确是一种改善。此种课程让学员有足够的时间选修两个科目：与他们任教的学校类别有关的一个主修科目和另一个副修科目。由于不少接受特殊教育的儿童是多重弱能的，因此这个安排有助于学校逐步获取更多种类的技能。

香港教育局于 1997 年以全校参与、校本支持的模式开展了一个为期两年的"融合教育先导计划"（简称"先导计划"），协助有特殊教育需要的学生融入主流学校。官方对"先导计划"的评估显示计划效果令人鼓舞，故这个计划得以持续发展。随着全纳教育的不断推行，有特殊教育需求的学生越来越多地进入主流学校，主流学校的教师开始面对日益复杂的学生差异情况。大批的主流学校教师迫切需要特教师资培训，从 2004—2005 学年开始，两年全日制培训课程（"在职特殊教育教师训练课程"）改为 120 小时的兼读课程，为所有教师提供基础及深造两个级别的特教师资培训，以提供更多学位。

为提高教师照顾有特殊教育需要学生的专业能力，香港教育局在 2007—2008 学年推出为期五年的"融合教育教师专业发展架构"，为在职教师提供系统的"照顾不同学习需要"的基础、高级及专题培训三层课程：

（1）基础课程（30 小时）；

（2）高级课程（90 小时）；

（3）特为某类特殊教育需要而设的专题课程（90～120 小时），包含三种类型：

①认知及学习需要：针对特殊学习困难及智障学生的需要；

②行为、情绪及社群发展需要：针对自闭症及注意力不足或过度活跃症学生的需要；

③感知、沟通及肢体需要：针对肢体伤残、视障、听障及言语障碍学生的需要。

因学校人员及其他持分者对三层课程都给予了正面评价，为此，从 2012—2013 学年开始，香港教育局继续为教师开办三层课程，并鼓励学校有计划地安排教师修读，以便校内有一定数目的教师曾接受有关培训，并由他们带领同事以"全校参与"模式推动全纳教育，为有特殊教育需要的学生提

供适切支持。香港教育局期望至2019—2020学年能够达到[①]：

（1）每校最少有15%～25%的教师完成基础课程；

（2）每校最少有6～9位教师完成高级课程；

（3）每校最少有6～9位教师完成专题课程（尽可能有最少1位教师完成每个类别下的各项课程）。

随着全纳教育的推广及深入，越来越多轻度及中度障碍的儿童入读普通学校，进入特殊学校的主要为重度或多重障碍的儿童。为加强特殊学校教师的教学效能，使他们在教导有严重或多重障碍的学生（包括非汉语学生）时，能够理解并应用理论知识及教学技能以提升学生的学习效果，香港教育局委托香港教育学院于2012—2013年度首次开办以"有严重或多重残疾学生的教育"为主题的特殊教育培训课程，以配合特殊学校教师的专业发展需要，效果理想。至2016年，已连续四年开办此培训课程。

香港在职特殊教育师资培训课程的发展概况如表4-6所示。

表4-6 香港在职特殊教育师资培训课程发展概况[②]

时期	提供培训的机构	培训对象/内容	课程模式	完成培训人数
1961—1969年	教育署特殊教育组	失聪、失明及身体弱能儿童类别的在职教师培训	一年制兼读（共60小时）；附带到校观课指导与视学	113人

---

① 香港教育局. 照顾有特殊教育需要学生的教师专业发展[EB/OL]. [2022-08-01]. http://www.edb.gov.hk/tc/edu-system/special/sen-training/index.html.

② 此表根据以下文献和网页资源整理：

a. 教育统筹委员会. 教育统筹委员会第二号报告书[M]. 香港：政府印务局，1986.

b. 教育统筹委员会. 教育统筹委员会第五号报告书[M] 香港：政府印务局，1992.

c. 教育委员会特殊教育小组. 特殊教育小组报告书[M]. 香港：政府印务局，1996.

d. 冼权锋. 香港特教师资培训不同模式的实践检验及困难[J]. 香港特殊教育论坛，2013（15）.

e. 黎锦棠. 是特殊，非特殊：从香港现今政策看未来需要[J]. 香港特殊教育论坛，2013（15）.

f. 香港教育学院特殊学习需要与融合教育中心. 2015—2016年特殊学校教师培训课程[EB/OL]. [2022-08-01]. https://www.ied.edu.hk/csenie/.

续上表

时期	提供培训的机构	培训对象/内容	课程模式	完成培训人数
1970—1979年	教育署特殊教育组	除原有的残疾学童类别的教师参加培训外,扩展至学习缓慢学生、适应有困难及缺乏社会照顾学童类别的教师	一年制兼读（共60小时）；附带到校观课指导与视学	902人
1980—1993年	柏立基教育学院	1982年的课程内容：学习缓慢、情绪问题、视觉弱能、弱智、身体弱能（1983年增加"言语困难"）；1987年后的特殊教育专科：学习有困难、弱智、弱视、失聪、情绪有问题及缺乏照顾、弱能儿童，以及管理对学习言语和语文有困难的儿童	1982年开办"二年制部分时间在职特殊教育教师训练"，兼读，共360小时；1987年开办"二年制在职特殊教育教师训练班"，为16周整段时间给假全日进修模式（共480小时），并有18个月的原校实习授课督导	2357人
1993—2004年	香港教育学院	第一年：主修选科课程（50%）、核心课程（20%~30%）、副修选科课程（20%~30%），并有8周实习督导；第二年：全年实习督导	1993年起改为一年全日制及随后一年的在职教学实习模式	127人
1993—1995年	香港教育学院	复修训练课程；培训对象为完成基本的特殊教育训练课程后，有五年特殊教育教学经验的教师；或转往另一类别特殊学校任教的教师	一年制部分时间，共150小时	105人
2004年至今	香港教育学院	教师专业进修课程；照顾不同学习需要，分基础班和深造班两个级别	120小时兼读课程（2015—2016学年基础班为39小时，深造班为117小时）	—

续上表

时期	提供培训的机构	培训对象/内容	课程模式	完成培训人数
2007年至今	香港教育学院	融合教育教师专业发展架构"三层课程",包含基础、高级及专题课程	全日整段时间给假制课程。①基础课程(30小时);②高级课程(90小时,2014年开始为102小时);③特为某类特殊教育需要而设的专题课程(90~120小时)	—
2012年至今	香港教育学院	针对特殊学校现职教师,开办以"有严重或多重残疾学生的教育"为主题的特殊教育培训课程	8周全日整段时间给假制课程。修业时间为一年,包括240小时理论课和6个月实习	—

二、香港特教师资培养课程的特点

(一)针对性

香港特殊教育教师职前培养课程开设得不多,主要提供在职特教师资的培养课程,课程的设置是根据香港全纳教育开展的需要而不断进行调整的,所以这类课程的针对性非常强。首先,在课程内容上,从1960年代主要针对失聪、失明及身体弱能儿童的在职教师培训,到1970年代扩展至针对学习缓慢学生、适应有困难及缺乏社会照顾学童的在职教师培训,到1980年代培训的类别就更加全面了,包括了针对学习有困难、弱智、弱视、失聪、情绪有问题及缺乏照顾、弱能儿童及管理对学习言语和语文有困难的儿童等。正是随着融合教育的不断推广,这种调整所涵盖的障碍类别越来越全面、关注到的有特殊教育需求的类别越来越丰富,因而不断充实其培训内容,以满足融合教育的持续发展对特教师资的变动需求。其次,在培训对象上,从最开始的只限于培训特殊学校及特殊教育班的在职教师,到面向所有主流学校的教师。香港积极倡导以全校参与、校本支持的模式来推动融合教育的发展,越来越多有特殊教育需求的学生进入主流学校。教师面对日益多样化的学生需求,其专业知能特别是特教方面的专业知能需要不断提升,方能给予学生更好的照顾和帮助。所以,随着特教在职培训的需求越来越大,课程培训的对象范围也在不断扩大。

(二) 实践性

香港在职特教师资培养课程非常重视理论知识与实践能力的结合,在不同阶段的不同课程培训中,实际操作能力的培训均有着举足轻重的地位。从到校观课指导与视学,到在职教学实习,培训课程注重指导教师在复杂的教学现场中,学会运用理论知识来发现问题、思考问题、分析问题并解决问题。如香港教育学院开办的以"有严重或多重残疾学生的教育"为主题的特殊教育培训课程,旨在提升特殊学校教师的专业知识及教学技巧,以照顾在特殊学校就读的有严重或多重残疾学生的教育需要。课程主要分为两部分,第一部分为理论课程,第二部分为持续半年的实习活动。参与培训的特教教师须在240小时的理论课后进行教学实习,包括观课、讨论、专题研习及经验分享等,促使其将所学理论知识运用到具体的教学实践中,掌握有关的支持策略及技巧,运用校内及社区的专业支持与资源,适当地照顾就读于特殊学校学生的学习需要。

(三) 灵活性

考虑到在职教师的实际,培训课程以兼读的形式为主,有一年制兼读、二年制兼读,或者直接以学时计算的,如150小时或120小时的兼读课程。同时也提供全日制课程,如16周整段时间给假全日进修课程、一年全日制课程或部分时间全日制课程等。除此之外,各种特教学会、民间团体、各中小学及特殊学校等也会开设一些短期课程,供有需要的教师选读。如协康会获香港教育局委托,于2016年3~5月开办"幼儿园教师专业进修课程—照顾学习差异"课程,为期5天,专为在职幼儿园教师而设,旨在让他们获得及早识别儿童发展和学习困难的知识和技巧,从而掌握有效的教学和支持策略,以照顾学生的不同学习需要。可见,香港在职特教师资培训课程模式并不固定,会根据实际需要不断进行调整,灵活性较强。

第三节 广东的特殊教育师资培养课程

一、广东特教师资培养课程的设置

广东四所高校所创设的特殊教育专业虽然在课程类型的名称上有所不同,但在总体课程类型上基本保持一致,特殊教育专业设置基本是按三大类划分的。三类课程分别是通识课程(公共基础课)、学科基础课程(专业课)和专业教育课程,主要内容如下。

(一) 通识课程

通识课程即公共基础课,是非专业性、非职业性、非功利性的教育,旨在培养积极参与社会生活、有社会责任感、全面发展的社会公民,促进人的生活、道德、情感和理智和谐发展。各高校特殊教育专业的通识课程基本开设了马克思主义哲学原理、毛泽东思想概论、思想道德修养、法律基础、军事理论教育、邓小平理论、大学语文、大学英语、体育、计算机等科目,各高校根据各自学校的背景、特点、传统、目标、师资和教学条件的不同而有所增减。

(二) 学科基础课程

学科基础课程旨在使学生掌握本专业的基本知识和基本技能,为学生进一步学好专业知识打好基础。四所高校的特殊教育专业所开设的学科基础课程主要有:特殊教育学、普通心理学、儿童心理学、课程与教学论、中外教育史、教育心理学、教育统计、教育科学研究方法、人体解剖生理学、发展心理学等。

(三) 专业课程

特殊教育专业课程是实现特殊教育专业培养目标的主题课程,它决定着本学科的性质、发展方向和人才培养类型。特殊教育专业课程设置的目的是使学生掌握本领域的基础知识、基础理论和基本技能,为未来所从事的特殊教育事业打好坚实的基础。四所高校特殊教育专业的专业课程分为必修课和选修课,目的是根据学生不同的兴趣爱好培养多种类型的人才。专业必修课主要有：特殊教育史、特殊儿童评估、特殊儿童早期干预、行为矫正、残疾儿童康复基础、特殊儿童家庭教育、特殊教育的医学基础、实验心理学等。专业选修课主要有：特殊教育政策法规、特殊教育社会学、特殊教育管理、特殊教育教学设计、专业英语、SPSS 软件应用、特殊儿童病理学、中国盲文、中国手语、融合教育理论与实践、资源教室方案、自闭症儿童教育、智力落后儿童心理与教育、听障儿童心理与教育、视障儿童心理与教育、特殊儿童认知训练等。

广东四所高校特殊教育专业课程结构与学分分配情况分别如表 4-7～表 4-10 所示[①]。

表 4-7 广州体育学院特殊教育专业课程结构与学分分配表

课程类别			学分数	占总学分的比例/%
公共课程	必修课程		36	21.8
	选修课程		10	6.1
	合计		46	27.9
专业教育课程	必修课程	专业基础课	28	17
		专业主干课	30	18.2
		专业实践课	16	9.7
	选修课程		24	14.6
	合计		98	59.4
通识教育（讲座）课程			5	3
校本课程			16	9.7
合　计			165	100

---

① 。表 4-7～表 4-11 根据广州体育学院《特殊教育专业（体育）本科人才培养方案》(2013)、岭南师范学院《特殊教育（师范类）专业人才培养方案》(2013)、广东第二师范学院《特殊教育本科专业人才培养方案》(2014) 和华南师范大学《特殊教育（师范）专业培养方案》(2012) 整理而成。

表4-8 岭南师范学院特殊教育专业课程结构与学分分配表

课程类别			学分数	占总学分的比例/%
通识教育课程	必修课程		35.5	22.5
	选修课程		10	6.4
	合计		45.5	28.9
专业教育课程	必修课程		33	21
	选修课程	限选课程	14	8.9
		任选课程	26	16.5
	合计		73	46.4
职业教育课程	教师教育课程	必修课程	13	8.3
		选修课程 限选课程	5	3.2
		选修课程 任选课程	4	2.5
	见习、实习或实践		12	7.6
	合计		34	21.6
毕业论文（毕业设计）			5	3.2
合 计			157.5	100

表4-9 广东第二师范学院特殊教育专业课程结构与学分分配表

课程类别		学分数	占总学分的比例/%
通识课程	必修课程	39	24.2
	选修课程	10	6.2
	合计	49	30.4
专业课程	必修课程	45	28
	选修课程	38	23.6
	合计	83	51.6
职业课程（教师教育课程）	必修课程	26	16.1
	选修课程	3	1.9
	合计	29	18
合 计		161	100

表4-10 华南师范大学特殊教育专业课程结构与学分分配表

课程类别		学分数	占总学分的比例/%
公共基础课程	必修课程	40	25
	选修课程	10	6.3
	合计	50	31.3
学科大类课程	必修课程	21	13.1
专业领域课程	核心必修课	28	17.5
	方向选修课	34	21.2
	实践必修课	27	16.9
	合计	89	55.6
合 计		160	100

广东四所高校特殊教育专业的专业教育课程设置情况如表4-11所示。

表4-11 广东四所高校特殊教育专业的专业教育课程情况一览表

学校	课程类别	课程情况
广州体育学院特殊教育专业	必修课程	（1）专业基础课程：运动解剖学、运动生理学、运动生物化学、运动生物力学、体育科研方法、体育统计学、体育保健学、教育学、教育心理学、学校体育学、体育概论、休闲体育概论； （2）专业主干课程：特殊教育学、特殊教育评估、特殊儿童心理发展与教育、特殊体育学、特殊儿童体育游戏、残疾人体育竞赛组织编排、轮椅篮球、特殊儿童康复概论、自闭症教育与康复、中国手语； （3）专业实践课程：毕业实习、毕业论文、入学教育、生产劳动、毕业教育、鉴定、毕业论文报告、答辩
	选修课程	需选修24学分：运动治疗技术、水中运动疗法、作业治疗学、脑瘫康复技术、音乐治疗、运动营养学、推拿学、体育健身原理与方法、运动训练学、游泳、田径、运动项目（1、2、3、4）、专项选修课（轮椅篮球、羽毛球）

续上表

学校	课程类别	课程情况
岭南师范学院特殊教育专业	必修课程①	教育学原理、课程与教学论、普通心理学*、人体生理学、心理统计与SPSS、特殊教育概论*、特殊儿童评估*、智障儿童教育概论、资优教育概论、视觉障碍概论、听觉障碍概论、自闭症概论、个别化教育理论与实践*、融合教育理论与实践、心理测量学、特殊教育班级管理
	选修课程	限选课程（需选修14学分）：教育心理学、发展心理学、行为矫正技术、心理辅导与咨询、儿童学习与认知概论、早期疗育概论、重度及多重障碍教育概论； 任选课程（需选修26学分）：实验心理学、沟通障碍概论、语言矫正技术、自闭症疗育实务、手语基础、盲文基础、定向行走、脑性麻痹概论、资源教室方案与管理、科技辅具在特殊教育中的应用、感觉统合训练、特殊教育行政与法规、特殊儿童心理健康教育、学习障碍教育概论、严重行为处理技术、特殊儿童亲职教育、创造力教育、多元智能理论与应用、资优学生心理辅导与情意教育、资优学生生涯辅导、领导才能训练、特殊需要学生生涯辅导、学前特殊教育概论、物理治疗概论、作业治疗概论、游戏治疗、音乐治疗
广东第二师范学院特殊教育专业	必修课程	（1）学科基础（18学分）：心理学导论、特殊教育导论、生物心理学、特殊人群的心理与发展Ⅰ、特殊人群的心理与发展Ⅱ、特殊人群的心理与发展Ⅲ、形式逻辑、心理与教育统计； （2）专业教育（22学分）：特殊教育研究方法、重度兼多重障碍教育理论与实践、聋教育专题、盲教育专题、心理咨询导论、应用行为分析、毕业论文（设计）

---

① 课程细目中，标*号的为学位课程；学位课程每门必须达到70分，否则不可授予学位。

续上表

学校	课程类别	课程情况
广东第二师范学院特殊教育专业	选修课程	需选修38学分：教育名著选读、学习障碍教育专题、自闭症教育专题、情绪与行为障碍教育专题、沟通障碍教育专题、动物行为实验、认知心理学、社会心理学、人格心理学、特殊教育政策法规、辅助技术、残疾人社会工作、专业英语、心理咨询新进展、以人为本的辅导、质性研究方法、实验心理学、维果茨基与特教、家庭与社区教育、人体解剖生理学、特殊教育社会学、资源教室方案、特殊儿童游戏辅导、个别化教育、特殊教育组织与管理
华南师范大学特殊教育专业	核心课程	人体解剖生理学、特殊教育概论、特殊教育职业道德修养、特殊教育史、特殊儿童沟通方式、特殊教育法律与政策、行为管理原理与技术、特殊儿童诊断与评估、特殊教育课程理论与实践、个别化教育与教学、教学活动设计与实施、特殊教育学校与班级管理
	方向课程①（至少选修34学分）	方向一：特殊儿童发展与教育 　　视觉障碍儿童发展与教育、听觉障碍儿童发展与教育、智力障碍儿童发展与教育、智力障碍儿童康复与训练、听障儿童言语康复与沟通训练、视觉障碍儿童康复与定向行走训练、学习困难儿童发展与教育、自闭症儿童发展与教育、早期干预与家庭服务、特殊儿童心理健康教育、融合教育与随班就读、特殊儿童感觉统合训练、情绪与行为障碍儿童发展与教育、超常儿童发展与教育
		方向二：特殊儿童康复与训练 　　特殊儿童康复医学基础、动作康复基础与实作、特殊儿童养护学、听力学基础、语言康复基础与实作、美术治疗基础与实作、音乐治疗基础与实作、残疾人辅助技术开发与服务、特殊儿童生涯发展与职业教育、游戏治疗基础与实作

---

① 方向课程中，方向一和方向二共计不可少于28学分，可以按照方向课程组合板块进行整体选修，也可以根据自身发展定向打破方向板块对相关领域课程进行组合选修；方向三不可少于6学分。

续上表

学校	课程类别	课程情况
华南师范大学特殊教育专业	方向课程（至少选修34学分）	方向三：基础教育学科课程与教学 心理与教育测量、语文课程与教学、数学课程与教学、学校心理学、音乐修养与教学、美术修养与教学、基础教育改革研究
	实践课程	教育调查、特殊教育见习、教师书画、教师口语、微格教学、特殊教育实习、毕业论文

二、广东特教师资培养课程的特点

（一）综合性

随着全纳教育的推广，无论是在普通学校还是特殊学校，教师面对的将是多种障碍类别和学习特质的孩子，所以特教师资培养课程不能仅仅针对某一类特殊学生，而应提高综合性，使培养的师资必须具备教育不同类别孩子的知识和能力。广东特殊教育师资培养中，除广州体育学院是专门培养特殊教育体育教师外，其余三所高等师范院校特殊教育专业基本上是不分类的，学生在学校的学习涉及所有特殊教育领域的知识。根据当前特殊教育实际，在各高等师范院校特殊教育专业的课程中，视觉障碍、听觉障碍及智力障碍等不同方向的特殊课程均有安排，并要求学生都须学习。

（二）灵活性

四所高校的专业教育课程中，必修课和选修课的课程设置比例较均衡，设计科学合理。岭南师范学院、广东第二师范学院、华南师范大学和广州体育学院的专业教育课程设置中，选修课占比分别为55%、46%、38%、24%，比例均较合理。课程设置广泛，学生可选择的空间较大，如岭南师范学院开设了34门选修课程，华南师范大学开设了三大方向共计31门选修课程，广东第二师范学院开设了25门选修课程。

（三）实践性

四所高校均注重学生实践能力的培养，将教育见习与实习作为培养学生实践能力过程中不可缺少的重要环节。学生运用所学知识、技能解决实际问题的过程，是学生在具体的教育情境中实现从学生到教师的角色转换，逐渐培养学生的职业意识、职业情感、职业技能的过程，是高等师范教育的重要组成部分。

广东第二师范学院特殊教育专业的课程设置特别突出了实践能力的培养，在见习、实习方面做了结构性调整，变毕业前夕的一次性实习为毕业实习与各个学期的分散见习相结合，增加学生了解特殊儿童的时间和空间，引导学生将对特殊教育专业的感性认识逐步上升到理性认识，为他们走上教学岗位做好心理和能力准备。具体做法是在第三至第六学期每学期都安排有一周的学生见习，在第八学期安排了14周的集中实习。在大二结束后，特殊教育专业的学生将开展全面的特殊教育专业实践训练。特殊教育专业实践课程（中重度智障教育专题、盲文与手语专题、聋教育专题、盲教育专题、学习障碍专题、自闭症教育专题、青少年情绪与行为障碍专题、沟通障碍专题等）全部紧密结合特殊教育一线的实操，不仅聘请拥有丰富实操经验的专业教师来教授实践性课程，同时加大到特殊学校实地学习的课程量；充分利用珠三角地区各种特殊学校齐全的地缘优势，培养理论与实践紧密结合的复合型特殊教育专业人才。

华南师范大学在课程教学中不断强化对学生实践能力的培养。根据专业课程的具体要求，增加特殊教育专业课程课内实操的比例，增加学生观摩和实际操作的机会。在实施教学计划过程中，确保学生在相关特殊教育、医疗康复、社区服务等机构见习4次（每次1周），每学期见习/实习1次以上。同时，鼓励学生利用假期到特殊教育机构参加社会实践；并加快创建一批包括特殊教育学校和省残联下属机构在内、具有良好指导能力的校外实践基地；聘请校外专业人士担任兼职实践指导教师，以此提升学生的实习质量和实操水平。

三、广东特教师资课程中存在的问题

（一）职前教师教育课程中有关全纳教育的内容较少

不论是特殊教育教师还是普通教育教师，都应当明确地了解全纳教育的相关内容，但在现有的职前课程中，普遍缺少全纳教育的内容。一方面是没有专门的全纳教育课程，如广州体育学院和广东第二师范学院；华南师范大学则只在"特殊儿童发展与教育"这一方向中设置了可选课程"融合教育与随班就读",唯有岭南师范学院将"融合教育理论与实践"作为必修课程。另一方面,全纳教育在相关课程中没有明确地被提出。在师资培养机构中,由于受到教师教育课程内容的限制,教师在教学的过程中,要想向学生传递全纳教育的理念,一方面只能通过教师本人对待残疾学生或有特殊需要学生的态度来影响学生,另一方面则是在讲解教育公平、全民教育等内容时,通过案例分析、学生讨论等教学方式传达全纳教育的部分理念,而这些也是分散、随机地出现在教师个人的课堂教学中的。

(二)专业课程的设置缺乏学科之间的逻辑联系

单门课程划分过于细碎,课程门类齐全、应有尽有,从心理学到教育学,从生理到医学理论,从学科教法到评估诊断等,无所不包,特殊教育专业成了大杂烩。而每门课程之间缺乏内在逻辑联系,课程内容的体系缺乏整体优化,彼此孤立,各自为政,学科之间以及相关学科之间缺乏纵向和横向的联系,忽视了知识间的内在联系。这容易导致知识内容重复学习、知识迁移困难和学生视野狭窄,使学生缺乏对各门课程之间的整合,甚至出现概念、内容的交叉等问题,既浪费了学生的学习时间,也降低了学习效率。

(三)通识课程随意性强,其课程设计缺乏统一理念的引领

各高校所开设的通识课程具有很大的相似性,通识课程尚处于比较自由随意的状态;但各高校特殊教育专业的通识课程须在统一的理念下进行,才能取得较佳效果。通识课程设置的初衷是试图让不同专业的学生有机会扩充自己的视野,不要仅仅局限于自己的专业领域,应扩大知识面,开阔学生的思维,满足学生不同的兴趣爱好,从而培养学生更好地适应社会的能力,而目前通识课程的设置缺乏这样的理念和认识高度。通识课程在设计上缺乏统一思想的引领,因而通识教育中所开设的通识课程大多以实用、有趣为选择标准,成为一个七拼八凑的大拼盘。

第四节 三地特殊教育师资培养课程比较

综观台湾、香港、广东三地的特殊教育师资培养课程,对照全纳的特教师资培养课程,其课程内容和教学的异同分析如下。

一、课程融合性比较

全纳的特教师资培养课程具有融合性，主要表现在特殊教育专业课程和普通教育课程的融合、学科知识和特殊教育专业知识的融合两个方面。

台湾的特殊教育师资培养课程具有较强的融合性，主要体现在特殊教育专业课程和普通教育课程的融合上。在台湾，特殊教育专业的学生可以通过双主修、辅修等方式获得普通教育方面的学分，其他专业二年级以上的本科生及硕士生、博士生可以通过辅修或选修获得特殊教育学分。根据"师资职前教育课程教育专业课程科目及学分对照表实施要点"，在台湾教育部门规定的中等学校、"国民"小学及中小学教师师资职前教育课程教育专业课程科目中，"特殊教育导论"被设置为一门选修课。这是将特殊教育课程融入普通教育专业课程之中，让普通教育师资掌握一定的特殊教育知识。特殊教育专业课程中的一般教育专业课程学分数达四分之一强，其课程是按照幼儿园、"国民"小学及中等学校三个教育阶段，从各自类别师资职前教育课程教育专业课程科目及学分对照表所列教学基本学科课程、教育基础课程、教育方法学课程中选择的。这是在特殊教育专业课程中融入一定的普通教育课程，让特殊教育师资具备一定的普通教育知识。

香港为满足全纳教育推广所需要的师资，从2004—2005学年开始，为所有教师提供"基础"及"深造"两个级别的特教师资培训；从2007—2008学年开始，更为所有在职教师提供系统的"照顾不同学习需要"的基础、高级及专题培训课程。这是将特殊教育课程融入普通教育师资的培养课程中，以此来提高普通教育师资的特教知能，使其在面对日益多样化的学生差异和需求时，能够有能力满足和照顾学生的不同学习需要。

广东的特殊教育师资培养课程也注重将特殊教育专业课程和普通教育课程及学科课程融合在一起。广东四所高校所开设的特殊教育专业课程中，相关的学科基础课程实际上绝大部分就是普通教育课程，如"普通心理学""儿童心理学""课程与教学论""中外教育史""教育心理学""教育统计""教育科学研究方法""人体解剖生理学""发展心理学"等，目的是让学生掌握教育专业大类的基础知识和基本技能。在职业教育课程（即教师教育课程）中，所开设的普通话、三笔字、教师口语、教师书画、微格教学等，都与普通教育师资培养课程相似。这是将普通教育课程融入特殊教育课程，目的是在全纳教育的推广中，面对融入了"随班就读"特殊学生的融合班，特

教师资能够具备相应的知识和能力来满足普通学生和特殊学生的多样化学习需求。随着特殊教育课程的不断改革，特殊学校基础教育学科课程的开设需要特教师资不仅具备特殊教育专业知识，也兼具学科教学的知识和技能。华南师范大学开设的专业领域课程中，方向三就是关于基础教育学科课程与教学的，这就将学科知识和特殊教育知识融合在一起，让特殊教育师资具备基础教育一般学科（即语文、数学、音乐、美术等）教学的基本知识和能力。广州体育学院更是将体育学科知识和特殊教育知识较好地融合在一起，如"特殊儿童体育游戏""特殊体育学""残疾人体育竞赛组织编排"等，使培养的师资具备教授特殊学生体育学科的知识和能力。

二、课程综合性比较

在全纳教育的视角下，特教师资应该具备综合的知识和能力，这就要求特教师资培养课程不断加强其综合性。

台湾特殊教育师资培养课程中，教育专业课程的分组基本是按照障碍类别来划分的，从 1975 年的 5 类增至 1993 年的 11 类，又从 2003 年开始减为身心障碍类和资赋优异类两大类。这是采用大分类的方式来综合培养师资，使培养的师资能够面对多种障碍类别和学习特质的孩子，而不再仅限于某一种障碍类别。同时在课程内容的调整上，注重课程知识的覆盖面，即课程知识不是单独针对某一类特殊学生，而是可以辐射多种学生，如资赋优异类开设的"多元智能理论与应用""资优学生生涯辅导""资优学生亲职教育""资优教育模式""资源教室方案与经营""区分性课程与教学"，身心障碍类开设的"专业合作与沟通""身心障碍学生生涯与转衔""身心障碍学生职业教育"等。同时，课程不仅仅注重培养师资的教学知识，更多地开始培养其诊断、评估、教育和研究的综合能力。如把"特殊教育学生评量"作为教育专业课程的共同必修科目，身心障碍类开设了"特殊教育环境规划""亲师合作与家庭支援""个别化教育计划的理念与实施"等科目，资赋优异类开设了"资优学生个别辅导计划""资优学生独立研究指导""资优教育支援与资源""资优学生个案研究与追踪"等科目。在培养师资理论知识的同时，注重其实践能力的培养。"特殊教育教学实习"这一必修科目占教育专业课程总学分的十分之一，并且台湾当地的教育部门在"师资职前教育课程教育专业课程科目及学分对照表实施要点"中明确规定："各大学规划各类科教育专业课程应包括至拟任教类科实地学习，提供师资生修习教育专业课程期间至高级中等以下学校及幼儿园见习、试教、实习、补救教学、课业辅导或服务学习（幼儿园教育阶段至少 54 小时、"国民"小学教育阶段至少 72 小时、中等学校教育阶段至少 54 小时）的机会，并经各大学认定其内容符合教育专业知能。"①

香港特教师资培养课程也注重综合性的发展。从 2007—2008 学年开始，为在职教师提供系统的"照顾不同学习需要"的基础、高级及专题培训课程，内容涵盖的不是某一类特殊学生，而是所有有特殊教育需要的学生。如其专题课程针对的就不是某一类障碍，而是根据特殊教育需要来划分的，如"认知及学习需要""行为、情绪及社群发展需要"和"感知、沟通及肢体需要"，主要提供三个专题课程。同时，香港教育局开设的在职教师培训课程注重将学科知识和特殊教育知识融合在一起，如 2015 年提供的培训课程中有"智障儿童的语文学习心理历程""适合智障学生学习的优秀语文教材的编选要则""适合智障学生的教材选择与语文教学设计"等课程。此外，香港特教师资培养课程的操作性和实用性也越来越强，特别注重将理论性课程和实践性课程结合起来，综合培养特教师资。其早期的在职培训课程一般都包括到校观课指导与视学，现在的培训课程则主要是以工作坊和研讨会的形式来开展，注重调动学员的参与性和自主性。

广东四所高校的特殊教育师资培养课程也具有较强的综合性，其课程是按照不分类、综合培养特教师资的原则来设置的。课程科目综合性较强，不仅仅注重教学知识的传授，也重视教师在特殊儿童治疗和康复方面能力的培养。如广州体育学院开设的"运动治疗技术""水中运动疗法""作业治疗学"，岭南师范学院开设的"语言矫正技术""游戏治疗""音乐治疗"，华南师范大学开设的"特殊儿童康复与训练"方向的系列课程。四所高校均注重特教师资的见习和实习，将实践教育能力的培养作为重中之重，不断创新参与实践教育活动的形式，拓展参与的渠道，多形式、宽渠道地将理论知识运用到具体教育实践中，在实践中进一步深化所学，并积累实践经验。

三、课程针对性比较

全纳教育视角下，特殊教育师资应该具备全纳教育的理念、知识和能力，

---

① 根据台湾教育部门"师资职前教育课程教育专业课程科目及学分对照表实施要点"整理。

为实现这一培养目标,特教师资培养课程的设计应该具有针对性,即围绕全纳教育的理念渗透、知识传授和能力增长等来规划。

台湾的全纳教育发展迅速、推广全面,全纳教育理念和思想渗透在师资培养课程中。首先,开设了有关全纳教育的课程,如"融合教育理论与实务",让教师比较全面地了解全纳教育的理论、发展和争议等。其次,将全纳教育理念贯穿在课程设置中。如全纳教育倡导尊重差异、尊重多样性,台湾特教师资培养课程中突出个别化计划方案,身心障碍类将"个别化教育计划的理念与实施"作为必修课程,资赋优异类也将"资优学生个别辅导计划"作为选修课程,以此让教师能正确地看待学生的多样性,并能根据学生的差异来设计不同的教育方案。全纳教育倡导民主、平等,要求教师不仅能尊重每一位学生,公正对待,并能将这一理念传递给学生,因此台湾师资培养课程中开设了诸如"特殊教育学生性别平等教育"等课程。另外,台湾的特殊教育服务对象种类齐全,安置方式多样化,其中以资源教室为主。为让教师充分了解这一全纳教育的安置方式,并能为以后的实践经营储备相应的知识和能力,师资培养课程中无论是资赋优异类还是身心障碍类,都开设了"资源教室方案与经营"这门课程。

香港的特殊教育师资培训课程针对性较强,不仅将全纳教育的理念贯穿在课程设计中,而且围绕其"全校参与"模式下全纳教育的开展,培养教师相应的知识和能力。如从2007年开始开设了"照顾不同学习需要"的基础和高级课程,旨在提升教师的专业知能、技能与态度,帮助教师认识学生的不同学习需要,让教师能把这些知识运用到日常教学及教务上。具体举措包括:让教师学习运用全校参与及有效的支援策略,照顾就读于主流学校或特殊学校学生的不同学习需要;识别不同学生的多元学习需要,并发展正确态度和掌握课堂内照顾学习差异的方法;深入探讨各类特殊需要,以及评鉴有关学习支援及干预策略的成效;配合全校参与的理念去检视、计划、实践及探讨校内照顾学生特殊学习需要的工作。基础班开设的核心科目是"照顾课堂内的差异",高级班的核心科目是"全校参与方式实践融合教育"。

相比台湾和香港,广东的全纳教育起步较晚,发展较慢,其特殊教育师资培养课程中有关全纳教育理念及知识的内容设计也相对较少。专门的全纳教育课程开设较少,如四所高校中华南师范大学将"融合教育与随班就读"作为选修课程,只有岭南师范学院将"融合教育理论与实践"作为必修课程。学生对于全纳教育相关理论知识的了解不够全面,知识储备上的不足不仅会影响理性认识的深入,更会影响实践教学中的自觉性。但在课程设置上,全纳教育的理念有一定的贯彻。如岭南师范学院不仅将"个别化教育理论与实践"这门课程作为专业必修课,更将其作为一门学位课,可见对其的重视程度;华南师范大学也将"个别化教育与教学"作为核心课程;广东第二师范学院将"个别化教育"作为选修课程。可见,尊重差异和多样性的全纳教育理念贯穿在课程设置中。

四、课程教学比较

全纳的特教师资培养课程不仅要求课程内容围绕全纳教育的理念、知识和能力的培养来进行设计和安排,更要求在课程教学中,通过教师全纳教育理念的渗透、多样化教学方法和策略的实施,来积极倡导学习者的参与,增强合作,促进创新。学习者只有亲身体验了教与学的全纳性方法并从中得到了发展、促进了成长,才有可能在以后的教育实践中更自觉地将全纳教育的理念、知识和方法贯彻到教学实践中去。

台湾的特教师资培养机构对特教师资的专业能力培养都设有具体的指标,教师以此指标为核心,通过多样化的教学方法来实现培养目标。以台湾师范大学特殊教育学系为例,教师依据课程所要培育的核心能力进行教学设计,并应用多元教学方法以达成教学目标。在认知、职能导向、个人特质及专业伦理四个能力层面,教师主要采用讨论、口述、参观、实作、演讲、示范等教学方法,以达成学生各种能力的指标。同时,在教学中积极倡导学习者通过合作完成专题报告等方式参与各项活动。教师对学习者的评量采用多元化方式,主要依据课堂讨论、专题报告、口试及实作、心得报告、笔试和档案评量等方式来进行学生评价。

香港特教师资培养过程中,课程及专业发展活动"以作为学习者的教师为中心",旨在发展教师学习者的知识、能力和理念。互动式和参与式的教学方法是其主要的课程教授方式。香港特教师资培养课程的实施很少采用陈述式或灌输式讲授,常用的教学方法有:讲座、导师个别指导、专题学术讨论会、课堂讨论、工作坊、课外自修、实地考察、访问、观课、实际操作,以及"大班讲授、小班导修"等。通过这些方式,积极鼓励每一位学习者参与到教学中来,通过合作来完成学习任务,达成课程目标。同时,在课程学习中从事研究性实践活动,有利于发展批判思维能力、创造性思维能力和教育教学反思能力。香港的特教师资培养课程很注重让教师学习者在研究中学习,例如研讨会、研究课题、实验、研究报告等,促进学习者的发展。

广东高等师范院校虽然开设特殊教育专业的年限不长，但在课程教学上不断改革创新，通过多样化的方式积极鼓励学生参与各项事务，鼓励团队合作开展研究和提供社会服务。如华南师范大学特殊教育专业在课程教学中注重加强学习者的研究型学习；强调主动探究式的学习，由学生组成研究小组，在教师指导下通过团队合作开展各类研究；全面推行导师制，从大学二年级开始实行导师制，学生选择指导教师，进入导师的课题组进行研究，参与导师的科研项目，承担一定的研究任务，在导师的指导下进行基础研究与应用研究，以培养学生的综合能力和创新能力。

第五章　特殊教育师资培养机构分析

第一节　台湾的特殊教育师资培养机构

一、台湾特教师资培养机构的演变

（一）师范专科学校（1960—1970 年代）

台湾于 1960 年创立三年制师范专科学校（即台中师专前身），在它的教学科目及学分表中开始正式确定"特殊儿童教育"（2 学分）为选修科目，这是小学师资教育系统中正式关注特殊儿童教育的创举，虽然教材偏重盲聋教育方面，但已开风气之先，确立特殊教育在师专课程中的地位。1963 年，师范专科学校改制为五年制师范专科学校，在台中师专共同选修科目中列有"特殊儿童教育"科目（2 学分），仍然维持着与三年制师专课程相同的选修地位。直到 1966 年，才开始在五年制的师范专科学校开设特殊教育学分班课程，正式开始设班培育特教师资。

在这个时间段内，台湾主要采用调训现职教师接受短期特殊教育专业训练的方式来培育特殊教育师资，当时以训练视障巡回辅导教师与小学启智班教师为主。1966 年 7 月，台湾省教育厅为普及全民教育，便利盲生就学，成立了"盲生就读'国校'计划委员会"作为策划指导机构，并在省立台南师范专科学校设立"台湾省盲生就读'国校'计划师资训练班"，负责中小学视障学生混合教育计划巡回辅导员的职前训练。该项目在 1973 年后改称"台湾省视觉障碍儿童混合教育计划师资训练班"，为在职普通班合格教师提供为期一学年、43 学分的专业训练，此为台湾地区身心障碍教育师资培训的滥觞。1969 年 7 月，台湾省教育厅订颁"台湾省政府教育厅智能不足儿童教育实验计划"，并于 1970 年在台北师专（现台北教育大学）开设"台湾省智能不足儿童教育师资训练班"，以培养小学启智班师资，为在职普通班合格教师提供一学期、24 学分的训练。1981 年，嘉义师专设立"'国民'小学启智教育师资训练班",培训小学启智教育师资,为在职教师提供为期16周、20学分的专业课程。

1968年1月,台湾颁布"九年'国教'实施条例",其中第十条规定:"……对于体能残缺、智能不足及天才儿童,应施以特殊教育或予以适当就学机会。"为符合此项规定,政府除积极加强原有各项特殊教育的措施外,还新设仁爱学校;新增台中及台北启明学校;制订智能不足儿童教育实施计划,普设启智班及增设台南等地的启智学校;办理资赋优异儿童教育研究实验,择校设置资优班等;通过这些措施来大力发展特殊教育。在上述措施之下,原有的靠调训现职教师接受短期特殊教育专业训练的方式已不能满足各校对专业特殊教育师资日益增大的需求,教育部门又在1970年公布了"特殊教育推行办法",其中第七条规定:特殊教育师资应由培育师资的学校培育。于是从1970年起,由师范专科学校于"国教"师资科开设盲童教育组、聋童教育组、生理障碍儿童组及智能不足儿童教育组等组别来正规培育特教师资。如1973年,台南师专成立"盲童教育组";1974年,台北师专设立"智能不足儿童教育组",供四、五年级学生选修,每组须修毕20学分方能担任小学启明、启智班教师。

(二) 师范院校 (1980—1990年代)

1. 学前及初等教育阶段特殊教育师资的培养机构

从1987年起,培育小学及学前特殊教育师资的五年制师范专科学校改制为师范学院,并纷纷在初等教育学系之下成立"特殊教育组"或"特殊教育学系",招收高中毕业生,修业期满授予学士学位。当时台湾共有9所师范学院,分别是台北市立师范学院(现台北市立教育大学)、台北师范学院(现台北教育大学)、新竹师范学院(现新竹教育大学)、台中师范学院(现台中教育大学)、嘉义师范学院(现嘉义大学)、台南师范学院(现台南大学)、屏东师范学院(现屏东教育大学)、台东师范学院(现台东大学)、花莲师范学院(现东华大学)。

1989年,学前特殊教育师资才正式开始培育。台北市立师范学院幼教系成立特殊教育组,提供特殊教育专门课程(20学分),供三、四年级学生选修,以培育学前特教师资。1993年,幼教系改用新课程,取消特殊教育组,另以专门课程方式供学生选修。此后,各特教系在专门课程中开设特殊幼儿教育科目,供三、四年级学生选修,以培育学前特殊教育师资。

2. 中等教育阶段特殊教育师资的培养机构

中等教育阶段的特殊教育师资从1975年起由彰化师范大学始设特殊教育

学系进行培育。当时，除培养中等教育阶段的特教教师外，学生毕业后也可到小学及残障福利机构任教。台湾师范大学虽早在 1974 年成立了"特殊教育中心"，但在 1986 年才成立"特殊教育学系"。高雄师范大学特殊教育学系则成立于 1992 年。为提升特殊教育师资、培养特殊教育研究人才及提供特殊教育教师进修渠道，彰化教育学院、台湾师范大学及高雄师范大学分别在 1985 年、1986 年及 1994 年成立了特殊教育研究所。

至 1990 年代，台湾地区从学前、小学到中学的特殊教育师资培育全面进入由大学教育进行培育的阶段。

3. 高级学位特殊教育师资的培养机构

台湾中等教育阶段以上的特殊教育师资培育主要通过大学开设的硕士班和博士班来开展。硕士班以培植与提高特殊教育与残障复健人员的专业程度为主；博士班以培养特殊教育及相关科系所需的具有高级学位的师资为主。彰化师范大学于 1984 年成立了特殊教育研究所硕士班，并于 1991 年成立博士班。台湾师范大学于 1986 年成立特殊教育研究所硕士班，并于 1992 年成立博士班。

（三）师范大学、教育大学和综合大学（1990 年代至今）

1994 年，台湾教育部门公布"师资培育法"，该法规定："师资及其他教育专业人员之培育，由师范院校，设有教育院、系、所或教育学程之大专院校实施之。"因此在"师资培育法"公布实施后，除师范院校外，一般大学院校也开始设立特教学系、特教学程，培育特殊教育师资。如台湾中原大学于 1996 年成立特殊教育学系，台湾中山医学大学、台湾长庚大学和台北体育学院也设有特殊教育学程，共同培养中等教育阶段的特殊教育教师。

随着台湾高等教育改革的发展与变迁，台湾的大学或学院陆续整并、升格。目前，台湾中等特殊教育师资的正规培育以台湾师范大学、彰化师范大学、高雄师范大学和台湾中原大学为主，而小学及学前特教师资的培育则以台北教育大学、台北教育大学、新竹教育大学、台中教育大学、屏东教育大学、嘉义大学、台南大学、台东大学和东华大学的特殊教育学系为主。

二、台湾特教师资培养机构的特点

（一）多元化

1. 职前培养机构多元化

从 1960 年代至 1990 年代，不论是"短期职前师资培育"或是"特殊教育师资正式专业教育"，台湾的特教师资培育机构都是由政府所设立的师范学校、师范专科学校或师范学院/大学负责的。从法制层面来看，可追溯至1938年台湾所公布的规范小学师资培育的"师范学校法"，以及同年公布的规范中学师资培育的"师范学院规程"，此二项教育法令明确地指出当地政府为师范教育的设置主体，即师范教育以公办为原则。1948年台湾当地政府公布"大学法"，该法第四条规定："师范学院应由政府单独设立，但大学得附设之。本法施行前已设立之教育学院，得继续办理。"同年修正"师范学院规程"，其中第三条规定："独立师范学院或大学师范学院由教育部门审查各地情形分区设立之。"这些条文进一步明确了师范教育由政府主办的教育政策。而1979年公布的"师范教育法"第二条明文规定："师范教育由政府设立之师范大学、师范学院及师范专科学校实施之。"更使师范教育的一元化有了制度基础。因此直到1993年，台湾地区特殊教育的教师职前养成工作仅由9所师范院校和3所师范大学所设的组、系、所及学分班承担。

1994年2月7日，台湾颁布了"师资培育法"，其中第九条规定："师资培育由师范学院以及设有教育院、系、所或教育学程之大学院校实施之。"这一新规定突破了传统上教师培育基本由师范院校专办的限制，从而为一般大学也可加入师资培育提供了新的法律依据，建立起了师资培育机构多元化的新制度。目前，台湾地区特殊教育教师职前培养机构总计包含9所师范院校的特殊教育学系、4所综合大学所设的特殊教育学系，以及3所综合大学所设的特殊教育学程。这些机构分阶段培养学前、小学、中学的特殊教育师资，特殊教育专业的学生可以通过双主修、辅修等方式获得普通教育方面的学分，而其他专业二年级以上本科生及硕士生、博士生可以辅修或选修以获得特殊教育学分。此外，还开设了学士后特殊教育学分班，使大学毕业生可以通过特殊教育课程学习获得一定学分，然后参加半年的教学实习，教师资格检定考试合格后方可获得特殊教育教师资格。师资培养机构的多元化极大地满足了培养需求的多样性，培养出的特教人才不再单一化，符合社会多元化的大趋势。

2. 职后培训机构多元化

台湾教育部门于1996年订定的"高级中等以下学校及幼稚园教师在职进修办法"第4条规定，办理教师在职进修的机构为：①中小学、幼稚园及特殊学校；②师范院校及设有教育院、系、所或教育学程的大学院校；③各级政府设立、核准设立的教师在职进修机构；④各级主管教育行政机关委托、认可或核准的学校、机构。

这些培训机构在各自主管行政机构的协调下各司其职，针对不同的对象开展培训。高等院校的特殊教育中心主要针对大专院校及高中特教师资开展培训,中小学、幼稚园及特殊学校则受各县市教育局的委托,主要针对各区域内的中小学特教师资及普通师资和特殊学校师资开展特教研习活动。特教研习活动涉及范围广,包括不同障碍类型专业知能、个别化教育计划、教学知能、心理评量专业知能、辅导策略、多元评量等,内容丰富多彩,结合实际需求,既有理论学习,也重实际技能的培训。

(二) 系统化

高等院校不仅肩负特教师资职前培养,也承担着职后培训的重任。作为师资力量雄厚的高等院校,充分发挥专业优势,实现功能上的系统化,有利于资源合理配置。台湾13所正规培养特教师资的高等院校,集职前培养和职后培训于一体,其中的9所师范院校更集普教师资和特教师资培养于一体,更好地满足了全纳教育对于师资培养的要求。以台湾师范大学特殊教育学系为例,其在特教人才的培育方面主要包含两大类[1]。其一是特教师资的职前培养,以培养各级学校或相关机构的特殊教育教学、研究及行政领导人才为主。其中,大学部主要培养中等以上学校的特殊教育师资;硕士班主要培养各级学校或相关机构的特殊教育专业及行政人才;博士班主要培养各级学校或相关机构的学术研究、教学或行政领导专业人才。其二是特教师资的职后培育,提供各级学校特殊教育或相关工作人员的在职进修研习。其中,暑期硕士班主要是为提升小学或中等以上学校在职教师及行政人员的特殊教育知能而开设的;而研习班主要含短期研习及学分研习。职后培育一方面着力于培育特殊教育相关领域的人才,包含大专院校资源教室辅导人员、教育行政人员、身心障碍者就业辅导人员,以及各类身心障碍及资赋优异基金会、个人工作室、辅具相关公司/机构的服务人员;另一方面注重提升特殊教育相关专业人员的特教知能,涉及的人员包含物理治疗师、职能治疗师、语言治疗师、心理师、听力师、社工师等人员。由此可见,台湾师范大学特教学系将职前培养和在职培训较好地融合在一起,实现了功能上的系统化。

---

[1] 台湾师范大学特殊教育学系. 系所介绍[EB/OL]. [2022 – 08 – 01]. http://www.spe.ntnu.edu.tw/intro/super_pages.php?ID = intro1.

第二节 香港的特殊教育师资培养机构

一、香港特教师资培养机构的类型

香港特殊教育师资培养机构主要分为两类。一类是院校教育机构,包括香港教育学院、香港公开大学等高等院校,主要提供正规、培训周期长的专业培训,也协助香港教育局开展培训活动。另一类是非院校教育机构,主要指香港教育局有关部门及民间的香港教师和教育团体,如:香港教育局的专业发展培训部和课程发展处为特教教师提供了许多培训课程;香港教师中心及其联结的各种教师联合会、学科团体,从教师和学科角度出发,依据需要对教师发展提供各种支持;公益组织协康会则致力于幼儿特殊教育领域,提供多种形式的幼儿特殊教育师资培训。

(一) 高等院校类

香港高等院校类特教师资培养机构主要分为两类,一类是专职培养教师的师范学院即香港教育学院,另一类是综合大学的教育学院或教育系。

1. 香港教育学院

为了提升师资教育和有关专业培训课程的质量,1994年4月25日,香港教育局依照香港教育统筹委员会1992年发表的第五号报告书的建议,将罗富国师范学院、葛量洪师范学院、柏立基师范学院、香港工商师范学院4所师训机构和1982年成立的语文教育学院合并成为香港教育学院。香港教育学院是香港唯一的师范类公立高等学府,是大学教育资助委员会资助的八大高等院校之一。作为香港最大的师资培训机构,香港教育学院已成为推动特殊与融合教育的先驱。

香港教育学院于2000年设立特殊学习需要与融合教育中心,中心以课程、工作坊、讲座及研讨会等形式,向教师、教学助理、学校员工和康复服务工作人士等提供特殊教育专业支援及培训。于2010年1月创建特殊教育与辅导学系,重点学科领域包括特殊及融合教育、资优教育和辅导与咨商,专业领域涉及广泛,包括学校心理辅导、生活技能、家庭支持、亲子教育、整体教育、融合教育、特殊教育等,支持有身体或智力残疾、感觉障碍、自闭症、资赋优异、情绪及行为障碍、学习障碍和阅读障碍等的学生。

目前，香港教育学院为特殊教育师资提供三大类课程，即后学士课程、学士课程和专业进修课程①。①后学士课程主要分为五种：教育博士、教育言语及语言病理学暨学习障碍理学硕士（培养言语治疗师）、教育硕士（专科范畴：特殊需要）、教学硕士、学位教师（教学科目研习：特殊教育）课程。②学士课程主要分为两种：a. 全日制课程：五年制教育学士课程（第二主修特殊教育、副修融合教育）和四年制特殊教育荣誉文学士课程；b. 兼读制课程：三年兼读制教育学士（特殊需要）课程。③教师专业进修课程，主要包括10种（以2015年为例）：学校的公民、公民与道德教育、学校的中层领导、学生正向行为的建立、预防及处理青少年校内违规与违法行为、学校的实用法律知识、沟通、调解、投诉管理、照顾不同学习需要（基础班/深造班）。其中"照顾不同学习需要"课程在2015—2016学年分别开办了6期基础班及5期深造班。

2. 香港公开大学

香港公开大学前身为"香港公开进修学院"，于1989年由香港政府成立，1997年5月升格为香港公开大学。其下设四个教学学院和一个专业进修学院，教学学院包括：人文社会科学院、商业管理学院、教育及语文学院、科技学院，提供博士、硕士、学士、副学士等学位课程。教育及语文学院也是该校提供职前教师培养及教师专业发展培训的主要机构，提供语文及语文教育课程和包括特殊教育在内的幼儿教育课程。

目前，香港公开大学主要提供四个有关特殊教育领域的课程。教育及语文学院与协康会合办三项幼儿教育（特殊教育需要）课程，包括"教育荣誉学士"（幼儿教育：领导及特殊教育需要）、"教育学士"（幼儿教育：特殊教育）和"幼儿教育高级文凭"（特殊教育）。其中，两门学士学位课程"教育荣誉学士"（幼儿教育：领导及特殊教育需要）和"教育学士"（幼儿教育：特殊教育）课程，已获社会福利署认可专为特殊幼儿工作人员而设的培训课程；同时这两项课程也为教育局认可，完成任一课程后均可达到香港教育局对新入职幼稚园校长的学历要求。"幼儿教育高级文凭"（特殊教育）课程也获社会福利署承认等同完成"一年制特殊幼儿工作训练课程"。另外，李嘉诚专业进修学院提供兼读制专业课程"特殊教育及融合教育专业文凭"，旨在增进教师有关特殊教育和融合教育的知能。

---

① 香港教育学院特殊教育与辅导学系. 开设课程[EB/OL]. [2022-08-01]. https://www.ied.edu.hk/sec/view.php?secid=412.

（二）非院校教育机构

1. 香港教育局

香港教育局的相关部门非常注重举办教师持续专业发展活动。一般是以教育局相关部门为主要组织单位，以教育局内教师或邀请院校专业培训人员、与培训主题相关的业内人士、教育团体的专家、资深教师或学校管理人员等作为主要培训嘉宾或主讲人，为学校行政管理人员、校长、教师等提供各种专业发展活动。如特殊教育人员的在职训练主要由特殊教育及幼儿园分部辖下的特殊教育支持二组负责，其为特殊学校及普通学校的在职教师及非教学人员举办各种类型的分享会、工作坊、研讨会及校本培训课程。这些训练课程除加强了教师的专业知识和教学技巧外，还可使教师对教育和课程改革的最新发展有更深的认识，从而因应学生的特殊教育需要，改善其学习效能。

2. 教师及校长专业发展委员会

教师及校长专业发展委员会的前身是香港师训与师资咨询委员会（以下简称"师训会"），成立于1987年，是由教育局局长委任的一个独立政策委员会。其主要职能是就师资培训及发展领域的相关问题向政府提供发展策略和建议，是香港师资培养的重要统筹协调机构。2013年，师训会更名为教师及校长专业发展委员会。在职能履行上，委员会为了更好地突出其在教师及校长专业发展领域所发挥的作用，在其前身师训会的基础上增加了几项新的职能，如为教师及校长举办专业发展相关课程，促进学校管理层、教师教育机构和政府之间的专业交流和协作。

3. 香港教师中心

香港教师中心是根据香港教育统筹委员会第一号报告书建议于1989年成立的，其目标是不断促进教师专业发展和在职培训，中心成员来自教育团体、中学、小学、幼儿园和特殊学校的教师代表。该中心协助教育团体筹办教师在职训练课程或活动。教师中心在推动教师专业发展事宜上，发挥着建立平台的功能，让教师进行跨校交流。该中心为新入职教师提供专业发展活动，与学科及教育团体合作举办会议、研讨会和主题式活动。

4. 协康会

协康会成立于1963年，于1969年成为香港公益金的首批成员，并接受社会福利署的资助。辖下共有14间早期教育及训练中心、14间特殊幼儿中心、6间综合式服务中心、8个青葱计划主要办事处、1间幼儿园及6间家长资源中心，每年为超过10 000个家庭提供服务。协康会一直致力于提供各种培训课程，向家长、教师及业内人士传授专业知识和经验，让他们能运用适切的方法，更有效地训练及教导孩子。在过去十多年间，该会开办了超过2 000项专业进修及家长教育课程和讲座，深受各界欢迎，吸引近70 000人次报读，口碑载道。该会还在2014年9月成立专业教育及发展学会（APED），积极与香港当地、澳门及内地同业进行交流及专业培训工作，为幼儿导师、小学教师、治疗师等专业同工举行专业进修课程，以促进教育及复康服务的发展。其所举办的培训项目均由专业同工主理，涵盖范围包括言语治疗、职业治疗、物理治疗、心理及行为问题辅导、自闭症儿童训练和感觉统合治疗等，形式包括课程、讲座、工作坊及中心实地学习等。如与香港公开大学合办幼儿教育学士课程；受教育局委托，于2016年3—5月开办"幼稚园教师专业进修课程—照顾学习差异"课程，专为在职幼稚园教师而设，旨在让他们获得及早识别儿童发展和学习困难的知识和技巧，从而掌握有效的教学和支援策略，以照顾学生的不同学习需要。

二、香港特教师资培养机构的特点

（一）一体化

作为香港特教师资的主要培养机构，香港教育学院倡导普教师资和特教师资培养的一体化。在其提供的博士、硕士及学士课程中，更多是把特殊教育或融合教育作为一个专修范畴，或是主修课程、副修课程，使培养的师资既具有普教的知能，又兼具特教相关知能，更符合融合教育的推广中对于师资的要求。这样培养出的师资，在融合教育的环境中，才能有信心、有能力面对学生的多样化需求，并满足其需求。同时，香港教育学院积极倡导普教师资学习有关特殊教育知识，提升特教能力。如学院获利希慎基金赞助，开展了"提升准教师教导特教生能力专题计划"。该计划为期两年，于2014年9月展开，预计参与的教院准教师共1 200名。本计划由特殊教育及辅导学系及特殊学习需要与融合教育中心筹办，以"服务学习模式"举行，让教院本科职前学生对教导特教生有更深入的认识与体验，从而培养他们形成正面态度与掌握教导技巧，增强照顾不同学习需要学生的信心与能力，以应对融合教育的挑战。

（二）系统化

香港教育学院的角色是多重的：既负责教师的职前教育，又负责教师的

职后教育,还兼及教师的入职辅导,集教师的职前培养、入职辅导、职后教育三位于一体。在这三种职能中,以职前培养和学历培养为主,以在职培养和非学历教育为辅,并通过指导和协作方式兼顾入职教育。这种混合型的机构功能,避免了机构的重叠设置,有利于资源的合理配置,促进了职前职后培养的系统化。

(三) 民主化

香港是一个高度自治和崇尚民主、法制的国际化大都市。这种民主的社会风气也反应在特教师资培养机构的管理上。著名的高等教育家菲利普·阿特巴赫曾提出:"大学应该是一个拥有更多自主权的小社会。"① 香港对于高等院校的管理受到英国模式的影响,即政府对高等院校并不采取直接管理的形式,而是让财政资助成为双方关系的调节杠杆,通过第三方的科研评估和质量保障,对高校的科研和教学质量进行宏观的监督和保障。政府这种民主监督、管理的模式使得高校拥有较大的办学自主权,而外围的民主氛围也引导着校内的民主管理。

香港教育学院的民主氛围比较浓厚,以其对教师和学生的评价就可窥其民主风气。学院一般每年都会进行教师评核,但最终的评核结果会参考教师三年及以上的表现。评核方式一般以学生评价、同事互评以及院系评价为主。其中,院系尤其重视学生的评价。作为教师评核中最重要部分的教学质量评价,即是采取学生评教制。香港教育学院在2001年就制定了SET机制(student evaluation of teaching,学生评教制),即通过一个标准的流程机制收集学生对教师教学质量的反馈信息,以此来保障教师的教学质量。香港教育学院的教与学委员会明确指出,建立SET机制的目的就是为学院提供一份反映教师教学概况的学生意见,作为对教师所教课程总结性评价的重要数据,以期提高教师的教学质量。教院学生的评核工作由校内考试事务委员会负责,其会为课程单元及相关的学校体验设定一定的评级标准,撰写《评级通则》供课程参考。教院对学生采用的评核方式是形成式和总结式相结合的混合评核方式,具体包括笔试、口试、课业表现、反思日志、专题作业、学习历程档案等。也有一些学习活动采用自我评核及同学之间的互评。评核方式及评核内容的多样化保障了师范生的整体质量,也体现了其民主管理的规范。另

---

① 阿特巴赫. 比较高等教育:知识、大学与发展 [M]. 人民教育出版社教育室,译. 北京:人民教育出版社,2001:23-41.

外，教院对学生课业表现的评核，无论是评核内容还是评核方式等，在学生修读每个课程之前都有详细的说明，给予学生充分的尊重。

第三节　广东的特殊教育师资培养机构

一、我国特教师资培养机构的演变

（一）1965 年之前

在 1965 年之前，我国没有专门的特教师资培养机构，大部分特教师资来自普通学校教师和普通师范学校毕业生。最初，新教师进入学校后，以师徒相授制跟着资深教师学习，并通过自我学习来掌握专业知识和技能。进入 20 世纪后才逐渐以短期训练班的方式加以训练，主要分为特殊学校附设的师训班及师范班、教育行政部门开设的师训班、各级机构举办的在职特教师资培训班等。

1. 特殊学校附设的师训班及师范班

20 世纪头 20 年中，中国逐步重视特殊教育，当时的教育促进委员会成立了特殊教育委员会，开展对盲、聋、哑教育的宣传、推动工作，由此带来了全国各地对盲哑教育师资的迫切需求。特教师资是特殊教育发展的基础与前提，其规模与质量都直接影响到整个特殊教育事业的发展。为缓解当时师资的严重不足，在南通、长沙、上海、南京、成都和昆明等地的盲校纷纷设立盲哑师训班及师范班，其中以 1915 年设立的通州（南通）盲哑师范科为最早。

2. 民政部门或残联开办的特教师资培训班

民政部门或残联为推动特殊教育的发展，也开办了一些特教师资培训班。如盲人福利会（隶属于民政部）于 1955 年开办了全国盲人训练班（又称北京盲训班）。训练班设师资、按摩、音乐、普通工艺和农艺 5 个班，来自各省（市）盲校的盲人校长、盲人学生、受伤失明军人等 290 多人接受了培训。盲人学员毕业后，分配到全国各地，成为当时发展盲人教育的骨干。

3. 各级教育行政部门开办的特教师资培训班

1953 年，教育部设立盲聋哑教育处。同年底，经教育部批准，《新盲字方案》(即现行的汉语盲文)向全国公布和推广。由于各地盲校和盲聋哑学校需要学习新盲字、新开设的特殊学校需要师资,因此,教育部以及各省、地区的各级教育行政部门从 1950 年代末至 1960 年代中期("文革"之前)开办了多期盲人师资培训班,培训时间有一个月、三个月或半年,学员大多为盲校在职教师或刚进入盲校的原普小教师。

(二) 1980—1999 年

在"文化大革命"的十年里,特殊教育停滞不前,特教师资培养更是无从谈起。从 1980 年起,特殊教育才开始逐渐发展。为满足各地对特教师资的需求,政府投资兴建了一批独立设置的特殊教育师资培训机构。由此,特教师资培养模式发生重大转变,由先前的在职短期培训班模式逐渐转为长期正规职前培育模式。

我国正规的特教师资培训始于 1982 年,教育部在南京市建立了特殊教育师范学校,承担全国培训特殊教育的小学教师的任务,设盲、聋哑、智力迟钝三个班级,招收初中毕业生,学制四年,1985 年正式招生。1989 年国务院办公厅转发国家教委等部门《关于发展特殊教育若干意见的通知》(国办发〔1989〕21 号),在师资培训上,要求各省、自治区、直辖市要本着师资先行的原则,在五年内积极创造条件,筹办特教师资培训机构。可以单独设立特教师范学校,也可以在普通中师、特教学校或其他教育机构附设特教师范班、特教师范部。但是为补充特殊教育急需的师资,各地可选调一部分应届中师毕业生和普通中小学、儿童福利机构的在职教师进行专业培训,随后分配到特殊学校(班)和残疾儿童福利机构任教。同时还可选调一部分高中毕业生或民办教师进行专业培训,分配到特教机构任教。到了 1991 年,山东、辽宁两省已建立特教师范学校,黑龙江、吉林、四川、河南、湖南、湖北、浙江、福建、江苏、河北、山西、北京、贵州、新疆、广东等省、市、自治区已在普通中师学校开办特教师范部(班),上海、天津、云南、青海等市、省已设立特教师资培训中心或培训部。到 1994 年,已有 7 所师范大学设特教专业并招生,以培育中等特殊教育师资培训机构的师资;已有 33 所中等特殊教育师资培训机构,其中有 6 所独立的特殊师范学校,其余为附设于普通中师、特殊学校内的特师部(班)或特教师资培训中心。这些培训机构分别培养盲、聋和弱智三个专业的特殊教育师资,基本上满足了特殊学校和普通小学附设的特殊教育班对于师资的要求。

这一时期,小学师资的培养机构和中等学校师资的培养机构概况如下。

(1) 小学师资的培养机构:培养小学阶段特殊教育师资的任务主要由中

等师范学校负责。中等师范学校均由地方管理，其设置主要有两种不同方式：

①中等特殊师范学校，此类学校主要有南察特师（江苏）、辽宁特师（营口）、昌乐特师（山东）、河南特师（郑州）、襄樊特师（湖北）和长春特师（长春）6所。

②中等师范附设特殊师范部（班），主要有肇东师范（黑龙江）、泉州师范（福建）、邯郸师范（河北）、乐山师范（四川）、如皋师范（江苏）、湘江师范（湖南）、西安师范（陕西）、温芬师范（浙江）、第一师范（北京）、合肥师范（安徽）、平定师范（山西）和大台师范（吉林）12所师范学校。

(2) 中等学校师资的培养机构：特殊学校中等阶段和中等特殊师范学校的教师主要由师范大学培养。从1986年开始至1998年，共有7所师范大学陆续设置了特殊教育专业（相当于系或组），主要包括：北京师范大学、华东师范大学、重庆师范大学、华中师范大学、西南大学/西南师范大学、辽宁师范大学和陕西师范大学。自此，我国的特殊教育师资培养进入了高等特殊教育师范模式。

(三) 1999年至今

为提高师资素质，1999年3月教育部在《关于师范院校布局结构调整的几点意见》（教师〔1999〕1号）中提出调整师范学校的层次和布局，"通过10年时间，从城市向农村、从沿海向内地，逐步推进师范院校师资结构调整，由三级师范（中等师范学校、师范高等专科学校、师范大学）向二级师范（师范高等专科学校、师范大学）过渡"。

自此，中国师资培养由中等师范学校逐渐向上提升，转变为由师范高等专科学校和师范大学承担，同时也在综合性大学设师范学院或教育学院，综合培养各级各类师资。特殊教育师资也主要在特殊教育师范高等专科学校、特殊教育师范学院，或在师范高等专科学校、师范大学和综合性大学以附设特殊教育学院/系/专业的形式来进行培养。目前，全国有北京师范大学、北京联合大学、南京特殊教育师范学院等52所高校设置了特殊教育（师范类）专业，培养特殊教育学校专任教师。此外，陕西师范大学等169所师范院校也普遍开设了特殊教育课程，使普通师范生掌握一定的特殊教育专业知能，具备指导特殊儿童在普通学校随班就读的能力。

二、广东的特教师资培养机构

(一) 中等特教师资培养机构

1992年9月,广东省教育厅委托中山市委、市政府,在中山市师范学校以"一套班子,两块牌子"的方式,创办了广东中山特殊教育师范学校,并从全省21个地级市招收初中毕业生,经过三年中师培养,为全省各市县培养初等特殊教育师资。直至2003年停止招生为止,共培养特殊教育师资680人,其中,有400多名特师生被分配到广东省近百所特殊教育学校或民政、残联系统的残疾儿童或青少年康复训练机构任教。

(二) 高等特教师资培养机构

广东虽是经济较发达地区,但在特殊教育专业建设上起步较晚,多年来,广东省内没有专门培养特殊教育专业教师的高等院校。近些年来,广东才陆续在广州体育学院(2008年)、华南师范大学(2012年)、岭南师范学院(2013年)和广东第二师范学院(2013年)等高校设立特殊教育专业,培养本科及以上层次的特殊教育专业教师。

1. 华南师范大学特殊教育学院

华南师范大学特殊教育学院是广东省残疾人联合会与华南师范大学联合创办的公办二级学院。学院于2011年5月开始筹建,并于2012年6月正式成立。学院实行"董事会领导下的双院长负责制",由广东省残疾人联合会和学校各派1人担任院长、1～2人担任副院长。日常运作和管理实行"院长联席会议制度"。

学院是通过合并教育科学学院学前教育系、应用心理学系和基础教育研究所的相关专业人员并引进高层次人才组建而成的。现有专任教师10人,其中教授3人、副教授4人、讲师3人,具有博士学位者5人;博士生导师1人,硕士生导师3人。学院内设4个机构,涵盖教学、科研和社会服务三大方面,包括特殊教育教研室、特殊教育政策与法律研究中心、特殊儿童鉴定与咨询中心及特殊教育研究与师资培训中心。目前初步建有特殊教育教学实验室、特殊儿童行为观察室、特殊儿童心理测量室和特殊教育图书资料室,以满足特殊教育人才培养和学术研究的需要。2015年,学院开设有"特殊教育学"和"特殊儿童心理诊断与辅导"两个方向,共招收全日制本科生150人,全日制研究生20人。

学院积极开展社会服务，提供决策咨询。其中最重要的就是开展特殊教育人才培训活动。通过委托办班和合作办学等模式，积极开拓特殊教育师资和相关社会工作者的岗前培训和职后培训，并采用名家讲座、跟岗研习、沙龙研讨和个别研讨等多种方式，有效提升培训活动的质量。另外，学院积极为各级政府的科学决策提供咨询；为特殊教育学校、社区社会工作站、儿童福利院等相关社会机构提供智力支持；同时建立特殊儿童鉴定和训练中心，提供各类特殊教育服务。

2. 岭南师范学院特殊教育系

岭南师范学院原名湛江师范学院，是一所具有百年师范教育历史的广东省属普通本科院校。学院于2012年在教育科学学院下开设特殊教育系，首年招生24人，以后每年招收约40人。该专业在设立之初，就非常注重与台湾特教界的交流与合作。首先，在师资方面，由台湾师范大学教育学院前任院长吴武典教授任主任，聘请台湾的特教专家来校授课，一般每学期都有2～3名教授开设特殊教育专业课程。其次，在学生培养上，与台湾的高等院校进行联合培养。学生有半年时间在台湾设有特教系的院校中学习。除此之外，岭南师范学院还积极举办海峡两岸特殊教育论坛，开展两岸特殊教育的交流与合作，推动特教人才的培养。如2015年11月，教育科学学院与台湾台中特殊教育学校、台湾宜兰特殊教育学校、广州市越秀区培智学校、广州市番禺区培智学校、珠海市特殊教育学校、肇庆市启聪学校、肇庆市端州区启智学校、湛江市特殊教育学校签订了海峡两岸协同育人意向书，开启了海峡两岸高等院校、特殊教育机构、特殊教育学校共同搭建协同交流、合作与育人平台的共进之路，全方位开展特殊教育学术研究成果、教学实践、融合教育、特殊儿童教育研究、教材与辅具等多方面的合作与交流。根据意向书，10个单位之间将开展双边或多边协作，积极拓展协同育人途径，包括：加强海峡两岸特殊教育学术交流，协同整理出版研究成果；加强人员交流，以短期访学、学术交流、参观考察、短期讲学和培训等形式，相互学习办学经验，提升特教人才水平；加强高校、特殊教育机构和特殊教育学校三方互动，强化最新理论与一线实践的合作与交流，引领特教教师专业发展；加强学生交流与培养，构建各种学生协同培养模式和机制，努力促进学生成长成才。

3. 广东第二师范学院特殊教育系

广东第二师范学院原名广东教育学院，于2010年经教育部批准，改制为广东省属普通本科院校。学院于2013年在教育学院下设特殊教育系，每年招生约 40 人。特殊教育系是在原教育系的基础上成立的，因而师资主要源于教育学、心理学专业原有的教师，特殊教育专业毕业的教师很少。

4. 广州体育学院特殊教育（体育）专业

广州体育学院创建于 1956 年，是华南地区唯一具有本科和研究生教育的独立建制高等体育学府。其体育教育专业是国家特色专业建设点和广东省高等学校名牌专业。学院于 2008 年开始在体育教育系开设特殊教育（体育）专业，主要培养在特殊学校、残疾康复机构、社区康复中心、福利院、残疾人体育机构、中小学校等部门从事残疾人体育教学与训练、残疾人运动康复治疗、残疾人教育与生活指导等工作的人才。

三、广东特教师资培养机构的特点

（一）一体化

广东倡导特教师资和普教师资培养机构的一体化。目前广东没有设立专门的特殊教育师范院校，而是在普通师范院校或单科院校中以设二级学院、系或专业的形式，培养特殊教育专门人才。在这些院校中，秉承同样的培养理念，共享同样的教育资源，共处同样的学习环境，促进了普教师资和特教师资培养的融合。

（二）多元化

广东特教师资培养机构注重交流和合作的多元化。四所高等院校的特教专业办学时间都不长，无论是在基础设施还是在师资配备上，都有许多不足。正是在这样的探索和开创时期，多样化的交流与合作就显得尤为重要。首先，是四大院校之间的交流与合作。特别是三所师范院校，无论是在课程设置还是专业发展等方面都有许多可互相借鉴和商榷的地方，理应互相交流。在专业师资不是很充分的情况下，师资的共享也是必不可少的。如华南师范大学关于运动康复类的课程是请广州体育学院的教师来任教的。其次，是加大与各地同类学校、特殊教育学校及机构、相关行政部门和民间机构等的交流与合作。如广东第二师范学院于 2013 年发起、2014 年初正式成立了"广东省特殊教育专业协同育人联盟"。现有广东省内外 20 多所特教学术机构或特教学校与其签订了协同育人联盟协议，并与美国、日本等国家和我国台湾、香港地区的特教机构开展合作。岭南师范学院也积极推动两岸特教界的协同育人工作。华南师范大学则通过开设系列讲座、设置为期 3～5 个月的短期聘任岗位等多种方式，定期且有计划地邀请国内外特殊教育领域的权威学者来校讲学，并商讨学科共建、项目合作事宜等。

（三）线性化

广东的四所特教师资培养院校，在行政管理上皆接受广东省教育厅的管理，自主程度不如香港和台湾的院校。其校内管理基本上实行一种线性化管理模式，教师和学生在学校发展事务上的参与度还不太高。目前，广东省正积极推动高水平大学建设，逐步加大院校的自主权。如从 2016 年开始在 5 所高校试行人事自主权，其中就包括华南师范大学。广东高校也在不断创新管理模式，变管理制为服务制，加强教授治校，设立各种委员会，大部分决策事务交由相关委员会讨论和决定，充分发挥民主，推动学校发展。

第四节　三地特殊教育师资培养机构比较

综观台湾、香港、广东三地的特殊教育师资培养机构，对照全纳的特教师资培养机构，它们在多元化、一体化和系统化特性上的异同便显露无遗。

一、机构多元化比较

师资培养机构的开放性和多元化在一定程度上保证了师资来源的多样化，这既有利于特教师资之间的多元交流，也能让教师坦然面对多元化的学生——因为教师只有亲身体验和感悟过多样性，才能在面对多样性的学生时给予尊重，并乐于接受。

广义上的师资培养机构不仅仅是指正规办学机构，还包括所有提供师资专业发展培养活动的团体和机构。在全纳教育的视角下，无论是专门的师资培养院校，还是综合性大学；无论是政府参与的教师机构，还是民间组织和团体；无论是高等院校，还是中小学校、特殊教育学校等，都可以开展师资培养活动。在这一点上，三地的特教师资培养机构都具有多样性特征。台湾特教师资培养机构的多元化特征非常明显，职前培养机构不仅数量多，设有特教系的大学院校就多达 13 所；而且类型丰富，性质不一，包括了专门的师范大学、教育大学、综合性大学等，以公立大学为主，还有私立大学。其职后培训机构也是多元化的，既有正规院校、中小学校和特殊教育学校，又有教师进修机构、特教资源中心及一些学会和民间组织等。虽然香港负责特教师资培养的院校机构不多，主要以香港教育学院为主；但其职后培训机构多元化，包括高等院校、教育局相关部门、教师中心及有关民间团体和组织等，这些机构性质多样化，各司其职，从不同层面开展培训活动，提供多元化的课程。广东的特教师资职前培养机构性质相对单一，主要以师范院校为主；但在职培训方面除了提供职前培养的四所院校外，还包括残联、福利机构、教育局等政府部门及社会机构等，在类型上也具备多元化的特征。

同时，师资培养机构的交流和合作也应该是多元化的。三地的特教师资培养机构不仅注重与本地机构及组织的交流与合作，积极推动特教师资职前培养机构、职后培训机构、特殊学校及普通学校等之间的互动和合作，同时三地因为地域的便利，相互之间的交流与合作也非常频繁。通过合作办学、讲座、研讨会、参观访问等多样化形式，从官方层面、组织层面，以及民间层面、个人层面，开展多层次、多类别的交流与合作，积极开拓视野，共享专业资源，合力培养人才，促进特教发展。台湾的特殊教育发展最早，也最为成熟，积累了丰富的经验。因此，香港和广东经常邀请台湾的特教专家开展讲座和研讨，如岭南师范学院不仅广邀台湾特教专家来校授课，还与台湾高校合作办学，共同培养特教师资。同时从2014年开始，该校还与台湾相关特殊教育学术机构和院校共同主办了"海峡两岸特殊教育高端论坛"，就两岸特殊教育发展的热点、重点和难点问题进行交流和探讨，目前已举办多届。广东特教师资培养机构还积极派出考察团或代表团到香港、台湾等地参观、考察和交流，开展多样化的合作。另外，台湾和香港历来注重与亚太、欧美相关地区的交流和合作，特别是参访特殊教育发展比较快、比较成熟的国家和地区，积极开拓国际视野，发展国际交流，促进国际合作，推动特教师资培养本土化和国际化的有效融合。广东作为经济发达地区，国际交流与合作也越来越频繁、越来越广泛。特教师资培养机构不仅将国际知名专家、学者以讲座、授课、研讨等形式"请进来"，也利用公派留学、短期访学、交流考察、学生交换项目及合作办学等形式，让教师和学生"走出去"，拓宽交流的途径和渠道，提升合作的层次和深度。

二、机构一体化比较

全纳教育的大力发展，促使越来越多特殊学生进入普通学校学习，这使得特教师资和普教师资的合作与融合成为必然要求。无论是普通师范院校还是特殊师范院校，在人才培养方面都各具优势、各有特色。而全纳教育师资的职前培养需要打破传统的二元分离制度，在教师培养机制上统筹安排普通师范教育与特殊师范教育，充分发挥二者在人才培养方面的特色，形成互补和合力，共同培养全纳教育所需要的师资。而普教师资与特教师资培养机构的一体化，可以实现人才培养目标、培养层次和培养类型更合理的搭配，在某种程度上为二者的融合发展提供了便利条件。

负责三地特教师资职前培养的机构主要以大学院校为主，尤以普通师范院校为主。也就是说，三地的特教师资主要是在普通师范院校培养的，这也符合全纳教育师资培养的一大要求，即普通教育师资培养特殊化，特殊教育师资培养普通化，实现师资培养的一体化。台湾负责特教师资培养的13所院校中，就有9所为普通师范类院校，这些机构分阶段培养幼儿园、小学、中等学校的特殊教育教师。特殊教育专业的学生可以通过双主修、辅修等方式获得普通教育方面的学分，而其他专业二年级以上的本科生及硕士生、博士生可以通过辅修或选修获得特殊教育学分。此外，还开设了学士后特殊教育学分班，使有志从事特殊教育的大学毕业生可以通过特殊教育课程学习获得一定学分。师资培养机构的一体化极大地促进了普教和特教师资培养的融合，符合全纳教育发展所需。目前，香港80%的受训幼儿园教师、84%的小学教师及30%的中学教师，皆为香港教育学院的毕业生。教育学院更被视为推动幼儿教育、小学教育、公民教育、特殊与融合教育及职业教育的先驱。作为普教和特教师资培养的主要院校，香港教育学院积极倡导普教和特教师资培养的一体化。特殊教育与辅导学系把特殊教育或全纳教育设为一个专修范畴或是主修课程、副修课程，作为博士、硕士及学士课程中的一部分，使培养的师资既具有普教的知能，又兼具特教相关知能，更符合全纳教育的推广对于师资的要求。同时香港教育学院积极倡导普教师资学习有关的特殊教育知识，掌握一定的特教能力，增强照顾不同学习需要学生的信心与能力，以应对全纳教育的挑战。广东没有专门的特殊教育师范院校，主要以在普通师范院校设二级学院、系或专业的形式，培养特殊教育专门人才。华南师范大学特殊教育学院与教育科学学院实质上是"两块牌子，一套人马"，岭南师范学院与广东第二师范学院则都是在教育学院下设特殊教育系，因而其普教与特教师资培养机构也是一体化的。

三、机构系统化比较

1966年，联合国教科文组织与国际劳工组织在《关于教师地位的建议》中提出："应把教育工作视为专门的职业，这种职业要求教师通过严格、持

续地学习来获得并保持专门的知识和特别的技术，它是一种公共的业务。"①自此以后，西方在理论和实践上一直把教师专业化当作教师发展的方向。特殊教育教师的工作具有双重属性：既是一种职业，又是自己的一种生活历程和生命存在；既是帮助学生成长和发展的过程，同时又是自身成长和发展的过程。因此，特殊教育教师的成长是一个终身的过程，是专业系统化发展的过程，它不仅要求通过职前教育为其专业发展奠定基础，更要求通过职后的不断学习和教育来促进专业的发展。所以，特教师资专业发展的可持续性和系统化就成为特殊教育教师发展的一大趋势。特教师资职前培养和职后培训的系统化设计，相应地要求特教师资培养机构实现职能上的系统化转变，即从职前职后分离的教师培养培训机构转变为系统化的师资培养机构。这样既避免了机构的重复设置，又充分开发和利用了资源，促进教师专业的可持续性发展。三地的特殊教育师资职前培养机构均实现了功能上的系统化，既负责职前培养，又提供在职培训，同时还兼顾入职辅导。这种功能上的系统化，也是在践行大学的教学和服务功能。大学的首要职能就是提供优质教学，培养高质量人才；同时也要履行其服务社会的职能，为在职教师提供各种专业化培训，为学校、机构和团体提供智力支持，这就是师资培养机构为社会所提供的最大服务。

台湾负责特教师资培养的高等院校不仅肩负着特教师资的职前培养，也承担着职后培训的重任。其 13 所高等院校师资力量雄厚，可以充分发挥专业优势，实现职能上的系统化，更好地促进特教师资的专业化发展。台湾的大学院校不仅设有特殊教育学系，还设有特殊教育中心，其中，特教学系更多地承担师资职前培养的任务，特教中心则以开展研究和推广服务为主，包括开展特教师资的非学分在职培训等。如新竹教育大学的特殊教育学系设有学士班和硕士班，培育正直、热诚、有社会责任感、具思辨力与实践力的学前或小学阶段特教专业人士，主要负责特教师资的职前培养。其特殊教育中心则主要负责职后培训，"协助办理桃竹苗地区四县市辅导区学前及小学特殊教育教师的在职进修；协助办理桃竹苗地区四县市辅导区大专阶段资源教室人员的在职进修"②。将特教师资的职前培养和职后培训统筹考虑，充分发挥专业优势，利用专业资源，提供系统化的专业服务。

香港教育学院作为特教师资的主要培养机构，集特教师资的职前培养、

---

① 谢安邦. 师范教育论[M]. 北京：中国建材工业出版社，1997：59.
② 新竹教育大学特殊教育中心. 中心简介[EB/OL]. [2022 - 08 - 01]. http://www.nhcue.edu.tw/~spec/.

入职辅导和职后教育三位于一体,实现了职能上的系统化。其特殊教育与辅导学系主要以职前培养和学位课程为主,主要开设有后学士课程、学士课程和副学位课程;以在职培养和证书课程为辅,目前主要开设有5种教师专业进修课程,包括"照顾不同学习需要——基础班/深造班""提升学校领导的正向心理健康与幸福感""性教育——家校小区协作""以校本模式支持资优生之学习"及"生涯规划与事业辅导"等。另外,还提供教师专业发展课程,如"照顾有特殊教育需要学生教师专业发展"的基础/高级班及专题课程等。

广东的四所特教师资职前培养机构中,有三所是师范院校,一所是体育院校。他们的角色定位是多重的:既负责职前培养,又负责职后培训,同时兼顾岗前培训。这种多样化的机构功能,避免了机构的重复设置,有利于专业资源的合理配置,促进了特教师资职前职后培养的系统化。《华南师范大学特殊教育学院中长期发展规划(2012—2020年)》提出的总体目标是:"到2015年,基本建成广东省特殊教育人才培养基地、特殊教育学术研究中心、特殊教育师资培训中心和特殊教育资源与服务中心。到2020年,力争建成立足广东、辐射全国、面向世界的国内一流学科发展与学术研究平台、特殊教育师资培养与继续教育基地和社区服务与矫正康复资源中心。"[①] 由此,其对人才培养、学术研究和社会服务三大职能的系统化设计与考虑赫然可见,不仅注重特教专业本科生和研究生的教育工作,更将开展特殊教育人才培训活动作为其社会服务的首要发展任务。"探索委托办班和合作办学等多种模式,积极开拓特殊教育师资和相关社会工作者的岗前培训和职后培训,采用名家讲座、跟岗研习、沙龙研讨和个别研讨等多种方式,有效提升培训活动的质量。"[②] 广东省近年来不断加强特教师资的在职培训,逐步构建省、市、县(区)等三级培训体系,省级层面主要开展特殊教育学校校长及骨干教师的培训项目。以广东省2014年省级培训项目的承担单位为例,主要是负责特教师资职前培养的4所高等院校承担了在职培训项目(表5-1)。

[①②] 华南师范大学. 特殊教育学院中长期发展规划(2012—2020年)[R]. 内部资料, 2012.

表 5-1　广东省 2014 年特殊教育学校校长、骨干教师省级培训项目及承担单位情况表①

承担单位	培训项目
华南师范大学	特殊教育学校校长培训项目
	随班就读骨干教师培训项目
广东第二师范学院	智障教育骨干教师培训项目
	听障教育骨干教师培训项目
岭南师范学院	特殊儿童心理与教育评估培训项目
	孤独症儿童教育与康复实务培训项目
广州体育学院	特殊教育学校体育康复骨干教师培训项目

---

①　广东省教育厅. 关于广东省 2014 年特殊教育学校校长、骨干教师省级培训项目承担单位评审结果的公示. [EB/OL]. (2014-10-01)[2022-08-01]. http://www.gd-hed.edu.cn/business/htmlfiles/gdjyt/tzgg/201410/480579.html.

第六章　特殊教育师资培养政策分析

政策的表达形式一般包括法律、法规、条例、规章、决定、指示等。师资培养政策是政府教育决策的结果及其在教师教育领域的政治举措，起着规范教师培养、聘用与发展活动等方面的作用。有关特殊教育的师资培养政策，主要存在两大体系，一是总的师资培养方面的政策，这些政策规范着一个地区各类别、各阶段师资的教育活动，这是特殊教育师资培养与普通教育师资培养相同的一面；另一方面，因特殊教育对象具有一定的"特殊性"，故对特殊教育教师提出了特定的要求，在特殊教育的政策文件中，就提出了有关特教师资培养的规定。因而本章在分析三地特教师资的培养政策时，主要从整体师资培养政策和特殊教育政策两个方面着手。

第一节　台湾的特殊教育师资培养政策

一、台湾特教师资培养政策的演进

台湾学者林纯真指出，由于专业能力的取向与教育分类的影响，台湾的特教师资制度同时受到"师资培育法"与"特殊教育法"的规范；而在实务上，特教师资政策不只是特教政策的核心，更是整体师资政策的焦点。所以在探讨台湾的特教师资培养政策时，主要选取"师资培育法"和"特殊教育法"及其相关子法作为依据来进行分析。

（一）整体师资培养政策的演进

台湾地区一直将师资培养放在优先发展的地位，奉行"教育为本、师范为先"的原则，先后颁布了一系列师资培养政策，以此来规范师资培养的发展。如今，台湾师资培养已形成较为完备的政策法规体系。

从宏观角度讲，以1994年颁布实施的"师资培育法"为界，台湾师资培养政策的发展大致可以分为两个时期：①1994年之前，台湾采用封闭化、一元式的师资培养政策，中小学教师及特殊教育教师由专门的师范院校培养；

②1994年"师资培育法"颁布实施后，台湾师资培养政策做了重大调整，开始实施开放式、多元化的师资培养制度，允许各类非师范院校承担中、小学及特殊教育师资的培养任务。

1. 封闭式、一元化的师资培养政策

台湾地区有关师资培养的规章制度，在1955年以前因循我国民国时期的《师范学校法》及相关规程，到1979年才正式颁布了"师范教育法"及其相关子法。这一阶段台湾的师资培养制度，无论是正规的职前专业培养，还是短期的在职进修，都是采取"公费公办"的模式。所以有关师范生的培养、任用、进修，均倾向封闭模式，即非师范生不易获得修习教育学分的机会；欲成为合格教师，更是难上加难。所以在"师范教育法"实施了10年后，由于其政府办理制度、公费制度、分发制度、一元化的师资培养的特点，已经越来越难以应对社会快速变迁的需求，封闭性、单一性、狭窄性的师资培养政策受到了严厉的挑战与质疑，亟待一场彻底的变革。

2. 开放式、多元化的师资培养政策

1987年，台湾教育部门成立了由教育专家组成的"师范教育法"专案研究小组，经历6年的探讨期后，于1994年2月正式公布实施了"师资培育法"。较之前的"师范教育法"，它不仅仅是名称上的变更，更具有里程碑式的意义，它使台湾的师资培养体制由计划管制时代迈入了市场导向时代。

"师资培育法"的最大特色是打破了教师培养几乎由师范院校专办的传统，转而建立起师资培养多元化的新制度。

（1）师资培养管道多元化

依"师资培育法"规定，完成特教师资职前课程者，包括五大类对象（来源），较"师范教育法"及"特殊教育教师登记及专业人员进用办法"规定的范围已大为扩大。依"师资培育法"第六条、第七条的规定，特教师资来源有五：①省内外大学特教学系毕业者；②省内外大学特教研究所毕业，并已修习规定学分者（指特教学程中的一般教育专业科目已修满10学分）；③高级中等以下学校的合格教师，并已修习规定学分者（指已修习特教学程中特殊教育共同的专业科目及特殊教育各类组的专业科目，共30学分）；④省内外大学毕业，在学期间已修习特教学程者；⑤省内外大学毕业，并已修习规定学分者（指已修满同特教学程的科目的学分）。以上五类人员，可检定为合格的特教教师。

（2）师资培养机构多元化

依"师资培育法"的规定，特教师资培养由师范学院和设有特殊教育系、所或特殊教育学程的大学院校实施。此一新规突破了传统上特殊教育师资由师大、师院主要培养的限制，从而为一般大学加入特教师资培养行列提供了法源依据。

（3）教师资格采取区分性检定

1995年台湾依"师资培育法"规定制定了"高级中等以下学校教师资格检定及教育实习办法"，特教师资的检定与进用办法不再依据"特殊教育教师登记及专业人员进用办法"（1987年）而定，而是规定教师在职前教育课程完成后，须经初检、实习及复检三个阶段（后经修订，将初检和复检合并为一次教师资格检定考试）才能获得合格教师证书。即依"师资培育法"已完成职前课程者，并非必然可成为正式教师，尚须经前述三个法定程序，始得为之。其中，启智教育及多障类教师，依任教的教育阶段而检定；其余各障碍类教师，则与原登记办法的规定相同。此项规定配合师资多元来源的政策，强调检定与实习的历程，对于大学相关科系修习特教学程或学分者，颇能整合其原有的专业知能，使特教服务更为周延。

（4）师资培养课程弹性化

传统上，师范院校的课程有较统一的规范，毕业学分（148学分）也比一般大学（128学分）要多。"师资培育法"颁行后，则有了下列弹性：

①毕业学分各师资培养机构依照大学法规定（128学分）自订，不再由教育部门统一订为148学分。

②师范院校四年制各学系学生，可不修习师资职前教育课程（"师资培育法"第七条中的规定），扬弃了"师范教育法"中"凡读师大、师院者，均须修毕师资培育课程"的规定。

③特教师资培养过程中的教育专业科目或特殊教育学程具有弹性。教育部门虽对学分有所规定，但在科目的设置上留给了学校相当的自主空间，只要求报教育部门备查即可。

④特教师资培养过程中的专门科目及学分数，由各师资培养机构自行认定，教育部门未做进一步规定。

（5）规范相关服务专业人员

依"特殊教育教师登记及专业人员进用办法"（1987年），特教相关服务专业人员包括心理咨商人员、语言训练人员、定向行动人员、听能训练人员、职能训练人员及运动机能训练人员六类，由大学相关科系培育，并修习规定的特教科目学分，申请登记为特教专业教师。随着特教品质与数量不断提升，社会各界对其相关服务的品质与要求也相对提高。于是，台湾针对各项专业人员应具备的基本知能、应修的特教专业学分及培养科系等专业资格，

——研商修正,期望能进用真正符合特教学生各种教育需求的专业人员,以提供确切的服务,并于1999年颁布了"特殊教育相关专业服务人员及助理人员之进用办法"。

"师资培育法"公布之后,历经多次修订,其中又以2002年7月公布的修正案变动的幅度最大。后来的修订案加强了监督和辅助机构的设置,并对原法案中未加明确的问题加以明确。修正法规定应设立的机构有:①师资培育审议委员会,负责对师资培育机构及其课程设置进行审议;②实习与就业辅导单位,负责办理教育实习,辅导毕业生就业及地方教育辅导工作。修正法明确了师资培养的重心,规范了设有师资培育中心的大学招收师资生的资格和修业年限。修正法还将师范生实习时间缩短为半年,取消了实习津贴且需缴付学费,实习包含在师资职前课程之内,实习结束才能从大学毕业。同时,修正法改革了教师资格取得的程序,废除了教师的初检和复检制度,改为教师资格检定制,毕业生必须通过统一的教师资格检定考试,才能获得相应的教师资格证书。

"师资培育法"尽管屡次修订,但是改革的趋向是相同的,即越来越趋向多元、开放、自由、自费和市场导向。

(二) 特殊教育政策的演进

台湾对特殊教育工作特别重视,在制定特殊教育政策方面,不断加强规章制度建设,先后颁布了多项特殊教育法规;并通过一系列特殊教育会议、咨询报告和官方"身心障碍教育报告书"等,形成了比较完善的特殊教育政策。其特殊教育政策体系的建设主要分为三个阶段。

1. 20世纪60—70年代

1968年颁布的"九年'国民'教育实施条例"中明确规定:"对于体能残缺、智能不足及天才儿童,应施以特殊教育或予以适当就学机会。"这是台湾最早的特殊教育法令,为特殊儿童接受教育提供了制度依据。1970年代先后颁布了一系列特殊教育法规。如1970年公布了"特殊教育推行办法",这是当时台湾推行特殊教育最为具体完备的法令。该办法详细地列出了特殊教育的施教目标、对象、方式、学校设置与管理、学生、师资训练等项目。1973年颁布了"儿童福利法";1974年颁布了"特殊儿童鉴定及就学辅导标准";1975年颁布了"特殊学校教师登记办法",对各级各类特殊学校教师的登记资格、登记程序及应修习的特殊教育科目和学分作了明确规定。

2. 20世纪80年代

进入1980年代,台湾的特殊教育政策体系日益完善,其中最具影响力的事件就是"特殊教育法"和"特殊教育施行细则"的颁布。

1984 年颁布的"特殊教育法"是台湾第一部系统的特殊教育法规，其内容虽不如美国 1975 年通过的《所有残障儿童教育法案》（94－142 公法）那么详尽，但足以体现台湾对特殊教育的重视，规划了台湾特殊教育的发展目标和努力方向。此版"特殊教育法"分"总则""资赋优异教育""身心障碍教育"及"附则"4 章，共有 25 条。总则对特殊教育目标、教育年限、教育内容、特殊教育课程教材法原则、特殊学校体质、教育行政管理系统、师资培养培训以及特殊教育实验等作了规定。因其内容比较全面也比较笼统，所以教育行政部门于 1987 年制定了"特殊教育法施行细则"及系列子法规，如"特殊教育课程、教材及教法实施办法"（1986 年）、"特殊教育设施设置标准"（1987 年）、"私立特殊教育学校（班）奖助办法"（1987 年）、"特殊教育教师登记及专业人员进用办法"（1987 年）等，使法规条款更具操作性。

3. 20 世纪 90 年代以后

1995 年台湾教育部门举行了身心障碍教育会议，对特殊教育师资等八个主要议题进行了研讨。1996 年又召开了资优教育会议，也对资优教育师资等八个议题进行了研讨。1995 年台湾教育主管部门提交的"身心障碍教育报告书"中，提出尽快修订"特殊教育法"、保障特殊教育经费的要求，并对特殊教育教师培养等九个方面提出了明确要求。1997 年，台湾主管教育行政部门将"身心障碍教育报告书"的理念添加到特殊教育法规中，修订并公布了"特殊教育法"，全文共 33 条，对特殊教育的管理、经费、师资及专业人员培养、个别化教育计划、学制课程与教学的弹性、融合教育等做出了明确的规定。"特殊教育法"的第一次大修订，让特殊教育的目标更人道化、理性化、现代化、专业化。其后的 2001 年、2004 年和 2009 年，"特殊教育法"又经历了多次修订，不过内容没有太大变化，只是责权更细化，操作性更强。

从特殊教育的法规体系建设来看，特殊教育是朝着一个长度、宽度和高度的三度空间在发展。长度是指特殊教育范围的延伸，向下已至三岁，向上可以进入大学学习；宽度是指特殊教育容量的扩增，如特殊学生的入学率逐渐提高，特殊教育的类别和程度有所增加；高度是指特殊教育质量的提升，随着融合教育的发展，积极倡导并实现为特殊学生提供合适的个别化教学计划和教学服务。

二、台湾特教师资培养政策的特点

(一) 系统性

台湾地区在立足本土和充分吸纳外来经验的基础上，通过制定各项法规，对特教师资培养课程、培养机构、资格检定、在职培训等各类事宜做出明确和系统的规范。时至今日，台湾地区已建立起以"师资培育法""特殊教育法"为基础与核心，以"特殊教育法施行细则""师资职前教育课程教育专业课程科目及学分对照表实施要点""特殊教育相关专业服务人员及助理人员之进用办法""高级中等以下学校及幼儿园教师资格检定办法"等为主要子规的特教师资培养政策体系，为师资培养的发展提供了不可或缺的刚性保障，有效地推动了特殊教育的发展。

(二) 融合性

台湾地区将师资分为四大类，包括幼儿园、小学、中等学校及特殊教育教师。在师资培养政策上，既注重其共性的一面，也区分其不同的特性。无论是对培养机构、培养课程的规范，还是对资格检定、进用聘任等办法的制定，都注重普教和特教师资培养政策的融合。以师资职前培养课程为例，2003 年台湾教育部门颁发了三个文件，分别是"幼儿园教师师资职前教育课程教育专业课程科目及学分""中等学校、小学教师师资职前教育课程教育专业课程科目及学分"和"特殊教育教师师资职前教育课程教育专业课程科目及学分"。2013 年，"师资职前教育课程教育专业课程科目及学分对照表实施要点"颁布，整合了对幼儿园、小学、中等学校、特殊教育等教师的职前培养教育专业课程要求，在课程目标、内容设置、学分要求等方面兼顾共性和个性要求，体现其普教和特教师资培养的融合性。

(三) 可操作性

台湾特教师资培养相关法规的各项条款合乎情法义理，颇具人性色彩，法规内容细致完备，并从具体实际出发进行细化，通过制定多项具体实施细则使其具有可操作性。如随着时代的发展，根据倡导多元文化、尊重差异性、实施融合教育等新形势，对"特殊教育法"不断地加以修订、丰富和完善，便于实施。如根据"师资培育法"制定的"大学设立师资培育中心办法""教育部师资培育审议委员会设置办法""高级中等以下学校及幼儿园教师资格检定考试命题作业要点""高级中等以下学校及幼儿园教师资格检定办法"等,对于师资培养的各项事宜进行了具体规范和说明,将"师资培育法"中的理念和精神贯彻、落实到这些具体的行政规则或命令中,更易于操作和实践。

第二节 香港的特殊教育师资培养政策

一、香港特教师资培养政策的演进

香港政府于1971年先后制定并出台了《教育条例》和《教育规例》两项教育法规,对教师的资格要求、待遇权利、在职培训和任用管理等做出了明确规定,其后的相关政策制定均以此为基础。

(一)整体师资培养政策的演进

1997年香港回归之后,政府把教育作为首要的施政内容之一,以《教育条例》为基础,主要通过报告、通告、建议等具体形式,制定了系列师资培养政策。

1. 关于教师资格与聘用政策

香港关于教师资格与聘用政策的主要内容聚焦于三个方面:中小学教师任职条件规定、中文与英文教师资格认定、教师准入与聘用等。

从1990年代开始,应社会及教育发展的实际需求,香港不断提升教师的入职条件。在幼儿教师入职条件上,通过《幼稚园教师的最低学历要求》(2000年)、《幼稚园校长和教师的学历及培训要求》(2002年)、《新入职幼稚园教师资历要求》(2003年)等政策,明确规定并不断提高幼儿园园长和教师的准入标准及资质要求。《2004年教育(杂项修订)条例》提高了对新入职教师的学历要求,规定中小学准用教员的最低学历为:必须持有学士学位或副学士学位或同等学力,并接受过师资训练。香港教育局还通过下发《实施语文教育及研究常务委员会有关语文教师培训和资历的建议》(2004年)、《有关语文科教师的资历要求事宜》(2009年)等文件,提升对中文及英语两科教师的入职要求。

2. 关于教师入职辅导政策

1992年发表的《教育统筹委员会第5号报告——教师专业》就开始系统

关注新教师的入职辅导问题，建议拟定一项系统的入职辅导计划。师训与师资咨询委员会于 2005 年开始编制《教师入职启导计划》，在中小学校系统试行新教师入职辅导计划。2009 年的教师入职启导计划（第五版），包含《教师入职启导计划小册子》和《新任教师专业发展入职启导工具》两部分内容。《新任教师专业发展入职启导工具》是该计划架构的主体，主要内容包括三个方面：规定启导教师甄选的标准、规定新入职教师启导期内的量化指标、规定入职启导工具等。从 2009 年开始，鼓励公营中小学和特殊学校等自愿参考教师入职启导计划及有关工具，建立或改善其校本启导制度，形成契合其学校实际需要的校本教师入职启导计划与工具。

3. 关于教师持续专业发展政策

为了给香港 5 万多名教师提供一个持续专业发展的方向和参照框架，师训会于 2003 年 11 月发表了题为《学习的专业 专业的学习——教师专业能力理念架构及教师持续专业发展》的文件。文件规定了教师持续专业发展的范畴与领域，将"教师专业能力理念架构"分为四大范畴：教与学、学生发展、学校发展、专业群体关系及服务，涵盖了一般教师的主要工作和职责；还规定了各范畴的发展阶段及各阶段的专业能力特征，按照基本要求、力争胜任、卓越境界三个阶段，规定了四个范畴下教师应达到的专业能力，也规定了教师持续专业发展的量化指标与专业发展形式。文件规定所有教师"不论其级别和职务，均应在每个三年周期内，参与不少于 150 小时的持续专业发展活动"；又规定教师"参加由学校每学年举办的三天教师专业发展日活动，其时数应全部被确认为持续专业发展要求的进修时数"，旨在通过持续性和阶段性的培训活动推动教师专业化的发展。

（二）特殊教育政策的演进

香港不是用特殊教育立法的形式，而是用公布政策性文件的方式来领导、促进和保证特殊教育的发展。

20 世纪 60 年代以前，香港的特殊教育基本上是传教团体和慈善机构的工作，香港政府多通过资助或政策指导的方式介入特殊教育。直到 1960 年，香港教育司署成立了一个新的专门事务组——特殊教育组，特殊教育才开始有政府行为的介入。

20 世纪 70 年代后，香港政府通过公布一些政策性文件来领导和保证特殊教育的实施与发展。同时，受欧美回归主流、一体化教育等的影响，将特殊儿童并入普通班级的融合改革开始成为香港发展特殊教育的主流政策。1977 年 9 月发布的《康复政策及服务白皮书·群策群力：协助弱能人士更生》成为指导香港特殊教育基本方针和政策的重要文件。该白皮书中认同了融合改革运动的理念，建议所有学龄儿童，包括严重伤残者，均应享有均等教育机会，享有九年免费义务教育；要求实施融合式教育，或在普通小学里开设特殊班，让有特殊需要儿童进入普通学校就读。对于暂时不能融入普通班级的儿童，要设立专门的各种类型的特殊学校。

1993年，《香港学校教育目标》中明确规定："不论学生的能力如何，每间学校都应帮助所有学生，包括有特殊教育需要的学生，尽量发展他们学业上及学业以外的潜质。"

1995年，香港政府发表《康复政策及服务白皮书·平等齐参与：展能创新天》，致力于让所有学童能平等地实现最大潜能，将来成为积极与富有责任心的社会一分子，并重新确认全纳教育政策。

1996年，香港教育委员会公布《特殊教育小组报告书》，报告检讨了香港的特殊教育情况并提出了建议。其中第六章为"师资教育"，对特教师资培养的情况进行了检视，并提出意见和建议，包括建议"职前师训应包括/加强特殊教育，以处理融入普通学校而有特殊教育需要的学童"。同年，香港实施《残疾歧视条例》，要求主流学校除有无法克服的困难外，应接受残障学生入读。

1997年，香港推行为期两年的"融合教育先导计划"，参加的学校须采用全校参与模式，为有特殊教育需要的学生提供兼容的学习环境，目的是通过改善全校的文化、政策和措施，加大对有特殊教育需要的学生的支持。在为期两年的先导计划结束后，"融合教育计划"已于1999—2000学年起推展至其他主流学校。

2001年，平等机会委员会推出《教育实务守则》，帮助教育界及公众详细理解《残疾歧视条例》的精神及有关人士的权利和责任，又提供程序及制度指引以促进平等机会。

为推进融合教育的开展，香港制订了一个为期5年的师资培训架构，由2007—2008学年起推行，目的是增强普通学校的教师支持有特殊教育需要的学生的专业能力。该培训架构包括：

（1）30小时基本课程，内容包括照顾有特殊教育需要学生的原则、课程理念、评估方式及教学策略；

（2）90小时高级课程，设有核心及选修单元，供主任级教师、学生支持小组成员以及其他负责教导有特殊教育需要学生或为他们统筹学习活动的职员修读；

（3）主题课程（40～60小时），内容重点在于如何照顾某几类有特殊教

育需要的学生,例如自闭症、特殊学习困难学生等;

(4) 为期两天的校长工作坊,培训校长如何领导学校推动以全校参与的模式推行融合教育;

(5) 为期两天的课程,供负责支持特殊学校教师的教学助理修读,目的是提高他们对特殊教育需要的认识及提升照顾有关学生的基本技巧;

(6) 10 小时校本特殊教育培训课程,开课对象为取录较多有特殊教育需要学生的学校。

二、香港特教师资培养政策的特点

(一) 民主化

香港是一个民主化程度很高的城市,其师资培养政策的制定不是由政府主导的,而往往是教育局委托相关的专业委员会,由专业委员会在广泛调研及征求意见之后发布报告书。其决策经常有社会志愿团体、专家、热心人士参与讨论,充分发扬教育民主。经过多方研讨后,常以绿皮书、白皮书、报告书的形式做政策性发布。如香港教育委员会在1994年决定检视香港的特殊教育情况,便在夏季成立了一个特殊教育小组。这个小组的成员包括教育委员会的部分委员、教育统筹科及教育署的代表,以及从事特殊教育工作的人士。该小组在1994年10月召开首次会议,其后陆续举行了39次会议,访问特殊学校2次,并为特殊教育教师、校长、办学团体的代表及特殊学校的非教师专业人员举办了3次专题小组讨论。历经19个月的研讨之后,在1996年发布了《特殊教育小组报告书》,在其报告书的附录中,完整列出了向小组递交意见书的人士及社团名单,体现了充分的民主性。

(二) 适性化

香港特教师资培养政策非常注重校本化和个体化,使其充分适应和符合学校及教师个人的发展,具有适切性。

如在制定新教师入职辅导政策上,师训与师资咨询委员会于2005年试行新教师入职辅导计划,提供《教师入职启导计划小册子》。小册子主要从不同主体(如学校、新入职教师、启导教师等)使用的角度,以问答的形式阐述了架构的特点、适用范围、实施程序等方面的问题。启导计划在72所学校完成试点工作后,从2008—2009年起,则完全以自愿为原则,让公立学校自愿选择参加。2009—2011年,每年约有300所学校自愿选择参考启导计划及有关工具，以此建立校本启导制度，形成校本启导文化。

《教师专业能力理念架构及教师持续专业发展》这一文件也特别强调教师专业发展的校本化和个体化。文件指出，为满足目前复杂的教育改革要求，教师专业发展路径要"因人制宜、因校制宜、因时制宜、各有优次"，"它要确保个体教师能应本身的专业经验，对学习需要进行有意义的自我评估；同时，它必须容许学校以确立的理论和行之有效的做法，来处理全体教师专业发展的工作"。在职教师可视此"架构"为参考工具，用以反思和检视自身的教学专业发展路向，从而能更系统地计划如何进行持续专业发展。同时，学校也可以参考此架构，并按照自身的背景和发展需要，制定切合自身情况的校本教师专业能力框架，为整体教师专业发展做好规划。

第三节 广东的特殊教育师资培养政策

一、广东特教师资培养政策的演进

（一）我国整体师资培养政策的演进

1. 关于师资培养体系的政策演进

我国的师资培养体系是由封闭式的三级培养模式逐步过渡为开放化的二级甚至一级培养模式的。

（1）封闭式的三级培养体系

1951年国家教育部召开第一次全国初等教育和教师教育会议，通过了《师范学校暂行规程（草案）》和《关于高等师范学校的规定（草案）》，对各级师范学校的调整和设置做出一系列规定，奠定了我国师资培养院校的基本格局。1956年正式颁布了《师范学校规程》等文件，对中等师范教育的性质、任务、培养目标、学制以及课程设置等做出了明确、具体的规定，推动了中等师范教育的迅速发展。

1978年教育部颁发《关于加强和发展师范教育的意见》，强调要争取在三五年内，使目前文化程度较低的小学教师、初中教师、高中教师，通过有组织、有计划的教育培训，大多数都能分别达到中师、师专、师范院校的毕业程度①。

1980年召开的第四次全国师范教育工作会议，重新明确了各级师范院校的培养目标，即高中教师、初中教师、小学和幼儿园教师分别由高等师范本科、高等师范专科和中等师范学校专门培养②。此次会议重新确定了我国师范教育三级培养的模式，形成了一个比较健全的教师教育体系。从1980年代开始，全国各地才陆续设立了培养盲、聋、弱智儿童教育师资的特殊教育师范学校，为特教事业的发展提供了保证。

（2）开放式的培养体系

2002年全国教师教育工作会议提出，"十五"期间，教师教育事业改革与发展的主要任务，是初步形成以现有师范院校为主体、其他高校共同参与、培养和培训相衔接的开放的教师教育体系③。随后颁布的《教育部2003年工作要点》再次强调，要"加快建立开放灵活的教师教育体系，提高办学层次，推进师范院校改革，鼓励综合性大学开展教师教育"④。

2004年3月3日，国务院批转教育部印发了《2003—2007年教育振兴行动计划》，该计划明确提出了"全面推动教师教育"：改革教师教育模式，将教师教育逐步纳入高等教师体系，构建以师范大学和其他高水平大学为先导，专科、本科、研究生三个层次协调发展，职前、职后教育相互沟通，学历与非学历教育并举，促进教师专业发展和终身学习的现代教师教育体系⑤。该计划比较完整地描述了我国未来的教师教育体系，反映了我国教师教育政策发展的基本走向，即开放化、终身化、一体化。

2012年，教育部等六部委印发了《关于深化教师教育改革的意见》（教师〔2012〕13号），针对当前教师教育存在的突出问题，提出了一系列指导性政策意见。意见着重从八个方面提出了深化教师教育改革的具体措施：一是构建开放灵活的教师教育体系；二是健全教师教育标准体系；三是完善教

---

① 何东昌. 中华人民共和国重要教育文献（1976—1990）[M]. 海口：海南出版社，1998：1648.

② 杨婷婷. 多元视角下的中国中小学教师教育政策研究[D]. 桂林：广西师范大学，2006.

③ 宋燕. 基于教师专业发展的高师教育改革[J]. 江西师范大学学报（哲学社会科学版），2010：126.

④ 中国教育年鉴编辑部. 中国教育年鉴：2004[M]. 北京：人民教育出版社，2004：86.

⑤ 何东昌. 中华人民共和国重要教育文献（2003—2008）[M]. 北京：新世界出版社，2010：334.

师培养培训制度;四是创新教师教育模式;五是深化教师教育课程改革;六是加强教师教育师资队伍建设;七是开展教师教育质量评估;八是加强教师教育经费保障。意见中特别强调改革创新,针对现阶段教师教育质量亟待提高、教师教育师资队伍薄弱、经费保障机制不健全等突出问题,强调以深化改革激发发展活力,提出创新教师教育模式,深化教师教育课程和教学改革,加强教师教育课程资源建设、师资队伍建设和经费保障等一系列改革措施,切实解决教师教育改革发展存在的难点问题。

2. 关于师资在职培训的政策演进

1980年,教育部发布《关于进一步加强中小学在职教师培训工作的意见》,强调要制定和完善中小学在职教师培训计划,建立和健全在职教师进修的考核制度,改善教师进修院校的办学条件等[①]。文件对处于不同教学水平和层次上的教师,分别提出了有针对性的、不同的目标和要求。它的颁布对于中小学教师在职培训体系的构建具有指导性的重要意义,标志着中小学教师在职培训体系开始初步建立。

1986年2月,《关于加强在职中小学教师培训工作的意见》发布,对师资培训的任务、要求、形式做出了明确规定,尤其强调要保障培训质量[②]。同年4月12日,《义务教育法》颁布,其中第13条规定:"国家建立教师资格考核制度。"[③] 紧接着9月6日,《中小学教师考核合格证书试行办法》发布,提出中小学教师队伍实行教师考核合格证书制度,这意味着国家开始将中小学教师的在职培训工作正式纳入到标准化、制度化的轨道上来。

1990年12月,教育部发布《全国中小学教师继续教育工作座谈会会议纪要》,明确提出了"必须将我国中小学教师培训的重点有步骤地转移到开展继续教育上来"[④]。自此便开始了我国师资职后培训发展的新阶段。随后1991年底,《关于开展小学教师继续教育的意见》发布,对小学教师继续教育的含义、任务、培训内容都做了明确规定。这表明,中小学教师培训工作的重心发生了变化,已经有计划地逐步转移到了继续教育上。

---

① 何东昌. 中华人民共和国重要教育文献(1976—1990)[M]. 海口:海南出版社,1998:1832.
② 何东昌. 中华人民共和国重要教育文献(1976—1990)[M]. 海口:海南出版社,1998:2372.
③ 何东昌. 中华人民共和国重要教育文献(1976—1990)[M]. 海口:海南出版社,1998:2415.
④ 何东昌. 中华人民共和国重要教育文献(1976—1990)[M]. 海口:海南出版社,1998:3060.

1993年《中华人民共和国教师法》颁布，1995年《中华人民共和国教育法》颁布。这两部法条对师资培养最重要的意义在于，以法律的形式对教师的培养培训问题进行了明确的界定和阐述，为教师教育的进一步发展提供了最有力的法律保障。

1999年9月，教育部发布了《中小学教师继续教育规定》，内容翔实全面，所制定的实施措施细致具体，具有很强的可行性、可操作性及可评估性，构建和形成了科学完备的中小学教师继续教育体系。

3. 关于师资岗前培训的政策演进

20世纪90年代以后，有关新任教师的试用期培训和新教师的岗前培训问题开始受到关注。

1993年发布的《关于加强中等师范学校师资培训工作的通知》中提出，中师继续教育包括三个层次，其中第一层次为进行新教师的见习期培训。这是师资培养政策中第一次提及有关教师岗前培训方面的内容。1994年发布的《关于开展小学新教师试用期培训的意见》，则明确了培训对象为新分配到小学任教的中等师范学校、其他中等学校及以上层次学校的毕业生[①]；同时，对小学新教师在试用期阶段的培训目标、要求、时间及考核方式等内容，都做了详细而具体的规定。该意见为新教师试用期培训工作的顺利开展和实施，提供了有力的参考范式和依据。

1999年，《关于新时期加强高等学校教师队伍建设的意见》提出"青年教师必须参加岗前培训"，这是师资培养政策文件中首次出现"岗前培训"的字样，强调了对青年教师进行岗前培训的必要性和重要性。同年9月颁布的《中小学教师继续教育规定》提出将新任教师的培训纳入中小学教师继续教育体系，表明对新任教师培训的认识和重视程度，以促进新任教师的培训工作朝着更深层次迈进。

（二）特殊教育政策的演进

目前，我国尚没有制定单独的《特殊教育法》，只在《残疾人保障法》《教育法》《义务教育法》《残疾人教育条例》等法律法规中涉及特殊儿童教育问题。

1986年《中华人民共和国义务教育法》颁发之后，国家的法律、法规和文件之中多次对特教师资培养问题做出规定。例如，1989年经国务院同意发

---

① 何东昌. 中华人民共和国重要教育文献（1976—1990）[M]. 海口：海南出版社，1998：3720.

布的《关于发展特殊教育的若干意见》就特教师资培养问题提出了若干措施，包括"设立特教师范学校，高师开办特教专业，选调中师毕业生、高中毕业生、普通中小学、儿童福利机构的在职教师或民办学校教师进行培训后分配到特教机构任教，对在职特教教师进行培训，普通中等师范学校、幼儿师范学校、高等师范院校在课程中增加特殊教育内容"等。1990年12月28日全国人大通过的《中华人民共和国残疾人保障法》和1994年8月23日国务院颁布的《残疾人教育条例》，则进一步以法律、法规的形式对特教师资的培养方式、机构、内容、要求、管理和待遇等问题做出明确的规定。2008年3月28日中共中央、国务院发布了《关于促进残疾人事业发展的意见》（中发〔2008〕7号），将发展残疾人教育作为促进残疾人全面发展的首要任务，指出要"鼓励从事特殊教育，加强师资队伍建设，提高特殊教育质量"；并提出"鼓励和支持普通高等学校开办特殊教育专业，支持师范院校培养特殊教育师资"等各项措施。

2012年，教育部等六部委印发了《关于加强特殊教育教师队伍建设的意见》（教师〔2012〕12号），从规划、培养、培训、管理、待遇、营造氛围等方面，第一次对特殊教育教师队伍建设做出全面部署。该意见提出，计划到2015年，基本形成布局合理、专业水平较高的特殊教育教师培养培训体系，教师数量基本满足特殊教育办学需要；到2020年，形成一支数量充足、结构合理、素质优良、富有爱心的特殊教育教师队伍。意见还指出，坚持"特教特办"，要为特殊教育教师专门建立网络研修社区，开展特殊教育教师教育技术能力专项培训，促进特殊教育教师专业发展常态化。意见要求，坚持质量数量并重，为提高特殊教育教师队伍质量，要制定特殊教育学校教师专业标准，完善特殊教育教师准入制度，探索建立特殊教育教师专业证书制度。依托"国培计划"，加大对全国特殊教育学校教师培训力度。此外，为适应随班就读的需要，意见提出支持师范院校和其他高等学校在师范类专业中普遍开设特殊教育课程，培养师范生具有指导残疾学生随班就读的教育教学能力，并将特殊教育相关内容纳入教师资格考试。这是特殊教育师资问题首次得到政策层面的回应，发出了特殊教育教师队伍建设的总动员令。

2014年，国务院转发教育部等七部门联合印发的《特殊教育提升计划（2014—2016年）》（国办发〔2014〕1号），也对加强特殊教育教师队伍建设提出了具体措施。计划在总体目标中提出要"全面推进全纳教育，使每一个残疾孩子都能接受合适的教育"；将"扩大特殊教育教师培养规模，加大特殊教育教师培训力度，提高特殊教育教师的专业化水平"作为重点任务；同时还提出了主要措施，"加大特殊教育教师培养力度，鼓励各省（区、市）

择优选择师范类院校和其他高校增设特殊教育专业。鼓励高校在师范类专业中开设特殊教育课程,培养师范生的全纳教育理念和指导残疾学生随班就读的教学能力。加大国家级教师培训计划中特殊教育教师培训的比重。采取集中培训和远程培训相结合的方式,逐级开展特殊教育教师全员培训和校长、骨干教师培训。加强普通学校随班就读、资源指导、送教上门等特殊教育教师培训"。国家发展特殊教育的举措,为特教师资培养扩大规模、提升水平提供了政策及制度方面的保障。

尽管早在1994的《残疾人教育条例》中已经明确提出"国家实行残疾人教育教师资格证书制度",但因缺乏行之有效的措施来保障实施,特殊教育教师资格证书制度只是在上海市得到了一段时间的实施,并没有在全国大面积推广使用。2001年《关于"十五"期间进一步推进特殊教育改革和发展的意见》中再次提出了制定特殊教育教师资格条件的有关规定。《关于加强特殊教育教师队伍建设的意见》提出,探索建立特殊教育教师专业证书制度。《特殊教育提升计划》进一步要求研究建立特殊教育教师专业证书制度,逐步实行特殊教育教师持证上岗。直至2015年8月,教育部发布《特殊教育教师专业标准(试行)》(教师〔2015〕7号),提出此标准是"国家对合格特殊教育教师的基本专业要求,是特殊教育教师实施教育教学行为的基本规范,是引领特殊教育教师专业发展的基本准则,是特殊教育教师培养、准入、培训、考核等工作的重要依据",并要求各省(区、市)贯彻执行。自此,才正式在政策层面提出了特教师资的专业化标准。这是特殊教育发展史上具有里程碑意义的一件大事。"这对于提升我国特殊教育教师专业化水平,促进特殊教育发展,实现社会公平与正义,具有重大意义。"①

广东省在遵照国家相关法规和制度的基础之上,也逐步完善发展本省特殊教育的政策措施。2008年,省编办、教育厅、财政厅、残联联合印发了《广东省特殊教育学校教职员编制标准暂行办法》(粤机编办〔2008〕109号),颁布了特殊教育教职员的基本编制标准,以教职工与学生的比例为标准配备教师,分别为:盲人学校按1∶3,聋人学校按1∶3.5,智障儿童学校按1∶2.5,普通学校附设的特教班按1∶3。2011年,省政府出台了《关于进一步加快特殊教育事业发展的实施意见》(粤府办〔2011〕50号),提出了加快完善残疾人教育体系、加快特殊教育学校建设,完善残疾学生随班就读服务体系、加强特殊教育师资队伍建设、进一步完善经费保障机制等要求。

---

① 丁勇. 以专业标准引领特殊教育教师专业成长:关于《特殊教育教师专业标准(试行)》的解读[J]. 现代特殊教育,2015,273(18):3-11.

2012年，省教育厅制定了《广东省特殊儿童少年随班就读资源教育建设与管理实施办法（试行）》（粤教基〔2012〕8号），指导各地加快特殊儿童少年随班就读资源建设，加强工作管理，使随班就读工作进一步规范化、制度化，形成以县（市、区）为主的市、县（市、区级）、校（普校与特校）三级管理网络。2013年，省政府在《关于推进我省教育"创强争先建高地"的意见》（粤府〔2013〕17号）中明确提出，要以教育"创强争先建高地"为目标和抓手，统筹促进特殊教育事业发展。我省已将标准化特殊教育学校和特殊教育资源教室作为创建教育强县（市、区）、强镇（乡）验收的必要条件。2014年7月，召开全省特殊教育工作会议，全面实施《广东省特殊教育提升计划（2014—2016年）》（粤府办〔2014〕36号），提出了要经过三年努力，初步建立起布局合理、学段衔接、普职融通、医教结合的特殊教育体系，办学条件和教育质量进一步提升，建立起财政为主、社会支持、全面覆盖、通畅便利的特殊教育服务保障机制，基本形成政府主导、部门协同、各方参与的特殊教育工作格局。到2016年，全省基本普及残疾儿童少年义务教育，视力、听力、智力残疾儿童少年义务教育入学率达到90%以上，其中珠三角地区各县（市、区）入学率力争达到当地普通适龄儿童少年入学水平，其他地区各县（市、区）达90%以上；重度肢体、孤独症、脑瘫残疾人受教育机会明显增加。

二、广东特教师资培养政策的特点

（一）国家主导

广东的特教师资培养基本上是依据国家制定的各项政策来执行的，地方性法规非常少，只是在一些计划或意见中提到了特教师资培养的相关方面。如2011年广东省人民政府办公厅提出的《关于进一步加快特殊教育事业发展的实施意见》中，就师资建设提出了5条意见，涉及师资培养体系、在职培训、人员编制、教育研究及帮扶交流等；2014年七部门联合发布的《广东省特殊教育提升计划（2014—2016年）》，从完善教师管理制度、完善特殊教育师资培养体系、加强特殊教育教师培训工作三方面，提出加强特殊教育教师队伍建设。地方性政策能够在遵照国家政策的前提下，有效结合地方实际，提出更适切、易于操作的规章制度，以此推动师资培养工作的开展。显然，广东在这方面的自主性还不够强，步伐还不够快，步子也不够大。

（二）行政主导

在特殊教育政策的制定上，广东主要以广东省教育厅、省民政厅、省财政厅、省人力资源和社会保障厅、省卫生计生委及省残联等政府行政部门为主导。对于社会团体、民间组织、专家学者及特殊教育教师等个人的社会力量，还没有通过一个正规的途径、合理的程序有效地调动起来并形成合力，从而共同促进特殊教育各项事业的发展。

第四节 三地特殊教育师资培养政策比较

综观三地特殊教育师资培养政策，对照全纳的特教师资培养政策，其在完备性、明确性、可操作性及渐进式特征上的异同便一览无余。

一、政策完备性比较

特教师资培养政策规范着特教师资的职前培养、专业发展、资格聘任等各方面，引领着特教师资培养的发展方向，指导着特教师资培养的发展路径。其政策法规越完善、越系统，则师资培养的各项工作都能依法而行，也便于机构和个人遵章执行，为师资培养的发展提供了刚性保护。

台湾建立了比较完善和系统的特教师资培养政策体系。从"师资培育法"及其子规到"特殊教育法"及其子规的制定，有关特教师资培养的各方面，诸如培养机构的设置和评鉴、培养课程的制定、教育实习的要求、资格检定及专业发展等，都有相关的法规、制度等做出具体阐释和要求，师资培养的各项工作得以有法可依，遵章而行，走上了法制化和制度化的发展之路。

香港的特教师资培养政策融合在普教师资培养政策之中，没有进行明确区分，倡导特教师资培养与普教师资培养的一体化。特教师资的资格标准、专业发展及入职辅导等，基本与普教师资相同。这样的特教师资培养政策，在一定程度上不利于特教师资的专业化发展。

广东的特教师资培养基本上遵照国家的相关规定执行，地方性的政策文件比较少。2015年9月颁布的《特殊教育教师专业标准（试行）》是特教师资培养的指导性文件，为特教师资的培养、聘任及专业发展等提供了参照和标准，对特教师资培养具有重要意义。广东的特教师资培养政策也将以此为标准，不断提升特教师资的专业化发展。

二、政策明确性比较

在全纳教育背景下，该教育理念应该成为政策制定的主要理念；同时，师资培养应该进一步以法律法规的形式来保障全纳教育理念的贯彻和执行。所以，全纳教育思想应该明确地在政策文本中表述出来，不应含糊不清。

台湾大力倡导融合教育，在其相关的法规政策中，融合教育理念得到了充分表述。1997年修订的"特殊教育法"开始提出融合教育的观念，在第13条中规定，"各级学校应主动发掘学生特质，透过适当鉴定按身心发展状况及学习需要，辅导其就读适当特殊教育学校（班）、普通学校相当班级或其他适当场所"，但"身心障碍学生之教育安置，应以满足学生学习需要为前提，以最少限制环境为原则"。1998年修订的"特殊教育法施行细则"第7条又进一步强调，"学前教育阶段之身心残障儿童应以与普通儿童一起就学为原则"。到2009年，新修订的"特殊教育法"明确提出融合教育理念，提出"特殊教育与相关服务措施之提供及设施之设置，应符合适性化、个别化、社区化、无障碍及融合之精神"。在2013年颁布的"师资职前教育课程教育专业课程科目及学分对照表实施要点"中，提出教育专业课程内容应兼具多元评量、性别平等、适性辅导等专业知能的培育。

香港从20世纪70年代开始就不断推动融合教育发展，在各种报告及计划中大力倡导融合教育理念。1977年9月发布的《康复政策及服务白皮书·群策群力：协助弱能人士更生》初次提出了融合政策："与英国尽可能让在特殊学校接受教育的弱能学生融入普通学校的政策持相统一的态度。"1995年发表的《康复政策及服务白皮书·平等齐参与：展能创新天》重新确立了融合教育政策。2000年开始推广"全校融合教育"方案。2007—2008学年起推行融合教育师资培训架构，目的就是培养教师照顾有特殊教育需求学生的能力。

我国的一些政策文件中对全纳学校的教师素质提出了要求。如1994年发布的《关于开展残疾儿童随班就读工作的试行办法》中对于全纳学校的教师素质有一定的规定：①随班就读班级的任课教师，应当遴选热爱残疾学生，思想好、业务水平较高的教师担任。他们应当具备特殊教育基础知识和基本技能，了解随班就读班级教育教学的基本原则和方法。②地方各级教育行政部门应当把视力、听力语言和智力残疾儿童少年随班就读的师资培训工作列入计划，设培训基地，采取多种形式，对教师进行岗前和在职培训。③普通中等师范学校要分期分批开设特殊教育课程，以保证从事随班就读教学新师资的来源。④对随班就读班级教师工作的考核评估，应当包括普通教育和特殊教育两个方面，并应充分肯定他们为残疾学生付出的劳动。2014 发布的《广东省特殊教育提升计划（2014—2016 年）》中提出，"高等学校要将特殊教育课程纳入师范专业课程体系，培养师范生的全纳教育理念和指导残疾学生随班就读的教学能力"。2015 年发布的《特殊教育教师专业标准（试行）》突出强调教师要形成正确的残疾人观，教师必须"理解残疾是人类多样性的一种表现"，把每一个残疾学生看作一个独特的生命个体，尊重残疾学生，平等公正地对待每一位残疾学生。这倡导的实际上就是全纳教育尊重平等、尊重差异的理念。

三、政策可操作性比较

政策的可操作性主要是指在政策制定、修改的过程中，应该根据当前发展阶段所面临的主要问题，在广泛征求多方意见之后，制定适切的目标和科学合理的内容，便于实施。

台湾的"师资培育法"于 1979 年公布之后，共经历了 12 次修订，其历史改革的方向是一致的，即朝着更加开放化、多元化的目标推进。其 2002 年的"修正法"改革了教师资格取得的程序，即废除了教师的初检和复检制度，改为教师资格检定制，毕业生必须参加统一的教师资格检定考试，才能获得相应的合格教师证书。这是因为"旧法"中出现了教师初检流于形式、毕业之后的一年实习期身份尴尬等问题，针对此，在"修正法"中进行了合理改革。"特殊教育法"于 1984 年颁布之后，经历了 7 次修订。除了 1997 年的大修订之外，其余年份修订的内容变化不大，只是权责更细化，更易于操作。1997 年的修订中，最重要的就是把融合教育理念完整、清晰地表述了出来。这也是受当时国际融合教育发展的影响，同时应台湾本身特殊教育的发展所需而做出的改革。

香港教育统筹委员会于 2000 年 9 月颁布《学会学习，终身发展——教育制度改革建议》，对教师的专业素质提出了改革要求。面对全面教育改革带来的各种变化，教师需要通过不断学习来实现专业上的持续发展，才能满足社会、学校及学生发展等提出的需求。于是，构建一个统一的教师专业能力理念架构，进一步明确教师持续专业发展的方向，显得迫在眉睫。2003 年 11 月发表的《学习的专业 专业的学习——教师专业能力理念架构及教师持续专业发展》，就是在这样的背景下颁布的。该文件分范畴、分阶段对教师专业能力的发展提出了具体要求，目标较为合理，内容较为科学，便于操作。

同样，2007—2008学年香港教育局推出融合教育师资培训架构，就是因为随着融合教育的大力推广，越来越多特殊儿童进入普通学校学习，为了满足学生的多样化学习需要，教师需要具备融合教育的知识和能力。所以，香港教育局才提出了这个培训架构，以此培养教师的特殊教育专业知能。

广东在2011年颁发的《关于进一步加快特殊教育事业发展的实施意见》和2014年发布的《广东省特殊教育提升计划（2014—2016年）》中，都提出了完善特殊教育师资培养体系、加强特殊教育教师培训工作等，以此来加强特殊教育教师队伍建设。这是基于广东设有特殊教育专业的院校不多，特殊教育师资在职培训数量少、内容不对口、形式单一等现状提出来的，目标适切，内容合理，可操作性强。2015年《特殊教育教师专业标准（试行）》也终于在殷殷期盼中出台。从最早1994年《残疾人教育条例》中提出制定特殊教育教师资格，到2012年《国家教育事业发展第十二个五年规划》中提出要"建立健全具有国际视野、适合中国国情、涵盖各级各类教育的国家教育标准体系"，以及《幼儿园教师专业标准》《小学教师专业标准》《中学教师专业标准》三份文件的发布，都将特殊教育教师专业标准的制定推上了日程。该标准从专业理念与师德、专业知识、专业能力三大方面，共计14个领域，对特殊教育教师专业发展提出了68项基本要求，成为此后特殊教育教师培养、准入、培训、考核等工作的重要依据。

四、政策渐进式比较

政策的成功在于执行的成功，只有政策被认真地付诸实施，其目标才能得到实现。全纳教育积极倡导平等，尊重多样性，鼓励参与合作。因而在政策的制定及执行上，强调基层管理人员和教育工作者的广泛参与；遵循一种自下而上的渐进模式，通过师资培养机构自身小步子的进步与变化，直接为地方学校和社会服务，将宏观的教育政策转化为现实。

台湾在政策法规的制定及推行上行政指令色彩较浓，自上而下部署多，联系教育实践少。以"师资培育法"为例，其诞生源自各界对教师培养制度的不满，然而它的设计和推行却采用自上而下的方式。从1987年开始，先后由台湾教育界知名专家开展研究，并完成法案初稿。初稿完成后虽有举行一些意见座谈会、学术研讨会、公听会，但大多规模较小。参与人员一般为相关专家和中小学的校长、教务长，成分有限。整个过程缺少了与一线教育人员的研讨、论证与对话。所以，专家们的纸上谈兵，在教育实际中推动起来困难重重。精英的设计、行政主导推动，常使改革成为双头马车，其成果自然不彰。

香港在政策的制定和推行上充分发扬民主，广泛征求意见，尊重学校和教师的意愿。以其推行融合教育为例，教育署于1986年推出为期两年的"融合教育主导计划"，协助有特殊教育需要的儿童融入普通幼儿园；同时教育委员会的报告书中也只是建议有特殊教育需要的学生应尽可能安排入读普通学校，使他们获得接受全面的教育机会及在正常环境下获得全面的好处。1997年先在公立中小学推行一项为期两年的融合教育先导计划，有7所小学及2所中学参加，录取了49名有特殊教育需要的学生。从2000年开始才逐步推广"全校融合教育"方案，当年有40间学校参加，以后逐渐扩大，不仅数量上大幅增加，也扩展至私立学校。可见其在政策的执行上采取的是一种自下而上的渐进模式，坚持以基层学校和教育者的意愿为主，将其放在政策执行的中心，以此来将政策落实到实践中。

广东的特教师资培养基本上是依据国家制定的各项政策、法规来制定相关细则的，在政策执行上主要采取自上而下的模式，以行政主导为主，对于基层组织和个人的意愿兼顾较少。但近年来，随着改革的不断深入，社会民主、法制民主建设逐步得到加强。在政策的制定与执行上，广泛征求各方意见，特别是专家学者、基层学校和教师及社会组织等，充分调动他们的积极性，通过正规的途径、合理的程序，真实表达其意愿，合力推动特殊教育事业的发展。如为了加强广东省特殊教育师资培训工作的针对性和有效性，做好2014—2016年特殊教育师资培训规划工作，广东省教育厅组织华南师范大学、岭南师范学院、广州体育学院、广东第二师范学院的特殊教育研究工作者，于2014年3月9—25日开展了全省特殊教育师资培训的调研工作，全面了解广东省各级各类特殊教育师资队伍的现状和专业发展的情况。此次调研分为问卷调查和现场调研两个部分。问卷调查覆盖全省21个地级以上市；现场调研抽取珠三角（广州、珠海、中山）、粤东（汕头、揭阳、惠州）、粤西（湛江、阳江、肇庆）、粤北（梅州、河源、韶关）4个区域，共参观走访了20多所样本学校，访谈了各地市分管特殊教育部门的领导和20多所特殊学校的校长和教师。在广泛调研和充分讨论的基础上，就如何开展广东省特殊教育教师队伍培训工作提出了切实、合理的意见和建议。

第七章 比较与反思

第一节 三地特殊教育师资培养与理想典型的比较

在全纳教育的视角下，本书构建了特殊教育师资培养的理想典型，以此作为分析框架，比较台湾、香港、广东三地特教师资培养与理想典型的吻合程度；并在此基础上，从三地整体教师教育和特殊教育发展的特性及差异上来探讨差距产生的缘由；也以此为据，对三地特教师资培养的发展提出建议。藉此以小见大，以点带面，抛砖引玉，推动我国特教师资培养更好地发展。

一、三地特殊教育师资培养与理想典型的差距

在将三地的特教师资培养与特教师资培养理想典型进行比较时，从特教师资培养目标、培养课程、培养机构和培养政策四个维度逐一展开，每一维度下都有若干核心要素。如果某地特教师资培养中完全具备某一核心要素的要求，在这一要素上就可以认为其符合理想典型；如果具备核心要素的大部分要求，可以认为其基本符合理想典型；如果仅具备核心要素的小部分要求，则认为其与理想典型有较大偏离；如果完全不具备核心要素的要求，则认为其与理想典型偏离。所以，根据三地特教师资培养与理想典型的吻合程度，可以按照符合、基本符合、较大偏离、偏离四个等级来进行判断。

（一）香港的特教师资培养目标符合理想典型，台湾的基本符合，广东的有较大偏离

全纳的特教师资培养目标需要培养特教师资具备全纳的教育理念和全纳的知识与能力，全纳的教育理念包括主张平等、尊重多样性和鼓励参与合作，全纳教育的知识和能力包括满足多样化学习需要、团队合作和发展评价的能力。

香港的特教师资培养目标中，积极倡导平等的教育理念，要求特教师资关爱和支持每一位有特殊教育需求的学生，帮助他们融入社会；要求特教师资尊重学生的多样性，并能支持这种多样性的发展；积极推动"全校参与"模式的全纳教育，注重培养师资参与、合作的理念，鼓励教师参与各项专业及社会事务，与家庭、学校及社区保持良好沟通，紧密合作，促进有特殊教育需求学生的健康成长；为培养教师满足多样化学习需要所应具备的知识和能力，推出了"照顾不同学习需要"三层课程，并要求每间融合学校都有一定比例的教师修读过这三层课程；要求特教师资掌握评核与评估方法及计划，能评鉴有关学习支持及干预策略的成效。可见，就六大核心要素而言，香港的特教师资培养目标是符合理想典型的。

台湾积极倡导平等的教育理念，要求特教师资能接纳有特殊教育需求者，并能主动关怀和尊重他们；要求特教师资尊重并了解学生的多样性，能为学生提供适性教育；注重培养特教师资参与、合作的教育理念，注重发展其与教师团队、其他特教专业团队、家长等的合作能力，通过相关资源整合，推动特殊教育的发展；注重培养特教师资满足多样化学习需要的知识和能力，如了解各类特殊学生的特质，掌握特殊教育学生所需的各种教学方式与策略，能为特殊学生制定合适的个别化教育计划等；要求特教师资熟悉并能从事特教学生的评量工作，但对于掌握多样化的评价方法和策略，以及通过评价来促进教学和学生发展等方面的知识和能力的要求还不多。可见，台湾的特教师资培养目标除了在"发展评价"这一核心要素上是基本符合理想典型之外，在其他五大要素上都是符合理想典型的。

广东的特教师资培养目标中，大部分院校都提出要培养特教师资养成平等的教育素质，维护社会公平正义；要求特教师资掌握特殊儿童评估的基本方法，具备特殊儿童的评估与诊断能力。因而在主张平等及发展评价这两大核心要素上，广东是基本符合的。但在培养尊重多样性及鼓励参与合作的教育理念、培养满足多样化学习需要及团队合作的知识与能力上，则略有提及，要求较少，与理想典型有较大偏离。

从三地特教师资培养目标与理想典型的比较中可以看到，香港的特教师资培养目标是符合理想典型的，台湾的基本符合，广东的则有较大偏离（表7-1）。

表7-1 三地特教师资培养目标与理想典型的比较

全纳的特教师资培养目标	全纳的教育理念			全纳的知识和能力		
	主张平等	尊重多样性	鼓励参与合作	满足多样化的学习需要	团队合作	发展评价
台湾的特教师资培养目标	符合	符合	符合	符合	符合	基本符合
香港的特教师资培养目标	符合	符合	符合	符合	符合	符合
广东的特教师资培养目标	基本符合	较大偏离	较大偏离	较大偏离	较大偏离	基本符合

（二）台湾和香港的特教师资培养课程符合理想典型，广东的基本符合

全纳的特教师资培养课程在课程内容上要求具备融合性、综合性和针对性。融合性主要表现在特殊教育专业课程和普通教育课程的融合、学科知识和特殊教育专业知识的融合两个方面；综合性一方面指培养课程不能仅仅针对一类特殊学生，而应使培养的师资具备教育不同类别孩子的知识和能力，另一方面指培养课程应从单一的教学知识向注重教师的诊断、评估、个别化教育方案的设计、教育和研究等综合知能转变；针对性是指培养课程应该根据全纳教育开展的需要而设置多样化的内容，一方面全纳教育的理念应该渗透在课程中，另一方面应该开设有关全纳教育的课程，针对全纳教育实践及有关全纳教育能力发展来规划师资培养课程。全纳的特教师资培养课程在教学中倡导参与、增强合作、促进创新，这要求师资培养者要尊重、重视每一位学习者，鼓励每一个人的公平参与；鼓励基于平等的合作学习，共同解决问题；鼓励开展研究，促进创新，发展批判性思维。

台湾积极倡导特殊教育专业课程与普通教育课程的融合，鼓励特教师资通过辅修或选修等方式获得学科课程方面的学分。在课程内容的设置上注重课程知识的覆盖面，不是单独针对某一类特殊学生，而是可以辐射多类别学生；不仅注重教学知识的传授，更多地开始培养其诊断及进行个别化教育方案的设计及研究能力。不仅开设有关全纳教育的课程，还注重将全纳教育的理念贯穿在课程设置中，围绕师资全纳教育能力的发展来设计课程。在课程教学中，通过多样化的教学方法来倡导学习者的积极参与，通过多样化的评价方式来鼓励团队合作，开展研究，促进创新。可见，台湾的特教师资培养

课程是符合理想典型的。

香港注重把特殊教育课程融入普通教育课程,注重将学科知识和特殊教育知识融合在一起。课程内容涵盖所有有特殊教育需求的学生,注重将理论课程和实践课程结合起来,综合培养师资。不仅专门开设全纳教育的课程,也将全纳教育理念贯穿在课程设计中,并围绕全纳教育的开展来培养师资相应的知识和能力。在课程教学中,以作为学习者的教师为中心,主要采用互动式和参与式的教学方法,积极鼓励每一位学习者参与到教学中来,通过合作来完成学习任务,达成课程目标。同时注重让教师学习者在研究中学习,促进其创新思维的发展。可见,香港的特教师资培养课程也是符合理想典型的。

广东注重将普通教育课程融入特殊教育课程,重视将学科知识融入特殊教育课程。课程是按照不分类、综合培养特教师资的原则来进行设置的,不仅注重教学知识的传授,也注重治疗和康复方面能力的培养;不仅注重理论课程的开设,更是将实践课程作为重要的一部分。在课程设置上,尽管全纳教育的理念有一定的贯彻,但有关全纳教育理论及知识的内容设计相对较少,针对性不足。在课程教学上,大部分院校不断改革创新,通过多样化的方式积极鼓励学生参与各项事务,鼓励团队合作,积极开展研究和提供社会服务。因此,广东的特教师资培养课程在课程内容的融合性和综合性两大要素上符合理想典型,在针对性上与理想典型有较大偏离;在课程教学的三大核心要素上,基本符合理想典型。

三地特教师资培养课程与理想典型的比较如表 7-2 所示。

表 7-2 三地特教师资培养课程与理想典型的比较

全纳的特教师资培养课程	课程内容			课程教学		
	融合性	综合性	针对性	倡导参与	增强合作	促进创新
台湾的特教师资培养课程	符合	符合	符合	符合	符合	符合
香港的特教师资培养课程	符合	符合	符合	符合	符合	符合
广东的特教师资培养课程	符合	符合	较大偏离	基本符合	基本符合	基本符合

（三）台湾的特教师资培养机构符合理想典型，香港和广东的基本符合

全纳的特教师资培养机构具备多元化、一体化和系统化三大核心要素。多元化包括职前培养机构、职后培训机构及机构交流的多元化；一体化是指普教与特教师资培养机构实现一体化；系统化则要求师资培养机构兼顾职前培养、入职辅导和在职培训，实现功能上的系统化。

台湾的职前培养机构不仅数量多，而且类型丰富，性质不一，包括专门的师范大学、教育大学、综合性大学等13所院校，其中以公立学校为主，还有私立大学；职后培训机构既有正规院校、中小学校和特殊教育学校，又有教师进修机构、特教资源中心及一些学会和民间组织等。所以，其职前培养和职后培训机构都具多元化的特征。香港的职前培养机构数量较少，主要以香港教育学院为主；而广东的职前培养机构性质比较单一，主要以师范院校为主；所以两地在职前培养机构多元化这一要素上，均与理想典型有较大偏离。但两地的职后培训机构类型丰富，香港包括高等院校、教育局相关部门、教师中心以及有关民间团体和组织等；广东包括高等院校、教育行政部门、残联、福利机构及社会团体和组织等；因而两地在职后培训机构多元化这一要素上，均符合理想典型。在机构交流方面，三地的特教师资培养机构不仅注重与本地机构及组织的交流与合作，积极推动特教师资职前培养机构、职后培训机构、特殊学校及普通学校等之间的互动和合作，同时三地因为地域的便利，相互之间的交流与合作非常频繁。通过合作办学、讲座、研讨会、参观访问等多样化的形式，从官方层面、组织层面，或是民间层面、个人层面，开展了多层次、多类别的交流与合作。另外，三地也积极开展与亚太地区其他国家及欧美相关国家的交流与合作，积极开拓国际视野，共享专业资源，合力培养人才，促进特教发展。可见，三地在机构交流多元化这一核心要素上，是符合理想典型的。

三地负责职前培养的院校都集普教师资和特教师资的培养于一体，实现了普教与特教师资培养机构的一体化。另外，这些院校不仅负责特教师资的职前培养，又提供职后培训，同时兼顾入职辅导，实现了功能上的系统化。可见，三地在特教师资培养机构的一体化和系统化这两大核心要素上，是符合理想典型的。

从三地特教师资培养机构与理想典型的比较中可以看到，台湾的特教师资培养机构是符合理想典型的，香港和广东两地除了在职前培养机构的多元化上有较大偏离之外，其他都符合理想典型（表7-3）。

表7-3 三地特教师资培养机构与理想典型的比较

全纳的特教师资培养机构	多元化			一体化	系统化
	职前培养机构	职后培训机构	机构交流		
台湾的特教师资培养机构	符合	符合	符合	符合	符合
香港的特教师资培养机构	较大偏离	符合	符合	符合	符合
广东的特教师资培养机构	较大偏离	符合	符合	符合	符合

（四）台湾和香港的特教师资培养政策基本符合理想典型，广东的有较大偏离

全纳的特教师资培养政策在政策制定上具有完备性、明确性和可操作性，在政策执行上采取渐进模式。完备性，顾名思义，即指特教师资培养政策的有与无及完整与否。政策越完备，则师资培养的各方面都能有法可依，便于机构和个人遵章执行，开展各项师资培养活动。明确性是指全纳教育理念应该通过政策文本明确地表达出来，贯穿始终；并明晰全纳教育理念的内涵，在各种政策文本表述中保持一致。可操作性是指政策制定的目标切实可行，内容科学合理，措施易于推行。政策的执行应该遵循一个自下而上的渐进模式，通过基层组织与个人小步子的进步与变化，将宏观的教育政策转化为现实；基层的管理人员与教育工作者而非上层人员处于政策执行的中心。

台湾的特教师资培养政策非常完备，从"师资培育法"到"特殊教育法"及其各自相关子规的制定，囊括了特教师资培养的各方面，使得各项工作都能有规可依、有章可循。在"特殊教育法"及其子规的制定与修改中，全纳教育作为重要的教育理念得到了具体阐述和明确要求，以全纳教育理念来引领特教师资培养工作的开展。无论是"师资培育法"及其子规的修订，还是"特殊教育法"及其子规的修改，都是朝着目标更切实际、内容更合理、措施更可行来推进的。但台湾在政策法规的制定及推行上，行政指令色彩较浓，自上而下的部署较多，自下而上的推进较少。可见，台湾的特教师资培养政策在完备性、明确性和可操作性三大核心要素上，是符合理想典型的；在渐进式这一核心要素上则与理想典型有较大偏离。

香港的特教师资培养政策融合在普教师资培养政策中，没有进行明确的区分，因而完备性不足。但在其各种有关特教师资培养的报告和计划中，大

力倡导全纳教育理念,坚持以全纳教育的推广来促进有特殊教育需求学生的全面发展,并且制定的目标较为可行,内容较为合理,在实践中便于操作。在政策的制定和推行上,香港充分发扬民主,广泛征求意见,坚持以基层学校和普通教育者的意愿为主,将其放在政策执行的中心,以此来将政策落实到实践中。可见,香港的特教师资培养政策在明确性、可操作性和渐进式这三大核心要素上,是符合理想典型的;在完备性这一核心要素上则与理想典型有较大偏离。

广东的特教师资培养基本上依据国家的相关法规执行,但我国的特教师资培养政策还不完善,同时广东地方性的特教师资培养政策也较少。在最新制定的国家及广东地方性的特教师资培养政策中,逐渐明确地提出了全纳教育的概念,正积极倡导全纳教育的理念。广东在根据国家的方针政策制定地方性的特教师资培养政策时,能依据地方实际制定较为适切的目标、合理的内容,可操作性强。在政策执行上主要采取自上而下的模式,以行政主导为主,对于基层组织和个人的意愿兼顾较少。可见,广东的特教师资培养政策在可操作性这一核心要素上,是符合理想典型的;在明确性这一核心要素上,基本符合理想典型;在完备性及渐进式这两大核心要素上则与理想典型有较大偏离。

三地特教师资培养政策与理想典型的比较如表7-4所示。

表7-4 三地特教师资培养政策与理想典型的比较

全纳的特教师资培养政策	完备性	明确性	可操作性	渐进式
台湾的特教师资培养政策	符合	符合	符合	较大偏离
香港的特教师资培养政策	较大偏离	符合	符合	符合
广东的特教师资培养政策	较大偏离	基本符合	符合	较大偏离

(五)比较小结

从以上四个方面三地特教师资培养与理想典型的比较中可以得出,台湾的特教师资培养基本符合理想典型,香港的次之,广东的则有较大偏离。三地在师资培养机构上的一致性最多,其次是师资培养课程。台湾和香港在师资培养课程和师资培养目标上具有较大的一致性,主要在师资培养政策上与理想典型有所偏离;广东在师资培养目标上与理想典型的偏离最大,其次是师资培养政策(表7-5)。

表 7-5　三地特教师资培养与理想典型的比较

特教师资培养的理想典型			台湾的特教师资培养	香港的特教师资培养	广东的特教师资培养
全纳的特教师资培养目标	全纳的教育理念	主张平等	符合	符合	基本符合
		尊重多样性	符合	符合	较大偏离
		鼓励参与合作	符合	符合	较大偏离
	全纳的知识和能力	满足多样化的学习需要	符合	符合	较大偏离
		团队合作	符合	符合	较大偏离
		发展评价	基本符合	符合	基本符合
全纳的特教师资培养课程	课程内容	融合性	符合	符合	符合
		综合性	符合	符合	符合
		针对性	符合	符合	较大偏离
	课程教学	倡导参与	符合	符合	基本符合
		增强合作	符合	符合	基本符合
		促进创新	符合	符合	基本符合
全纳的特教师资培养机构	多元化	职前培养机构	符合	较大偏离	较大偏离
		职后培训机构	符合	符合	符合
		机构交流	符合	符合	符合
	一体化		符合	符合	符合
	系统化		符合	符合	符合
全纳的特教师资培养政策	完备性		符合	较大偏离	较大偏离
	明确性		符合	符合	基本符合
	可操作性		符合	符合	符合
	渐进式		较大偏离	符合	较大偏离

二、三地特殊教育师资培养与理想典型差距的缘由

三地在特殊教育师资培养上与理想典型存在着不同程度的差距，既呈现出了共性的部分，也彰显出了异质性的特征。这种差异，是由三地的特性导致的。而三地的差异所反映的，正是三个区域在整体师资培养与特殊教育等方面的特性及其综合影响，以及三地在特定阶段与情境下所做的选择和努力。这两方面发展的差异也导致了三地在特教师资培养上的不同。

(一) 三地教师教育发展的异同

特教师资作为整体师资的一部分,其发展与变革是紧随整体师资之后的。一个地区教师教育的发展与变革,将深刻影响到普教和特教师资的培养。所以,考察三地教师教育发展的异同,从中可以检视特教师资培养存在异同的原因。

20世纪90年代之后,三地的教师教育都进入了改革和转型期。1990年代的台湾经历了一轮在广度和深度上都超越以往任何时期的教育改革。这场教育改革是在台湾官方和民间的共同推动下,以适应社会民主化和经济自由化及教育国际化的趋势而进行的涉及从幼儿园到高等教育的各方面改革。台湾师资培育体制也在这次改革中经历了一次重要的转型,以1994年颁布实施的"师资培育法"为界,从计划的、封闭的、完全公费的模式转换成适应市场化的、多元的和以自费培养为主的模式。它以教育市场化为导向,推动实施师资培养的多元化,一方面希望通过入学机会的增加,来广纳并遴选出来自不同背景、拥有不同经历的优秀学生,引导他们进入教育专业以改善和提升整体的教育品质;另一方面希望通过教育机构的竞争,达到优胜劣汰,并促进师资培育品质提升的目的。

香港教育统筹委员会面对社会的变革及挑战,在对香港教育制度进行全面检讨的基础上,于2000年9月向香港特别行政区政府提交了《终身学习,全人发展——香港教育制度改革建议》,从而掀起了新世纪的教育改革。教师教育在这场改革中也经受了深刻的洗礼。首先,师资培养机构朝着多元化的方向发展,不仅有专门的教育学院,还有设立在综合大学的教育院系。其次,教师教育朝着专业化的方向迈进。香港于2003年11月发布了题为《学习的专业 专业的学习——教师专业能力理念架构及教师持续专业发展》的文件,对教师的持续专业发展提出了具体的要求,做出了相应的规定,同时也为教师的专业化发展指明了方向。另外,教师教育向一体化方向发展,即打破了师资职前培养和在职培训分离的局面,统筹考虑教师的职前培养、入职辅导和职后培训,集三位于一体,实现了教师教育的一体化、终身化和系统化。

广东省重视教师教育工作,切实把提升教师素质摆在教育事业发展的优先地位。如《广东省教育现代化建设纲要实施意见(2004—2010年)》(粤府〔2005〕67号)中明确规划了广东省教育现代化建设进程中教师教育发展的基本目标:"加快构建现代教师教育体系。大力实施人才强教、人才强校工程,建设一批具有师范特色的高等学校,鼓励综合性大学积极参与教师教育，形成多元化的教师教育体系。"广东省教师教育的发展从来都是离不开我国高等教育改革的大环境、大背景的，因而在20世纪90年代后我国教师教育转型的过程中，广东省教师教育也在不断适应本地教育发展的趋势，对教师培养体制进行了一系列改革，形成了广东省教师培养体系的特点。首先，是师资培养机构多元化，除了省级师范院校和地方教师教育院校外，综合院校的比例也较高。这主要是因为在师范院校从"三级师范"向"二级师范"过渡的过程中，很多院校合并升级，师范学校或专科学院合并成为综合院校的一个组成部分。其次，是教师教育层次相对较高，主要以本科为主体。另外，教师教育向一体化方向发展，即职前培养和职后培训一体化。

由此可见，三地的教师教育发展与变革有其共同的趋向。首先，三地的发展和变革都旨在建立一个开放性的教师教育体系。在教师教育类型和机构体系的追求上，都选择了从单一型、定向性的教师教育向复合型、开放性教师教育体系转变，这也顺应了国际教师教育发展的整体趋势。但三地都部分保留了专门性定向培养的传统做法，体现了稳中求变的取向和平衡发展的变革策略。其次，三地的发展和变革具有明显的跟随性特征。这主要表现在其发展的来源和动力直接来自教育体系的发展，尤其是基础教育发展和改革的需要。这一点上，香港和广东尤为明显。其教师教育的发展和变革，旨在解决教育发展过程中存在的不足与问题，为教育整体发展，尤其是中小学教育的发展提供支持和协助，在发展和改革的目标与过程上具有明显的跟随性。另外，三地的发展都选择了整体化和系统化的路径和策略。在教师教育体系上，形成了职前培养、入职辅导和职后培训的完整体系，强化了教师专业发展的持续性和系统性。三地在教师教育的改革中，注重整体化的制度建设和系统化的配套，保证了其改革的整体效应。同时，三地的改革涉及教师教育标准、教师教育机构、教师教育课程与教学，以及相关评价制度与方式等多方面，这是一种系统化的改革，对教师教育发展的影响是整体的和较为深远的。

三地教师教育的发展和变革因其现实背景及实际选择等也存在着一定的差异性。首先，三地教师教育的发展水平存在差异。三地教师教育不仅在起点和发展的过程中有很大的不同，而且就目前所达到的水平来说也存在着明显的差异。台湾无论是就教师教育机构的水平，还是师资的供应和配置情况而言，都处于一个较高的水平；香港的情况则次之；广东教师教育机构的水平并不低，但在师资的供应和专业配置上则处于一个较低的水平，且地区之间不均衡现象非常明显。其次，三地教师教育在改革与发展的主要关注点上存在差异。广东目前教师教育发展的主要关注点是复合型、开放性的教师教育体系的形成和完善，着力培养一支数量足够、质量较高的师资队伍，而台湾和香港教师教育改革的主要关注点是教师教育整体水平与质量的提升。另外，三地教师教育的改革与发展在政策的强势性上存在差异。三地中，台湾教师教育改革与发展政策的强势特征最为明显。一方面，台湾多以法律或法规的形式来发布相关的政策或为相关政策提供法律依据；另一方面，这些法律或法规所传达的政策内容具有明确性、严格性和高利害性等特征。香港的教师教育政策通常以行政法规、政府部门通告或委员会报告等形式发布，形式上不如法律法规那样具有强制性；但在内容上，其明确性和公共性特征较为突出。广东近年来推出了不少促进教师教育改革与发展的政策，但从政策的明确性、公共性、严格性和高利害性等方面来看，相关政策的强势特征还有待加强。

（二）三地特殊教育发展的异同

特殊教育师资是为特殊教育服务的，因而特殊教育的发展在一定程度上规制着特教师资培养的数量及质量要求；而特教师资培养的质量又直接影响着特殊教育的发展水平。所以，特殊教育发展的不同，必将带来特教师资培养的差异。

1. 发展水平的差异

三地特殊教育的发展中，台湾的特殊教育发展早且快，其在20世纪70年代就进入了起飞时期，至1980年代已迈向制度化的成熟期。台湾的特殊教育学制完备，涵盖幼儿园、小学、中学、高中（职）、大专五个阶段；特殊教育对象种类划分齐全，身心障碍类划分为13个类别，资赋优异类划分为6个类别，并且就学率很高。据统计，2015年（截至2015年10月21日）台湾地区已入学的身心障碍学生有109 378人（不含大专院校），其中入读高中（职）及以下普通学校的学生有103 157人，入读28所特殊学校的学生仅有6 221人；在大专院校学习的身心障碍学生有13 876人。在高中（职）及以下普通学校入读的身心障碍学生中，学习障碍儿童占31.3%，智能障碍儿童占23.2%，自闭症儿童占11.5%，发展迟缓儿童占10.4%，情绪行为障碍儿童占5.8%，多重障碍儿童占3.7%，听觉障碍、肢体障碍和身体病弱儿童各占2.7%，语言障碍和其他障碍儿童各占1.9%，脑性麻痹儿童占1.3%，视觉障碍儿童占0.8%。入读高中以下普通学校的资赋优异学生有25 095人。[①]

[①] 根据台湾教育部门"特殊教育统计查询"统计，参见网址：https://www.set.edu.tw/Stastic_WEB/sta2/default.asp.

香港的特殊教育在 20 世纪 70 年代开始进入规范发展，到 1990 年代才开始迅速发展。香港政府一直采取"双轨制"推行特殊教育，对于有较严重或多重残疾的学生，教育局会根据专业人士的评估和建议，在家长的同意下，转介孩子入读特殊学校，以便接受加强支援服务；至于其他有特殊教育需要的学生，则可入读普通学校。有特殊教育需求学生能获得较为适性的教育。全港现有 3 所前身为技能训练学校的中学和 60 所特殊教育学校，包括视障儿童学校 2 所、听障儿童学校 2 所、肢体伤残儿童学校 7 所、群育学校 7 所、智障儿童学校 41 所、医院学校 1 所，其中设有寄宿部的学校有 27 所[①]。香港教育局采取多项措施，为有特殊教育需要的儿童，例如听觉、言语、学习、情绪或行为上有障碍的儿童提供评估和支援服务，推动特殊教育的优质发展。

广东的特殊教育发展大致经历了 1960 年代起步、1970 年代夭折、1990 年代恢复发展的历程，因此发展还不成熟。据统计，全省 2013 年义务教育阶段未入学残疾儿童少年为 4 293 人，义务教育阶段残疾儿童少年入学率仅为 83%[②]。"从总体上看，广东省特殊教育整体水平还不高，发展还很不平衡，非义务教育阶段特殊教育发展水平偏低，农村残疾儿童少年义务教育普及率不高，特殊教育学校办学条件有待改善，特殊教育教师和康复专业人员数量不足、专业水平有待提高。"故《广东省特殊教育提升计划（2014—2016年）》提出的总体目标为："到 2016 年，全省基本普及残疾儿童少年义务教育，视力、听力、智力残疾儿童少年义务教育入学率达到 90% 以上，其中珠三角地区各县（市、区）入学率力争达到当地普通适龄儿童少年的入学水平，其他地区各县（市、区）达 90% 以上；重度肢体、孤独症、脑瘫残疾人受教育机会明显增加。全省残疾儿童学前教育毛入园率达 80% 以上，其中珠三角地区各县（市、区）达 85% 以上，其他地区各县（市、区）达 75% 以上。"可见，与台湾和香港相比，广东的特殊教育整体发展水平还有待提高。

2. 发展重点的差异

三地特殊教育发展水平存在差异，它们发展的主要关注点也各有不同。

台湾的特殊教育发展因已走过成熟期，所以目前朝着精、尖、深的方向迈进。台湾大力推进学前特殊教育的发展，及早识别有特殊教育需求的儿童，提供相应的支援和干预辅导；积极开展特殊教育课程改革，通过提供更具适

---

① 香港特别行政区政府教育局. 特殊教育便览[EB/OL]. [2022 - 08 - 01]. http://www.edb.gov.hk/tc/edu - system/special/overview/factsheet/special - edu/index.html.

② 柯沫夫. 广东省特殊教育发展现状及思考[C]//首届海峡两岸特殊教育高端论坛. 特殊教育协同创新论文集, 2014.

切性的课程内容和多样化的课程教学，让有特殊教育需求的学生得到全面而充分的发展；努力推动特殊教育相关专业团队的建设，以为特殊教育提供更专业的支援和服务。

香港教育局目前主要通过"全校参与模式"和"学校伙伴计划"来推动特殊教育的优质发展。实际上这两个计划都是基于团队合作、整合资源的理念来进行的。"全校参与"模式积极倡导校内的团结和合作，充分利用校内各项资源，形成合力，实现校本发展。"学校伙伴计划"则是通过设立资源学校、特殊学校暨资源中心和特殊学校暨资源中心（群育学校），透过教师专业交流、到校支持和分享教学资源，以促进学校之间的网络支持。在2015—2016和2016—2017学年，共设有7所小学资源学校、6所中学资源学校、10所特殊学校暨资源中心及7所资源中心（群育学校）[①]。此外，香港教育局在全港公立及直接资助计划学校的小一班级推行及早识别和辅导有学习困难学生的计划，目的是帮助教师识别有学习或言语困难的学生，使他们能及早为这些学生提供支援。

广东的特殊教育因起步晚，发展不快，所以当前的重点主要还在于特殊教育体系的完善和发展、特殊教育各项基本条件的保障及特殊教育教学质量的提升等方面。《广东省特殊教育提升计划（2014—2016年）》（粤府办〔2014〕36号）提出的总体目标为：经过三年努力，初步建立起布局合理、学段衔接、普职融通、医教结合的特殊教育体系，办学条件和教育质量进一步提升，建立起财政为主、社会支持、全面覆盖、通畅便利的特殊教育服务保障机制，基本形成政府主导、部门协同、各方参与的特殊教育工作格局。可见，重点任务主要包括三个方面：提高普及水平、加强条件保障和提升教育教学质量。

3. 实施全纳教育的差异

1994年，经联合国教科文组织提出及倡导后，全纳教育作为一种新的教育理念和思潮便在全世界得到了推广和实践。三地在特殊教育的发展中，积极推动全纳教育的发展，但因其起步和过程不同，发展水平具有明显差异。

台湾大力推进全纳教育的发展，当前其94.3%以上的在读身心障碍学生均进入了普通学校学习。台湾注重通过法规保障全纳教育的发展。在特殊教育法规制定的实践中贯彻有教无类、因材施教、零拒绝、多元化、最少限制环境以及个别化教育计划等全纳教育理念，对不同种类、程度、特性与教育

---

① 根据香港特别行政区政府教育局有关特殊教育的相关数据整理。

需求的特殊学生,通过加大基础设施和硬件建设,严格规范特殊儿童的鉴定安置程序,开展早期干预等,为身心障碍和资赋优异儿童提供适性的教育,充分挖掘其身心潜能,培养健全人格。台湾全纳教育的一个最大特色在于特别重视资源教室的建设。进入21世纪以来,台湾设立在小学阶段的自足式特殊班正逐年减少,取而代之的是具有全纳精神的资源班。据2002年的统计数据显示,资源班的数量首次超过了特殊班,特殊学校的班级数也在减少。以2006年为例,在为特殊学生提供的六种安置形式中,不分类资源班占33%,达三分之一强;到2015年,不分类资源班人数已占55.4%,超过半数之多①。

香港从20世纪六七十年代开始逐步推行全纳教育相关政策,从1980年代开始大力推广,通过政府直接干预、教育立法保障和扩大经费拨款等措施,推动全纳教育的全面发展。香港于2000年推行"全校融合教育"计划,以"全校参与"模式推动全纳教育的发展。为促进"全校参与"模式的推广,香港教育局为参与"融合教育先导计划"的学校提供三层支援。至2008年,有超过320所主流学校加入了"融合教育先导计划"②,以"全校参与"模式推行全纳教育。所以,香港全纳教育的推行按照三个步骤,即:营造包容文化,伤残人士和一般人大同小异,人人均有若干长处与短处,以爱心包容和接纳他们;制定全纳政策,学校在校务计划书内订立校本支援政策;实践全纳教育,成立学生支援小组,全员参与,为有特殊教育需要的学生提供辅导和支援。通过系统化的规划和有步骤的实施,全纳教育取得了良好效果。

中国从1980年代起就开展了全纳教育的实践,主要是以随班就读的模式开展。随班就读是指在普通教育机构中对有特殊教育需要的儿童实施教育的一种形式。广东全纳教育的发展与国家的步伐基本一致,目前也主要以这种模式实施全纳教育。其实施对象主要为八类特殊儿童,分别为低视力、重听(包括有残余听力及经过语言训练已具备一定语言能力的儿童少年)、轻度智力残疾、肢体残疾(能够或基本上实现日常生活活动)、学习障碍(包括学习困难和功能性障碍)、语言障碍、情绪障碍和病孩;而目前大力推行的主要为三类:盲、聋和弱智③。据2013—2014学年初统计,全省义务教育阶段

---

① 根据台湾教育部门《特殊教育统计查询》统计,参见网址:http://www.edb.gov.hk/tc/edu-system/special/overview/factsheet/special-edu-serv/index.html.

② 明兰. 香港"全校参与"的融合教育模式及启示 [J]. 云南财经大学学报(社会科学版), 2012 (3): 148-151.

③ 曹婕琼, 昝飞. 美国、日本、中国大陆地区融合教育的比较与思考 [J]. 中国特殊教育, 2003 (4): 70-74.

在校残疾学生 21 799 人，其中在特殊教育学校就读的学生 11 263 人，在普通学校特教班就读的学生 222 人，在普通学校随班就读的学生 10 314 人[①]，随班就读学生占 47.3%。但由于广东特殊儿童随班就读工作开展的历史不长，目前对各类特殊儿童在中、小学随班就读的指导工作，主要由各特殊学校的教师和中、小学普通老师来承担，缺少随班就读的专职或兼职教师。而由于高等师范教育阶段很少开设特殊儿童教育类的相关课程，因此广大的中、小学和幼儿园教师缺乏和特殊儿童共同成长的经历，没有帮助特殊儿童随班就读的知识、策略和经验。不少教师对特殊儿童随班就读没有正确的认识和态度，也有不少教师空有爱心，但对特殊儿童随班就读给予的专业性支持非常有限，严重地影响了随班就读工作的开展。

三、三地特殊教育师资培养的发展建议

（一）台湾特殊教育师资培养的发展建议

1. 培养机构的开放性发展

台湾的特教师资培养是一种复合型的培养模式，以定向培养为主，非定向培养为辅。其特教师资培养机构主要以师范院校和教育大学为主，开设特殊教育学系的综合性大学较少，特殊教育学程也逐渐停办，所以师资培养机构的多元性和开放性在实践中还有待加强。

2. 培养课程的融合性发展

随着台湾特殊教育课程的不断改革和发展，且随着越来越多特殊教育教师进入普通学校任教，教育实践对特教师资的学科知识提出了更专业的要求。台湾的特教师资培养课程注重将特教知识和普教知识融合起来，但在学科知识与特教专业知识的融合上则有待加强。当前，台湾一些县市的特教师资招聘中，明确提出了学科专业知识的要求，使得一部分学生通过辅修或选修的方式加强了学科专业知识的学习。所以，台湾一方面可以通过积极鼓励其他专业学生辅修或选修获得特殊教育学分，另一方面则可以倡导特教专业学生辅修或选修获得学科专业学分，以此加强学科专业知识和特殊教育知识的融合。同时，在特教师资的职后培育中，可以针对教学实际，将学科教学知识

---

① 柯沫夫. 广东省特殊教育发展现状及思考［C］//首届海峡两岸特殊教育高端论坛. 特殊教育协同创新论文集, 2014.

和特教知识融合在一起,满足学生的多样化需求。

3. 培养政策的民主化发展

台湾"师资培育法"从出台到现在经历多次修订,但在实践操作中依旧问题重重,台湾学者感叹"破旧易,立新难"。其实任何教育改革的效果都具有延期性,而师资培养改革更是如此。因此,在制定政策、法规的时候要有前瞻性,不仅要着眼于当前的问题,更要着眼于长久的影响。同时,师资培养政策的制定和推行要充分发扬民主,避免一条鞭与强制性的行政文化模式。政策的制定应该基于对实践的全面考察,仔细分析和整合来自各方尤其是教育一线人员的意见,经过较长时间的论证与实验,经由严密的设计与较多层面的沟通,以科学审慎的态度出台各项政策法规。在推行的过程中,要广泛听取反馈意见,充分发挥一线人员和学校的自主性,力争以自下而上的模式推广新的政策和法规。

(二)香港特殊教育师资培养的发展建议

1. 职前机构的多元化发展

目前,香港承担特教师资职前培养的机构主要是香港教育学院、香港公开大学等,主要以香港教育学院为主。培养机构性质较为单一,数量较少,当然这与香港的实际需求有关。可以积极倡导其他大专院校与香港教育学院合作培养特教师资,采取学科知识与特殊教育知识融合的模式培养更具多元才能的特教师资。多元化的师资培养机构,可以提供多元化的师资培养方式,能为特殊教育提供多元化的师资来源,满足特殊教育大力发展对特教师资的多样化需求。

2. 培养课程的系统化发展

为配合香港政府在2006年提出的以"三层支持模式"向主流学校中有特殊学习需要的学生提供支持的政策,香港教育局在2007—2008学年推出为期五年的"专业架构",为在职教师提供系统的"照顾不同学习需要"的基础、高级及专题培训课程。同时,香港教育局对每间融合学校修读三层课程的教师数提出明确规定,以此提升教师的特殊教育知识和能力,推动全校参与模式融合教育的优质发展。这实质上是一种带有补偿性或应对性的师资培养模式。但是这三层课程之间的整体性和连续性不强,缺乏系统化设计,使教师不能获得整体化和系统化的特教知识。同时授课时间较短,基础课程仅30小时,高级课程90小时,专题课程90~120小时。在有限的时间内,教师更多的是接受理论知识,缺少实践机会,因而课程的实用性不够强。应在职前师资培养中加强特教知识和能力的培养,在职后培训中针对教育实际需要,加强课程的专业性设计,使全纳教育师资的培养更加系统化和规范化。

3. 培养政策的完备性发展

香港目前还没有专门的特殊教育法,特教师资培养政策更多的是与普教师资培养政策融合在一起,并没有进行明确区分,这些都不利于特教师资培养工作的规范化开展。香港应该加强特殊教育法律法规的制定,为特殊教育师资制定专业化标准,在特教师资入职、检定及聘任上提出明确的要求,为特教师资培养提供法律依据,明确方向。

(三) 广东特殊教育师资培养的发展建议

1. 培养目标的全纳性发展

2015年9月,教育部颁布了《特殊教育教师专业标准(试行)》,这是我国特殊教育发展史上具有里程碑意义的一件大事,对于提升我国特殊教育教师专业化水平,促进特殊教育发展,实现社会公平与正义,具有重大意义。该标准具有以下三方面的突出特点:在专业理念与师德上,突出教师的人道主义精神和正确的残疾人观;在专业知识上,强调教师要具备残疾学生教育与康复所需要的复合型知识;在专业能力上,强调教师要具有教育诊断评估、环境创设、个别化教育、课程整合和沟通以及辅助技术运用等特殊能力[①]。从中可见,该标准积极倡导的就是培养特教师资具备全纳教育的理念和知能。广东的特教师资培养目标应该根据此标准积极进行调整和修订,培养特教师资具备民主平等、尊重多样性和鼓励参与、合作的教育理念,培养其具备满足多样化学习需要的能力、团队合作的能力及发展评价的能力等,以此培养一支高质量、高素质、专业化的师资队伍,推动广东特殊教育的高效和优质发展。

2. 培养课程的针对性发展

不论是特殊教育教师还是普通教育教师,都应当明确地了解全纳教育的相关内容。但在广东现有的职前课程中,普遍缺少全纳教育的内容。一方面是没有专门的全纳教育课程,另一方面是全纳教育理念在相关课程中没有被明确地提出。在以后的师资培养课程中,应该根据全纳教育开展的需要而设置多样化的、有针对性的内容。首先,全纳教育的理念应该渗透在每一门课

---

① 丁勇. 以专业标准引领特殊教育教师专业成长:关于《特殊教育教师专业标准(试行)》的解读 [J]. 现代特殊教育, 2015, 273 (18): 3-11.

程中；其次，应该围绕全纳教育能力的发展来规划特教师资培养课程。在全纳教育的推广下，越来越多有特殊教育需求的学生进入普通学校学习，教师面对的不再是单一类障碍类别的孩子，而是多种障碍类别和学习特质的孩子，所以需要教师具备满足多样化学习需要的能力。师资培养课程应该更具综合性，针对某一类障碍或几类障碍开设课程，如开设"非口语交流""咨询原则与指导"之类的课程。在通识教育课程中，增加涉及民主议题、性别文化、多元文化等方面内容的科目，以提升知识的广博度。

3. 职后培训的专业化发展

据统计，广东省目前特殊教育学校师资的专业来源中，特教专业仅占25%，非特教专业占75%。且特教学校师资与普通中小学相比，学历和职称都偏低，本科以上学历仅占65%，大专和中专占35%。教师的职称偏低，以中级、初级职称的教师为主，占76%，高级职称仅占6.43%，17.56%的教师没有职称[①]。这就对特教师资的在职培训提出了迫切需要。但由于广东省高校特殊教育师资培养和培训工作起步较晚，师资力量有限，因此尚未设立特殊教育师资培训中心专门负责特教教师的继续教育及专业培训，政府教育行政部门依托高校开展的特教师资培训次数和受益人数有限，许多特殊学校教师只能参加普通中、小学教师的培训或采取以老带新的方式进行校本培训，这严重制约了特教师资的专业化发展。所以，在今后的特教师资在职培训中，应该根据专业化的要求，通过专业化的设计，开设更具针对性的课程。如考虑到特殊儿童障碍类型的多样性和复杂性，以及特教师资专业不同的需求，在职培训应该按照特殊儿童的障碍类别和学科特点分类分层地进行，可按照自闭症、智障、听障、视障、学习困难、脑瘫等类别分开推进；在具体学科领域，按照智障儿童的语文教学、听障儿童的数学教学等分类进行，使在职培训更具专业性和针对性。

第二节 对特殊教育师资培养理想典型的反思

本书借用"理想典型"这一理论工具，构建了特教师资培养的理想典型，以此作为分析框架，对台湾、香港、广东三地的特教师资培养进行了比较研究，对我国特殊教育事业发展的历史与现状、特点及未来发展走向等作

---

① 广东省四所高校调研组. 关于了解我省特殊教育师资队伍现状及培训需求的调研报告［R］. 2014.

出分析。这一理论工具在本书的研究中发挥了重要的作用，同时也出现了一些问题，值得反思。

一、特殊教育师资培养理想典型在本研究中的意义

（一）在价值有涉框架下构建理想典型

本书在对台湾、香港、广东进行特教师资培养的比较研究时，选择了全纳教育作为理论视角。首先，这是基于全纳教育已成为一种新的国际教育理念和思潮，在世界范围内得到了推广和发展。全纳教育所倡导的追求平等、尊重差异和鼓励参与的教育理念，得到了广泛的认可和赞成，不仅在特殊教育领域，也在普通教育领域引起了一系列深刻变革。全纳教育积极倡导有特殊教育需求学生与普通学生的双向融合，通过创设全纳的教育环境，尊重、理解和关心有特殊教育需求的学生，反对歧视和排斥，满足多样化的需求，促进多样化的发展。从隔离走向全纳，从歧视走向平等，从排斥走向合作，这是社会民主、平等发展的必然要求，也是特殊教育理论和实践运动的内在逻辑和必然规律。因而全纳教育成为人类文明发展到今天特殊教育和普通教育所追求的新理想和新目标。其次，在三地的特殊教育发展中，不断深入贯彻全纳教育的理念，大力推动全纳教育的发展。台湾全纳教育的发展最早，也最为成熟，社会、学校及家庭对于全纳教育的接纳程度较高，其主要以资源教室模式推动全纳教育的广泛开展。香港从2000年开始全面推行"全校融合教育"方案，香港教育局通过提供三层支援，并开设融合教育教师专业发展架构"三层课程"，来积极推动全纳教育的发展。尽管由于香港办学团体性质不一，价值取向各有偏重，全纳教育开展的成效也受到一些质疑，但是推行全纳教育的主流方向是没有异议的。广东目前主要以随班就读的方式推动全纳教育的发展，尽管发展水平及整体层次都还有待进一步提升，但是全纳教育的理念已经逐渐被广泛接受和认可，在特殊教育领域也引发了一系列变革。基于此，本书将全纳教育作为研究视角，认同全纳教育所提出的教育理念，希冀三地在特殊教育的发展中，积极开拓新思路，开创新模式，推动全纳教育朝向新的高度和水准发展。理所当然的，在开展三地特殊教育师资培养的研究时，这种价值取向引导着笔者进行思考：在全纳教育理念之下，特教师资培养该如何进行？三地的特教师资培养在全纳教育的实践中进行了哪些变革？呈现了哪些特性？在多大程度上促进了全纳教育的发展？当笔者带着全纳教育的眼光来观察和认识三地的特教师资培养时，个人的倾向性在

所难免。但笔者并不想隐瞒和掩饰这种价值取向，反而是想公开地进行探讨，以便从中汲取合理的成分，来修改和完善自己的研究。笔者需要一种研究方法或研究工具，能够在价值有涉的框架下对教育价值体系进行研究。笔者想到了许美德在价值有涉框架下对于"理想典型"的有效运用，于是也将"理想典型"运用到本研究之中。于是，在全纳教育的视角下，采用"理想典型"，构建了特殊教育师资培养的理想典型。

（二）高度综合全纳教育理念下特教师资培养的特征

特教师资培养涉及一个复杂的价值体系，在构建其理想典型时不可能追求精确和完善。本书中借用了霍姆斯在构建理想典型规范模式时的方法，从人、知识和社会三个维度去澄清和简化其核心要素，对应地选取了特教师资培养目标、培养课程、培养机构和培养政策四大维度，以构建特教师资培养的理想典型。在构建时，依据公开性和有效性两个原则选取资料，从三个途径收集有关特教师资培养的资料：一是世界上著名的全纳教育专家关于特教师资培养的论述；二是联合国教科文组织关于全纳教育的有关宣言、文件及会议报告中有关特教师资培养的资料；三是全纳教育开展得较早、较快、较好的国家及地区有关特教师资培养的实践经验。在构建的特教师资培养理想典型中，特教师资培养目标是全纳的，应该培养特教师资具有主张平等、尊重多样性和鼓励参与合作的全纳教育理念，同时具备满足多样化学习需要、团队合作及发展评价的全纳教育知识和能力；特教师资培养课程是全纳的，课程内容具有融合性、综合性和针对性的特征，在课程教学上倡导参与，增强合作，促进创新；特教师资培养机构也是全纳的，具有多元化、一体化和系统化的特性；特教师资培养政策也是全纳的，在政策制定上具有完备性、明确性和可操作性，在政策执行上推行自下而上的渐进模式。围绕着全纳的特教师资培养目标，全纳的特教师资培养机构作为主要的实施场所，开设全纳的特教师资培养课程，全纳的特教师资培养政策则提供了制度保证。从此，四大维度构建起了特教师资培养的理想典型。理想典型高度综合了全纳教育视角下特教师资培养的内涵和特征，对于理性认识和深入理解它，提供了重要参考。

（三）构建分析框架，确立评判标尺

全纳教育基于人权、平等的观念，倡导在普通学校内为所有有特殊教育需求的儿童提供平等、高质量的教育服务，以满足所有学生的多样化需求。这正是人类文明发展到今天所形成的特殊教育与社会观念的共同潮流，是全人类特殊教育发展的共性。所以，其一经联合国教科文组织在1994年正式提出后，便立即作为一种新的教育理念在世界范围内得到了推广，并在许多国家付诸实践。在这样的国际化背景下，台湾、香港、广东也通过各种政策、举措，以不同方式和力度促进全纳教育的发展。作为实施、推动全纳教育的生力军，其特教师资在培养上必定存在一些相同的特性。而理想典型则高度概括了全纳教育视角下特教师资培养的内涵和特征，所以它为台湾、香港、广东的特教师资培养提供了比较分析的参照。以特教师资培养的理想典型作为分析框架，从特教师资培养目标、培养课程、培养机构和培养政策四个方面，依次对它们的特教师资培养进行比较分析，通过与理想典型的对比分析，寻找它们之间的差距，并探讨造成其差距的缘由。

台湾、香港、广东特教师资培养因发展历程、发展水平各有差异，所以在具有共性的同时，还兼有各自的发展特色。在对它们的变革和发展的优劣进行比较评判的时候，需要确立一个评判的标尺。在全纳教育的视角下，特教师资培养的变革和发展都是为了促进和推动全纳教育的发展来进行设计和实施的。本书构建的特教师资培养理想典型是在全纳教育的理念下构建起来的，理论上最符合全纳教育的需求，能够最大限度地促进全纳教育的发展。将三地特教师资培养与理想典型加以比较分析，寻找其与理想典型的符合及偏离程度，于是可得出三地的差距。在此，特教师资培养的理想典型充分地发挥了其评判功能。

二、特殊教育师资培养理想典型的局限性

（一）理想典型的相对性

在价值有涉框架下，理想典型更多地体现了研究者本人的一种价值选择和倾向。研究者在一个阶段，根据自身的认识和经验构建一个理想典型，以此作为一种认识手段，使得现实中各种关系的特征更加清晰，更易于理解。这一理想典型展现的是研究者在此一阶段的认识和经验水平。当随着研究者的认识不断深入，实际经验更加丰富，原有构建的理想典型可能已经不具有认识手段的作用。以本书的研究为例，笔者根据自身的认识，在全纳教育的视角下构建了一个特教师资培养的理想典型，以此作为认识手段，使得台湾、香港、广东三地特教师资培养的特征及异同更加清晰、易于理解。但是，一方面全纳教育作为一种新的教育理念和思潮，其理论构建和实践发展不过二十多年的时间，学术研究界到目前为止还没有就全纳教育的概念达成共识；

就全纳教育实践而言，从全球范围来看，也仍然处于摸索、发展的阶段，并没有一个一成不变的模式。所以，全纳教育的发展之路漫漫，专家学者们对其的理论探讨不止，世界各国对其的实践探索也将不休。另一方面，笔者本人的认识也在推进之中，随着笔者对全纳教育实际认识的不断深入、经验水平的不断提升，原有构建的特教师资培养理想典型可能已经不具有认识手段的作用。为了能对三地的特教师资培养达到更深的认识，需要构建一个新的理想典型以适应认识的需要。从这个意义上来说，理想典型代表的是笔者本人基于现实条件的一种"研究旨趣"，是笔者根据自身经验获得的解决相关问题的基本思路，它不具有普适性，而具有明显的相对性。

（二）理想典型构建及运用中的局限

本书研究在构建特教师资培养的理想典型时，无论是四大维度的选取，还是核心要素的提炼，都基于笔者个人对全纳教育的理解。如四大维度的选取，是基于霍姆斯在构建理想典型的规范模式时，从人、知识、社会三个维度来攫取核心要素，于是相应地选取了特教师资培养目标、培养课程、培养机构和培养政策作为构建的维度。此维度的确定是否精准、是否完善，有待进一步商榷。在进行核心要素的提炼时，主要依据文本分析，实际情况则掌握不多。同时由于笔者本人并不是特教专业的教师，在开展本研究之前，对于全纳教育理论了解不多，对于全纳教育实践接触很少。尽管努力通过对三地的特教师资培养机构和特殊学校进行实地考察，对三地从事特教师资培养工作的专家和普通教师进行访谈等，来加深对全纳教育的感受，加强对全纳教育的了解；但毕竟时间和条件有限，对于全纳教育资料的收集、分析并不一定是全面和深入的，导致对全纳教育的理解和把握在深度上可能还不够。这些无形中会影响到核心要素的确定，可能会有所疏漏，可能全面性还不够等。将构建的理想典型作为分析框架，来分析比较三地的特教师资培养实际时，本书的研究分别从特教师资培养目标、培养课程、培养机构和培养政策四大方面去收集资料。受条件及制度等方面的限制，三地所收集到的资料在全面性及详尽程度上各有不同，如台湾的资料收集最为详尽和全面，香港和广东的则相对偏弱。而在进行比较分析时，出于资料匹配的考虑，则选取了收集到的三地都有的相关资料去进行对比和分析，如此，也有可能疏漏掉了个别核心要素。

参考文献

一、专著

[1] 陈时见，徐辉. 比较教育的学科发展与研究方法［M］. 北京：商务印书馆，2006.

[2] 崔萍. 台湾教育改革纵论［M］. 北京：首都师范大学出版社，2006.

[3] 方骏，熊贤君. 香港教育通史［M］. 香港：龄记出版社有限公司，2007.

[4] 冯增俊. 走向新纪元的粤港澳台教育［M］. 北京：人民教育出版社，2003.

[5] 顾明远. 香港教育的过去与未来［M］. 北京：人民教育出版社，1999.

[6] 黄志成. 国际教育新思想新理念［M］. 上海：上海教育出版社，2009.

[7] 黄志成. 全纳教育：关注所有学生的学习与参与［M］. 上海：上海教育出版社，2004.

[8] 柯森. 港澳台教育改革与发展：异同及其解读（2000—2010）［M］. 广州：广东高等教育出版社，2010.

[9] 雷江华，方俊明. 特殊教育学［M］. 北京：北京大学出版社，2011.

[10] 雷江华. 融合教育导论［M］. 北京：北京大学出版社，2012.

[11] 韦伯. 社会科学方法论［M］. 李秋零，田微，译. 北京：中国人民大学出版社，1999.

[12] 朴永馨. 特殊教育［M］. 长春：吉林教育出版社，2000.

[13] 强海燕，柯森. 粤港澳教师教育研究［M］. 广州：广东人民出版社，2012.

[14] 王承绪. 比较教育学史［M］. 北京：人民教育出版社，1998.

[15] 王雁. 中国特殊教育教师培养研究 [M]. 北京：北京师范大学出版社，2012.

[16] 吴清山. 解读台湾教育改革 [M]. 台北：心理出版社，2008.

[17] 吴清山. 师资培育研究 [M]. 台北：高等教育出版社，2010.

[18] 谢安邦. 师范教育论 [M]. 北京：中国建材工业出版社，1997.

[19] 赵中建. 教育的使命：面向21世纪的教育宣言和行动纲领 [M]. 北京：教育科学出版社，1996.

[20] 赵中建，顾建民. 比较教育的理论与方法：国外比较教育文选 [M]. 北京：人民教育出版社，1994.

[21] 钟明华，冯增俊. 教育现代化的伟大实践：广东教育发展30年 [M]. 广州：广东人民出版社，2008.

[22] 周洪宇. 教师教育论 [M]. 北京：北京师范大学出版社，2010.

[23] 朱旭东，胡艳. 中国教育改革30年 [M]. 北京：北京师范大学出版社，2008.

二、期刊论文

[1] 曹丞，王文静. 我国高师培养目标体系的理论构建 [J]. 高等师范教育研究，2000（4）：11-16.

[2] 曹卫红. 我国特殊教育教师职后培训模式新探 [J]. 中国特殊教育，2004（11）：72-74.

[3] 戴光英. 西部特殊教育师资培训探究 [J]. 中国特殊教育，2004（11）：68-71.

[4] 邓岳敏. 中美特殊教育师资培养之比较研究 [J]. 泉州师范学院学报，2002（1）：115-117.

[5] 丁姝雯. 美国CEC特殊教育教师职业道德标准对我国的启示 [J]. 南京特教学院学报，2011（2）：51-54.

[6] 丁勇，王辉. 近年来我国对特殊教育教师教育研究综述 [J]. 中国特殊教育，2003（4）：79-84.

[7] 丁勇，陈岳. 特殊教育教师培养目标、课程与培养模式的比较研究 [J]. 中国特殊教育，2005（1）：89-92.

[8] 丁勇. 以专业标准引领特殊教育教师专业成长：关于《特殊教育教师专业标准（试行）》的解读 [J]. 现代特殊教育（高教），2015（9）：3-11.

[9] 丁勇. 全纳教育：当代教育发展的方向、内涵和启示［J］. 外国教育研究，2007（8）：22－26.

[10] 董建伟，季茂岳. 全纳教育理念下教师的新发展［J］. 吉林省教育学院学报，2009（5）：41－42.

[11] 冯钢."客观性""理想类型"与"伪道德中立"：评罗卫东的"重返韦伯"［J］. 浙江社会科学，2006（6）：84－92.

[12] 冯建新，冯敏. 陕西省特殊教育教师专业发展现状的调查研究［J］. 中国特殊教育，2011（1）：65－69.

[13] 冯雅静. 国外融合教育师资培训的部分经验和启示［J］. 中国特殊教育，2012（12）：3－7.

[14] 甘昭良. 对特殊教育学校教师必备知识技能掌握水平的调查研究［J］. 教育探索，2004，（4）：98－100.

[15] 甘昭良. 福建省特殊教育师资现状的调查研究［J］. 中国特殊教育，2004，（4）：76－80.

[16] 顾定倩. 特殊教育教师资格制度的比较研究［J］. 比较教育研究，2005（9）：53－58.

[17] 顾定倩，钱丽霞. 美国特殊教育教师任职资格的介绍及其对我们的启示［J］. 外国教育研究，1999（4）：39－43.

[18] 郝振君，兰继军. 论全纳教育与教师素质［J］. 中国特殊教育，2004（7）：2－5.

[19] 何侃. 高等特殊教育专业化课程设计的若干思考［J］. 煤炭高等教育，2004（11）：78－81.

[20] 黄志成. 全纳教育、全纳学校、全纳社会［J］. 中国特殊教育，2004（5）：17－20.

[21] 黄志成. 全纳教育：21世纪全球教育研究新课题［J］. 全球教育展望，2001（1）：51－54.

[22] 黄志成. 试论全纳教育的价值取向［J］. 外国教育研究，2001（3）：17－22.

[23] 蒋云尔，盛永进. 融合理念下的"全人教育"：香港特殊教育考察随感［J］. 现代特殊教育，2004（9）：37－38.

[24] 兰继军，于翔. 加强教师教育改革　培养全纳型的教师［J］. 中国特殊教育，2006（1）：14－18.

[25] 兰继军. 论西部特殊教育教师的素质及其提高策略［J］. 中国特殊教育，2004（7）：65－68.

[26] 兰岚,兰继军,吴永怡. 台湾地区特殊教育及对大陆特殊教育发展的启示[J]. 中国特殊教育,2008(12):18-22,27.

[27] 雷江华,连明刚. 香港"全校参与"的融合教育模式[J]. 现代特殊教育,2006(12):37-38.

[28] 雷江华,姚洪亮. 全纳教育教师资格认定制度探微[J]. 中国特殊教育,2005(7):42-46.

[29] 李凤英,郭俊峰,沈光银,等. 广东省特殊教育学校师资建设现状及对策研究[J]. 中国特殊教育,2010(1):64-68.

[30] 李金波,包万平. 全纳教育核心理念的嬗变与评析[J]. 中国电力教育,2008(1):11-13.

[31] 李拉. 全纳背景下的教师教育改革[J]. 继续教育,2011(1):23-25.

[32] 李咏达. 香港的教师专业性与专业化推行历程探讨[J]. 基础教育研究,2014(1):23-24.

[33] 林珮如. 特殊教育并不特殊:从特殊教育的特殊性谈融合教育的现况与未来[J]. 台湾特殊教育季刊,2011(9):11-18,52.

[34] 刘燕华. 阶段分析模型研究法浅论[J]. 惠州学院学报(社会科学版),2007(1):91-94.

[35] 刘扬,肖非. 试论我国特殊教育师资培养中的几个争议问题[J]. 教师教育研究,2005,(4):47-51.

[36] 刘莹,徐雯. 江西省特殊教育师资培养模式探析[J]. 江西农业大学学报(社会科学版),2006(4):136-138.

[37] 卢乃桂. 融合教育在香港的持续发展:兼论特殊学校的角色转变[J]. 中国特殊教育,2004(11):84-93.

[38] 栾昕畅. 从"平等"的概念分析香港融合教育发展中的利与弊[J]. 中国特殊教育,2010(3):18-22.

[39] 罗明东,苟顺明. 教师教育改革与创新:香港的经验[J]. 继续教育研究,2007(3):126-128.

[40] 骆风. 30年来特殊教育定义演变之分析[J]. 中国特殊教育,2000(1):7-9.

[41] 马庆发. 瑞士特殊教育师资培养及其框架课程方案[J]. 外国教育资料,2000(4):50-53.

[42] 马庆发. 特殊教育师资培育比较研究[J]. 高等师范教育研究,2002(3):12-17,11.

[43] 马仁海. 特教教师在职培训要走终身教育的道路[J]. 中国特殊教育,

2003（4）：89-93.

[44] 马占刚. 台湾特殊教育教师资格认定制度的特点及启示［J］. 南京特教学院学报，2012（1）：73-76.

[45] 明兰. 香港"全校参与"的融合教育模式及启示［J］. 云南财经大学学报（社会科学版），2012（3）：148-151.

[46] 牟玉杰. 特殊教育师资培养目标及规格的探讨［J］. 文教资料，2009（36）：99-100.

[47] 钱丽霞. 全纳教育：历史演进与实施政策［J］. 中国特殊教育，2009（1）：20-24.

[48] 郄害霞. 20世纪90年代以来我国学者对国外教师教育研究综述［J］. 比较教育研究，2003（1）：76-82.

[49] 申仁洪. 从师范教育到教师教育：特殊教育师资培养的范式转变［J］. 中国特殊教育，2004（4）：66-70.

[50] 施雨丹，张岩. 论香港师训会对香港教师专业发展的影响［J］. 煤炭高等教育，2014，（3）：56-61.

[51] 孙玉梅. 国际全纳教育研究进展及启示［J］. 现代特殊教育，2007（11）：34-36.

[52] 田静，王凌. 全纳教育：实施模式、策略和实践特征［J］. 中国特殊教育，2004（9）：18-21.

[53] 田瑞云. 全纳教育思想及其在教师教育中的意义［J］. 岱宗学刊，2007（3）：95-97

[54] 工梅. 台湾地区基于特殊学生的回归教育现状调查分析及启示［J］. 卫生职业教育，2010（12）：16-18.

[55] 王美萍，胡平凡. 全纳教育理念下的教师素质及其培养［J］. 当代教育论坛，2008（9）：88-90.

[56] 王雁，顾定倩，陈亚秋. 对高等师范特殊教育师资培养问题的探讨［J］. 教师教育研究，2004（4）：55-60.

[57] 吴春玉. 亚洲国家特教师资培养的特点［J］. 泉州师范学院学报（社会科学），2001（1）：77-79.

[58] 吴武典. 从特殊儿童的教育安置谈特殊教育的发展台湾的经验与省思［J］. 中国特殊教育，1997（3）：15-21.

[59] 谢明. 面对我国加入WTO后特殊教育师资培养的思考［J］. 中国特殊教育，2004（3）：89-92.

[60] 杨晓，吕晓乐，姜春萍. 关于我国残疾人高等教育师资培训的构想

[J]. 中国特殊教育, 2002 (2): 20-24.

[61] 余玉珍, 尹弘飚. 香港融合教育政策下的教师专业发展 [J]. 华南师范大学学报 (社会科学版), 2014 (6): 44-49, 161-162.

[62] 昝飞, 江琴娣. 美国特殊教育师资问题及对我国的启示 [J]. 中国特殊教育, 2008 (11): 21-25, 14.

[63] 张继发, 李贤智. 台湾"特殊教育法""立法"及其启示 [J]. 华中师范大学研究生学报, 2006 (2): 16-18.

[64] 张嘉文. 台湾特殊教育的麦当劳化 [J]. 台湾特殊教育季刊, 2011 (9): 37-44.

[65] 张艳, 杨善涛. 襄阳地区特殊教育师资共享的问题与对策 [J]. 考试周刊, 2012 (54): 19.

[66] 张悦歆. 特殊教育教师专业化与特殊需要教育 [J]. 中国特殊教育, 2004 (2): 52-56.

[67] 章永, 张杨. 四川省特殊教育教师现状调查报告 [J]. 基础教育, 2012 (5): 92-98.

[68] 章永. 四川省特殊教育教师问题及对策研究 [J]. 教育科学论坛, 2012 (12): 55-57.

[69] 章永. 特殊教育学校课程本位评估的操作性初探 [J]. 乐山师范学院学报, 2012 (10): 128-130.

[70] 赵斌, 邵燕楠. 澳大利亚特殊教育师资与中国特殊教育师资的比较研究 [J]. 中国特殊教育, 2000 (1): 49-50, 36.

[71] 钟经华. 培养具有复合应用型硕士学位的特殊教育师资 [J]. 中国特殊教育, 2004 (10): 80-83.

[72] 周姊毓. 特殊教育教师职前培养研究综述 [J]. 林区教学, 2011 (1): 103-105.

[73] 祝怀新. 民族性概念与霍尔姆斯比较教育方法论 [J]. 浙江大学学报 (人文社会科学版), 2002 (1): 23-29.

三、学位论文

[1] 何小祥. 广东省特殊教育学校教师继续教育调查研究 [D]. 武汉: 华中师范大学, 2008.

[2] 李明虎. 美国特殊教育教师教育研究 [D]. 桂林: 广西师范大学, 2010.

［3］刘增雷. 中美特殊教育教师职前培养的比较研究［D］. 苏州：苏州大学，2010.

［4］孙亚男. 上海市非特教专业背景教师专业化水平状况调查及对策研究［D］. 武汉：华东师范大学，2011.

［5］杨柳. 从隔离到全纳：美国残疾人教育研究［D］. 重庆：西南大学，2009.

［6］杨世甫. 台湾与美国特殊教育教师素质管理制度之比较研究［D］. 台湾：暨南国际大学，2011.

［7］杨婷婷. 多元视角下的中国中小学教师教育政策研究［D］. 桂林：广西师范大学，2006.

［8］赵宵逍. 高校特殊教育专业师资培养比较研究［D］. 成都：四川师范大学，2008.

四、英文文献

［1］ARNESEN A，ALLAN J. Policies and practices for teaching sociocultural diversity：concepts, principles and challenges in teacher education［M］. Strasbourg：Council of Europe，2009.

［2］SHAPIRO A. Everybody belongs：changing negative attitudes toward classmates with disabilities［M］. New York：Garland Publishing，1999.

［3］HOLMES B. Some consideration of method［M］. London：George Allen & Unwin，1981.

［4］KIM C Y, ROUSE M. Reviewing the role of teachers in achieving education for all in Cambodia［J］. Prospects，2011（41）：415–428.

［5］ACEDO C. Preparing teachers for inclusive education［J］. Prospects，2011（41）：301–302.

［6］SANDS D J, KOZLESKI E B, FRENCH N K. Inclusive education for the 21st Century［M］. CA：Wadsworth，2000.

［7］SMITH D D, TYLER N C. Effective inclusive education：equipping education professionals with necessary skills and knowledge［J］. Prospects，2011（41）：323–339.

［8］VAILLANT D. Preparing teachers for inclusive education in Latin America［J］. Prospects，2011（41）：385–398.

［9］FARRELL P. Special education in the last twenty years：have things really got better? [J]. British journal of special education, 2001, 28 (1): 3 -9.

[10] FARRELL P. The impact of research on developments in inclusive education [J]. International journal of education, 2010, 4 (2): 153-162.

[11] DANIELS H, GARNER P. World year book of education: inclusive education [M]. London: Kogan, 1999.

[12] DANIELS H. Special education reformed: beyond rhetoric? [M]. London: Farlmer Press, 2000.

[13] HAYHOE R. The confucian ethic and the spirit of capitalism [J]. Curriculum enquiry, 1992, 22 (4), 425-431.

[14] KAPLAN I, LEWIS I. Inclusive teacher education: curriculum [M]. Bangkok: UNESCO Bangkok Office, 2013.

[15] KAPLAN I, LEWIS I. Inclusive teacher education: introduction [M]. Bangkok: UNESCO Bangkok Office, 2013.

[16] KAPLAN I, LEWIS I. Inclusive teacher education: materials [M]. Bangkok: UNESCO Bangkok Office, 2013.

[17] KAPLAN I, LEWIS I. Inclusive teacher education: methodology [M]. Bangkok: UNESCO Bangkok Office, 2013.

[18] KAPLAN I, LEWIS I. Inclusive teacher education: policy [M]. Bangkok: UNESCO Bangkok Office, 2013.

[19] LINDEBERG J. Conceptualizing inclusive education and linking with education for all [R] // UNESCO Regional Bureau of Education in Asia and the Pacific. The regional preparatory workshop on inclusive education in East Asia, 2007.

[20] HOLLENWEGER J. Teachers' ability to assess students for teaching and supporting learning [J]. Prospects, 2011 (41): 445-457.

[21] FLORIAN L, BECIREVIC M. Challenges for teachers' professional learning for inclusive education in Central and Eastern Europe and the commonwealth of independent states [J]. Prospects, 2011 (41): 371-384.

[22] FLORIAN L. Introduction: mapping international developments in teacher education for inclusion [J]. Prospects, 2011 (41): 319-321.

[23] BLANTON L P, PUGACH M C. Collaborative programs in general and special teacher education [R]. Washington, D.C.: The Council of Chief State School Officers, 2007.

[24] YU L Z, SU X Y, LIU C L. Issues of teacher education and inclusion in China [J]. Prospects, 2011 (41): 355 - 369.

[25] MITTLER P. Working towards inclusive education: social contexts [M]. London: David Fulton Publishers, 2000.

[26] AMR M. Teacher education for inclusive education in the Arab world: the case of Jordan [J]. Prospects, 2011 (41): 399 - 413.

[27] PETERS S. Inclusive education: an EFA strategy for all children [M]. Washington. D. C.: World Bank, 2004.

[28] OPERTTI R, BRADY J. Developing inclusive teachers from an inclusive curricular perspective [J]. Prospects, 2011 (41): 459 - 472.

[29] HAYHOE R. Made to be broken: universal theories as ideal types [C] // ÖRTENBLAD A, KUMARI R, BABUR M. Are theories universal? exploring leadership and learning theories associate (ELLTA), 2011: 91 - 99.

[30] HAYHOE R. The use of ideal types in comparative education: a personal reflection [J]. Comparative education, 2007 (2): 189 - 205.

[31] STEELE J. Route to Inclusion [C] // TILSTONE C, FLORIAN L. Promoting inclusive practice. London: Routledge, 1998.

[32] BOOTH T, NES K. Developing inclusive teacher education [M]. London: Routledge Falmer, 2003.

[33] BOOTH T, AINSCOW M. Index for inclusion: developing learning and participation in schools [M]. UK: Centre for Studies on Inclusive Education (CSIE), 2000.

[34] BOOTH T, AINSCOW M. From them to us: an international study of inclusion in education [M]. London: Routledge, 1998.

[35] BOOTH T. The name of the rose: inclusive values into action in teacher education [J]. Prospects, 2011 (41): 303 - 318.

[36] UNESCO. Guidelined for inclusion: ensuring access to education for all [M]. Paris: UNESCO, 2005.

[37] DONNELLY V, WATKINS A. Teacher education for inclusion in Europe [J]. Prospects, 2011 (41): 341 - 353.